KB165660

독서의

학

DOKUSHO NO GAKU by KOJIRO YOSHIKAWA
ⓒ ZENSHI-KINENKAI 2007

Originally published in Japan in 2007 by Chikumashobo Ltd.,
Korean translation rights arranged through TOHAN CORPORATION, TOKYO
and Eric Yang Agency Inc., SEOUL.

이 책의 한국어판 저작권은 EYA를 통해 Chikumashobo Ltd.와 독점계약한 (주) 글항아리에 있습니다.
저작권법에 의하여 한국 내에서 보호를 받는 저작물이므로 무단전재와 복제를 금합니다.

독서의

読 書 の 学

학

읽기의
무한에
관한
탐구

요시카와 고지로 지음
조영렬 옮김

글항아리

일러두기

· 각주는 모두 역자가 붙였다. 더러 본문 안에 짧은 설명을 붙인 곳이 있는데 따로 '역주'라고 표시하지 않았다.

· 일본어표기법은 원칙적으로 문화체육관광부가 고시한 '외래어 표기법'을 따랐다.

· 인용 한문의 표점은 저자의 인용방식에 따랐다. 저자는 한문을 인용할 때, 더러 표점 없이, 더러 쉼표만 찍어 인용했고, 나머지는 대부분 훈독으로 인용했다.(훈독과 한문 양쪽을 제시한 경우도 드물게 있다.) 한문으로 인용한 경우는 저자가 인용한 형태 그대로 두었다. 훈독으로만 인용한 부분에 한문 원문을 역자가 덧붙였을 경우, 저자의 해석에 입각하여 표점을 찍었다.

서문

이 책은 1971년 여름부터 1975년 봄까지, 약 4년 동안 지쿠마 서방筑摩書房에서 발행하는 잡지 『지쿠마』에 매달 12매씩 연재한 글을 묶은 것이다. 끝나갈 즈음에는 간혹 쉬었지만, 그 외에는 매달 집필했다. '말하고 싶은 것을 힘닿는 대로 말해두자' 그런 마음으로 썼다.

결과적으로는 해찰스럽게 이것저것 건드려 다소 느슨한 체재가 되었다. 하고 싶은 말을 정색하고 말한 곳이 없지는 않다. 제1고의 첫머리, 제10고의 첫머리, 제12고의 첫머리, 제14고부터 17고의 시작 부분, 제23고의 첫머리, 제25고의 첫머리, 제29고의 끝 부분, 제39고 등이다. 그러나 해찰스레 건드린 부분이 훨씬 많아, '독서讀書의 학學'을 내가 어떻게 실천했는지에 대한 보고라고 할 수는 있겠지만 적당히 얼버무린 곳도 많다. 두시杜詩에 주석을 다는 일과가 순조롭게 진행되어 그 작업에 몰두한 기간에 쓴 몇 회, 「소라이 학안徂徠學案」[1]을 집필하던 기간 등이 특히 그러했다. 흘러가는 대로 놓아두는 늙은이를 너그럽게 보아달라고 고백한 곳도 있다. 이야기의 허리를 잘라 중동무이한 대목이 여럿 있는데, 게이추契沖의 『다이쇼키代匠記』[2]와 이토 진사

---

1 에도 중기의 유학자 오규 소라이荻生徂徠(1666~1728)의 생애와 학문직 입직에 대한 해설. 이와나미 서점에서 간행된 『일본사상대계 36』에 오규 소라이 해설로 실렸고, 나중에 같은 출판사에서 『진사이·소라이·노리나가』라는 제목으로 출간된 책에 보정補訂하여 실렸다(吉川幸次郎, 『吉川幸次郎全集23』, 筑摩書房, 1976, 403쪽 참조).

이伊藤仁齊의 『논어고의論語古義』[3]의 관계, 측천무후의 말을 기재하는 데 있어 양당서兩唐書(『구당서舊唐書』와 『신당서新唐書』)와 『자치통감資治通鑑』의 차이, 그 두 가지는 권말의 보주補注로 보완했다.

이 책에서도 되풀이 말하고 있지만, 나는 다른 방법에 의한 학문에 대한 존경을 몰각沒却한 것은 아니다. 그러나 그와 동시에, 내가 추구한 방법의 존재가치를 주장하고 싶었다. 혹은 19세기까지 중국과 일본에서 주류였던 학문하는 방법의 복권을 주장하고 싶었다.

이 방법이 적합한 시대와 적합하지 않은 시대가 있을지도 모르겠다. 나는 예전에 쓴 글 「독서력에 대하여」에서, 언어를 단순히 '사실을 전달하는 매개'로 간주하는 견해, 즉 무엇을 말하고 있는지 알기만 하면 만족하는 데 그치지 않고 '어떻게 말하고 있는가'를, 저자의 심리를 파고들어 파악하는 능력, 즉 '독서의 학'을 하는 능력은 느긋

2　게이추(1640~1701)는 에도 시대 중기 진언종眞言宗의 승려이기도 했던 국학자國學者다. 일본 고전에 관한 해박한 지식을 바탕으로 도쿠가와 가문의 위촉을 받아 『만엽집』에 관한 연구서인 『만엽 다이쇼키萬葉代匠記』를 썼다. 게이추의 작업은 국학(외래사상인 유불사상儒佛思想을 배척하고, 일본 고유의 고대정신을 탐구하고자 일본의 독자적인 문화·사상·정신세계 등을 역사와 고전 작품에서 발견하기 위해 일어난 학문)의 사상적 출발점으로 평가받는다(김충영, 『일본고전문학의 배경과 흐름』, 고려대학교출판부, 2007, 154-155쪽 참조).

3　이토 진사이(1627~1705)는 에도 전기의 유학자로, 고학파古學派 중 호리카와학파堀川學派(교토 호리카와에 고의당古義堂을 열어 세간에서 호리카와학파라 불렸다)의 창시자다. 이름은 고레에다維楨, 자는 겐스케源佐, 진사이仁齋는 호다. 주자학에 의문을 품고, 고전 특히 『논어』『맹자』의 진의를 직접 파악하여 인의仁義의 실천궁행實踐躬行을 추구하는 고의학古義學을 제창했다. 일체의 주석을 떠나 『논어』『맹자』의 본문을 정밀하게 읽어서 공자와 맹자 사상의 본래 모습을 파악하려 노력했고, 그 연구의 성과로 『논어고의論語古義』(한국연구재단 학술명저 번역총서로 한국어판이 나와 있다. 장원철 옮김, 『논어고의』 상하, 소명출판, 2013)『맹자고의孟子古義』를 지었다. 그 외에 유가의 고전에 보이는 중요한 용어 스무 개 남짓을 뽑아내어 설명한 『어맹자의語孟字義』, 자신의 학설의 대요大要를 문답 형식으로 기술한 『동자문童子問』(한국어판은 최경열 옮김, 『동자문』, 그린비, 2013) 등의 저술이 있다(가노 나오키 , 『중국철학사』, 오이환 옮김, 을유문화사, 1986, 655쪽 참조).

하고 여유로운 시대에 높아진다고 말했다. "특히 역사가 정체되어 퇴폐로 돌입하기 시작한 시대에 뛰어난 인간이 나온다. 한나라의 정현鄭玄, 청나라의 단옥재段玉裁, 일본의 모토오리 노리나가本居宣長[4] 모두 그러했다(『요시카와 고지로 전집』 20권, 219-220쪽)."[5]

이는 조금 지나친 말인지도 모르겠다. 그러나 또한 이 방법은 어느 시대에나 소수자의 것으로 남을 것이다. 상식적인 독서 방법은 '무엇을 아는' 것에서 만족하는 법이고, '어떻게'를 찾지는 않는다. 그것이 상식적으로 자연스럽다.

그러나 학문에서 중요한 것은 늘 소수파의 의견이다. 그것은 또한, 학문에만 국한되는 일은 아닐 터이다.

1975년 9월

---

4   모토오리 노리나가(1730~1801)는 에도 중기의 국학자로, 복고 사상을 주장하여 유교를 배척하고 국학의 사상적 기초를 확립했다. 의원으로 일하는 한편, 고전 연구를 병행하여 어구나 문장의 고증을 중심으로 하는 정밀하고 실증적인 연구법을 확립했다. 대표적인 저술로 『고사기전古事記傳』과 『겐지 이야기 다마노오구시源氏物語玉の小櫛』 등이 있다(김충영, 앞의 책, 156-158쪽 참조).

5   전집의 해당 부분은 다음과 같다. "독서력이란 주어진 언어를 충실하게 분석하고 추적하는 것이다. 단순히 언어를 '사실을 전달하는 매개'로 간주하여 무엇을 말하고 있는지 아는 것만으로는 충분하지 않고, 어떻게 말하고 있는지를, 저자의 심리로 거슬러올라가 파악하고 나서야 진정한 독서력이라 할 수 있다. 그런데 이것은 느긋하고 여유로운 시대에 발달되는 능력이다. 특히 역사가 정체되어 퇴폐로 돌입하기 시작한 시대에 뛰어난 인간이 나온다. 한나라의 정현, 청나라의 단옥재, 왕염손, 일본의 모토오리 노리나가 모두 그러하다. 현대는 역사가 급격한 전환을 경험하고 있는 시대, 그러한 능력이 도리어 위축되는 시대가 아닐까. 만약 그렇다면, 한학漢學뿐만 아니라 국문학 분야에서도 같은 일이 벌어질지도 모른다. 국문법 연구가 발달했다고 해서 반드시 책을 잘 읽을 수 있는 것은 아니다. 그러나 나는 그다지 비관하지 않는다. 전통이 쇠퇴해도, 천재가 나오면 회복된다. 예를 들면 이토 진사이는 독서능력, 작문능력이 쇠퇴하고 있던 시대의 직후에 나타나 양 방면에 뛰어난 능력을 발휘한 인물이었다(吉川幸次郎, 『吉川幸次郎全集20』, 筑摩書房, 1970, 219-220쪽)."

차례

1. 언어와 사실

본래 책의 언어는 잊히고 버려진다. 처음에 말한 것처럼, 그것은 인간에게 자연스러운 일이다. 그러나 그저 이 자연스러움에 따르기만 하는 것이 인식의 방법으로, 또한 학문의 방법으로 충분하고 완전할까.

현대의 학문에서 대개의 경우, 책은 그 책의 언어가 기재하고 전달하는 사실을 획득하고 그것에 도달하기 위한 대상으로 읽히고 있다. 여기에서 내가 '사실'이라 말한 것은 개인의 외부에서 생기生起하는 역사적 사실이나 사회적 사실, 뭉뚱그려 '외적 사실'이라 불러도 좋다면, 그것만을 말하는 것은 아니다. 개인의 내부에서 생기하여 축적되는 감정·사고·논리, 즉 문학적 사실과 학문적 사실, 만일 다시 뭉뚱그려 '내적 사실'이라 불러도 좋다면, 그것도 포함된다.

  그러한 '내적 혹은 외적 사실'에 도달해 그것을 획득하기 위해 사람들은 책을 읽고, 사실에 도달·획득하는 작업이 끝나면 책의 언어는 잊히고 버려진다. 잊고 버리는 데 노력이 필요하거나 저항을 느끼지 않는다. 노력도 저항도 없이 잊히고 버려진다는 것은 그것이 인간의 경향傾向으로서 자연스러운 것임을 보여준다.

이 자연스러운 경향은 현대의 학문이 사실을 소재로 삼는 것을 학문이라 의식하면서 더욱 심화되고 있다. 역사학은 책에 의존하긴 해도 책의 언어를 통해 획득하고 도달한 사실을 소재로 삼지, 언어 그 자체를 소재로 삼는 태도를 취하지는 않는다. 그것은 책의 언어는 사실을 전달하는 수단이고 방법이자 과정에 불과하다고 보는 인식이다. 또한 그 전제로, 어쩌면 그 결과로, 언어는 사실을 전달하는 수단·방법·과정이긴 하지만, 불완전한 어떤 것이라 보는 의식, 혹은 아직 의식되지 않은 '감정'이 있다. 불완전하다는 것은 언어는 사실 그 자체에 완전히 접근할 수 없는 존재라고 보는, 즉 언어와 사실 사이의 거리를 크게 보는 의식 혹은 감정이다. 책의 언어에 대한 집착은 이리하여 희미해져간다.

또한 현대의 학문은 종종 책에 의존하지 않고 직접 사실에 다가가려 한다. 대개의 자연과학이 그러하고, 사회과학도 부분적으로 그러하다. 역사학의 갈래라 볼 수 있는 고고학·민속학·민족학·지리학도 여기에 속한다. 책에 대한, 혹은 언어에 대한 집착은 흐려질 수밖에 없다.

언어에 대한 '적은 집착'과 반비례하여 사실에 대한 '많은 집착'은 사실을 전달하는 언어 형태를 반드시 심각하게 묻도록 하지 않는다. 그리하여 책은 종종 '번역'으로 읽힌다. 번역은 저자 자신의 언어가 아니다. 그러나 원저자가 전달하려 한 사실에 도달하고 사실을 획득하는 데에는 별 불편함이 없다고 보며, 사실 큰 불편은 없다. 번역된 러시아 문학은 대량으로 일본에서, 혹은 세계에서 읽히고 있다. 그러나 러시아어를 모어로 삼는 지역을 제외하고 러시아어를 읽을 수 있는 인구는 일본뿐 아니라 어느 지역이든 그 비율이 낮을 것이다.

사태는 우리 일상생활에서 더욱 도드라진다. 우리는 사실을 알기 위해 신문을 읽고, 주간지를 읽는다. 우리는 거기 쓰인 언어를 통해 사실에 도달한다. 그러나 사실에 도달하고 나면, 몇 분 뒤 우리는 그 언어를, 표제의 언어조차 기억해내기 어렵다. 신문과 주간지만 그런 것이 아니다. 출판물이 범람하면서, 사실에 도달한 뒤에는 그 사실을 전달한 언어를 잊는 것이 도리어 생활하기 편리하며 필요하기도 하다.

또한 처음에 말한 것처럼 이것이 인간의 경향으로서 자연스럽다고 본다면, 반드시 현대에 국한된 현상은 아닐 것이다. '책을 읽는다' '언어를 읽는다'는 행위는 상식적으로는 먼 옛날부터 '사실을 획득하는 것'을 첫 번째 목적으로 삼았음이 틀림없다. '언어'의 성질을 생각해보면, 그것은 이상한 일이 아니다.

'언어'라는 것은 본래 일정한 사실을 전달하는 기호로 발생한 소리다. 똑같이 소리지만, 음악이 막연한 사태의 상징인 것과 다르다. 언어가 있는 곳에 반드시 그것과 관련된 사실이 있다. 사실과 연결되지 않는 언어는 있을 수 없다.

더러 그렇지 않은 것처럼 보이는 언어도 있다. 한 예로, 중국 고대어에서 '발어사發語辭'라 불리는 일군의 말이 있다. 발어사란 다음에 나올 언어의 흐름을 끌어내기 위해 구句의 처음에 덧붙이는 말을 가리킨다. 예를 들어, 『시경』「정풍鄭風」'진유溱洧'는 진수溱水와 유수洧水가에서 데이트하는 젊은 남녀를 노래한 시로, 이른바 '음분시淫奔詩'의 하나다. 첫 번째 연의 끝은 다음과 같다.

유사여녀	維士與女
이기상학	伊其相謔
증지이작약	贈之以勺藥[6]

1행의 첫 번째 글자 '유維', 2행의 첫 번째 글자 '이伊' 둘 다 일본식 옛 발음으로 읽으면 '이것'이 되는데, 무리한 일본식 훈독訓讀이 아닐 수 없다. 2행의 '기其'를 '그것'으로 훈독하는 것도 마찬가지다. 군이 해석하자면, "야아 사내와 가시내, 아이고 서로 히히거리며, 작약꽃을 꺾어서 주는구나"쯤 될까. '야아' '아이고'는 다음에 올 말을 환기하기 위해 장단을 맞추는 말에 불과하다. 서양인의 해석에서는 그것을 'meaningless particle', 무의미한 조자助字라고 부르는 경우를 심심찮게 본다. 일본어로 '유維'의 발음은 '에'(현대 중국어에서는 '웨이wéi'), '이伊'의 발음은 '이'(현대 중국어에서는 '이yī'), '기其'의 발음은 '키'(현대 중국어에서는 '치qí')로, 아주 가벼운 음성이라는 사실도 더더욱 그 단어가 의미—즉 연관될 만한, 전달해야 할 사실—을 갖지 않는다는 점을 음성 측면에서 암시하고 강조하는 듯하다.

그러나 이 단어가 정말로 완전히 'meaningless', 즉 의미가 없을까? 전달해야 할 사실을 전혀 갖고 있지 않을까? 그렇지는 않다. 강가에서 좋은 시간을 보내고 있는 남녀를 부러워하든 놀리든, 하여튼

---

6 원텍스트에는 일본어 훈독訓讀(한문을 음독하지 않고 뜻으로 직역해 읽는 것으로, 한국으로 치면 언해와 비슷하다)이 함께 인용되어 있다. 저자가 일본어 훈독으로 인용한 경우 번역문에서는 세 가지로 처리하기로 한다. ① 이어지는 본문에 저자의 현대어역이 있거나 저자의 해설이 충분해 보일 경우, 한문+한국어 음독으로, ② 그렇지 않을 경우, 한문+한국어역으로 처리한다. ③ 인용 한문 원본을 찾지 못했을 경우, 원텍스트의 훈독에 따라 번역한다.

'그러한 외적 사실에 조우한 저자가 품은 감정'이라는 내적 사실과 연관되어 이를 전달하려는 성격을 띤 '야아'이고, '아이고'이며, '유維'이고, '이伊'며, '기其'인 것이다.

이렇듯 언어가 있는 곳에 반드시 사실이 있다. 사실과 연관되지 않은 언어는 있을 수 없다. 적극적으로 사실을 추구하며 책을 읽을 경우 우리는 사실에만 맞닥뜨리는 게 아니다. 소극적으로도 언어에 대해서 반드시 사실에 맞닥뜨린다. 전철 안에서 옆에 있는 승객이 읽고 있는 주간지의 활자는 이쪽에서 꼭 획득하려 한 사실이 아님에도 우리를 잡아끈다.

그러나 기억에 남는 것은 사실 그 자체다. 외적 사실로 치자면, 특히 그 시각적 영상이다. 언어는 기억에 남지 않는다. 옆 사람이 들고 있는 주간지의 표제를 읽으면, 아카기 산에서 젊은 여자 몇 명이 살해당했다는 사실이 기억에 남는다. 그러나 표제의 언어는 기억되지 않는다. 어쩌면 내가 좀 전에 인용한 『시경』의 시를 읽고, 강가에서 데이트하는 남녀와 작약꽃의 영상이 여전히 당신에게 남아 있을 것이다. 그러나 '유사여녀維士與女 이기상학伊其相謔 증지이작약贈之以勺藥'이라는 언어, 아니면 '야아 사내와 가시내, 아이고 서로 히히거리며, 작약꽃을 꺾어서 주는구나'라는 언어를 당신은 그대로 기억하고 있을까. 대답은 아마도, 아니 '아마도'가 아니라 '아니오죠'다.

어째서 사실만 기억되고 언어는 기억되지 않을까. 나는 심리학이나 철학에 완전히 문외한이지만 이것은 우리네 인식 습관이 사실을 사실 그 자체로서 보지保持하려 하기 때문이라 생각한다. 다만 '사실에 대한 기억의 보지'는 가령 시각적 영상을 동반한다 하더라도, 그것만으로는 곤란하며 다시 언어를 거치지 않으면 안 되는 법인데, 이때 기억은 자신의 언어로 치환하는 과정을 거쳐 간직된다. 현대의 학문이 '자신의 언어로 쓴 논문'을 표현 형식으로 삼는 것은 그 때문이다. 본래 책의 언어는 잊히고 버려진다. 처음에 말한 것처럼, 그것은 인간에게 자연스러운 일이다.

그러나 그저 이 자연스러움에 따르기만 하는 것이 인식의 방법으로, 따라서 또한 학문의 방법으로 충분하고 완전할까. 그것에 대해 반성하는 학자가 있다. 반성은 '다른' 인식을 낳고, '다른' 태도를 낳는다.

반성은 두 방향에서 생겨난다. 하나는 언어가 '외적' 또는 '내적' 사실을 전달하는 존재라는 사실 자체, 이 또한 인간의 사실이라고 생각하는 것이다. 언어를 통해 전달된 사실만 사실이 아니다. 이는 언어를 통한 사실의 전달 또한 인간의 사실이라고 보는 반성이다.

두 번째는 언어와 사실의 거리가 상식적으로 예상하는 것과 달리 밀착된 관계라고 보는 반성이다.

반성을 거친 인식은 책을 읽는 데 있어 다른 태도를 낳는다. 또한 그러한 반성 아래 책을 읽을 때, 거기서 하나의 학문이 성립된다고 본다. 이는 앞에서 언급한 여러 조건을 중시하고, 그것을 소재로 삼아 인간을 생각하는 학문이다.

이 '인식'과 인식에 동반되는 '태도'는 중국의 학문 전통으로서 매우 유력하다. 물론 전통은 낮아질 때도 있고 높아질 때도 있다. 그리고 가장 높이 그것이 실천된 시점에서도, 그 방법에 대한 논리적 설명은 중국에서는 의외로 적고, 오히려 일본에서 발달했다. 바로 오규 소라이, 모토오리 노리나가의 경우가 이에 해당되는데 특히 모토오리 노리나가의 실천이 그러했다.

그 태도가 모든 읽을거리에 필요하지는 않다. 신문과 주간지에 대해서는 무용無用하다. 그러나 이 태도로 읽어야 하는 책이 존재하는 것은 사실이다. 더 정확히 말하면, 그런 태도로 읽히는 것이 저자가 본래 기대하던 바인 책이 있다.

나는 이 글에서 오규 소라이가 주장하고, 모토오리 노리나가가 좀 더 확실히 주장했던 방법을 서술하려 한다. 이 자리에서 정중하게 밝혀두건대, 나는 이 방법만이 학문의 방법으로 유일하다고 말하려는 것은 아니다. 학문은 다양한 방향으로 진화하고 있다. 그 모든 방향에 나는 경의를 표한다. 다만 나는 이 방법이, 다소 '무심하게 버려진' 것 같아 안타까운 것이다. 어쩌면 이 방법은 특별한 자각 없이 여기저기서 실천되고 있을 것이다. 그 실천에 자각이 더해지기를 바라는 마음이다.

그러나 나는 한동안, 종국적으로 내가 말하고 싶은 것과는 다른 방향으로 사고를 진행시키고자 한다. 언어와 사실의 거리를 강조하는 사상의 역사에 대해, 얼마간 떠오르는 대로 서술하려 한다. 그것들도 마침내는, 종국적으로 내가 말하고 싶은 것에 도움이 될 터이다.

언어불신 사상의 역사에서 우선 떠올릴 수 있는 것은 『장자』의 말이다.

명자실지빈야名者實之賓也

이 말은 『장자』 내편內篇의 제1편 「소요유逍遙遊」에 보인다. 언어라는 것은 사실의 빈객賓客, 살짝 비껴서 말한다면, 언어는 사실의 종자從者, 그러한 의미로 읽는 것이 가능하다. 『장자』의 저자는 그렇게 생각했다는 '내적 사실'을 우리에게 전달하는 언어다.

1971년 7월 22일

2. 명자실지빈야

명목적인 것 일반에 대한 불신은 『장자』라는 책의 철학에서 하나의 테제를 이루고 있다. 『장자』의 문장이 동시대의 여느 산문과 달리 기묘한 난해함을 품고 있는 것도 언어불신 사상을 실천한 방식이 아니었을까.

전고前稿에서 말한 대로 『장자』 「소요유逍遙遊」에 보이는 '명자실지빈야名者實之賓也'라는 구절은 '언어'란 사실의 빈객, 사실의 종자이다, 따라서 일단 사실을 획득하면 언어의 표현형태 따위는 아무래도 좋은 게 아닌가 하는, '언어경시' 사상을 드러내는 아포리즘으로 인용이 가능하고, 실제로도 그렇게 인용된다.

다만 『장자』 원문에서 이 구절은 반드시 그런 의미는 아니며, 적어도 그런 의미로 한정하기 어렵다. 왜냐하면 『장자』의 해당 원문에서 '명名'자는 '명목적인 존재'를 폭넓게 가리키는 것이지, 꼭 '언어'라는 뜻은 아니기 때문이다. 즉 「소요유」 원문에서 '명자실지빈야'는 널리 명목적인 것은 실체의 종자로서 실체야말로 주인, 명목은 빈객이라는 의미이지 반드시 언어론이라고는 할 수 없다.

『장자』의 저자가 자신의 철학을 비유를 통해 설명하려 하고, 종종 우언寓言, 즉 '허구의 설화'를 사용한 사실은 널리 알려져 있다. 지금 이 '명자실지빈야'라는 구절도 우언의 대화 속에 등장한다.

『장자』의 저자는 먼저 "고왈故曰, 지인무기至人無己, 신인무공神人無功, 성인무명聖人無名"이라 하여 최상의 인간에게 자기주장, 공적, 명목, 그런 것들은 쓸 데가 없다는 결론을 우선 제시한 뒤, 그 실증으로 우언을 적었다. 태고의 성제聖帝 요堯와 은자 허유許由가 나눈 대화로 설정된 이 우언에는 구석구석까지 다 읽어낼 수 없는 지점, 즉 저자의 심리를 충분히 추적할 수 없는 지점, 적어도 나에게는 그런 지점이 포함되어 있는데, 이야기는 다음과 같다.

요임금이 천하를 허유에게 물려주려고 말했다. "해와 달이 떠서 밝은데도 횃불을 끄지 않는다면, 그 빛은 헛되지 않습니까? 비가 때맞춰 내리는데도 물을 댄다면, 이는 헛수고가 아니겠습니까?"

堯讓天下於許由, 曰, 日月出矣, 而爝火不息, 其於光也, 不亦難乎! 時雨降矣, 而猶浸灌, 其於澤也, 不亦勞乎!

당신은 해와 달, 나는 횃불, 당신은 비, 나는 물뿌리개. 그와 마찬가지로,

선생께서 임금이 되시면 천하가 잘 다스려질 터인데, 제가 여전히 임금 자리에 있으니, 제 스스로 만족스럽지 못합니다.

夫子立, 而天下治, 而我猶尸之, 吾自視缺然.

나는 불완전한 통치자임을 자각하여, 내 지위에 불안을 느낀다. 그러니,

천하를 맡아주십시오.

請致天下.

요임금이 이렇게 간청하나, 허유는 거절한다.

허유가 대답했다. "그대가 천하를 다스려, 천하가 이미 잘 다스려지고 있습니다. 그러한데 내가 지금에 와서 그대를 대신한다면, 나는 명목을 위해서 대신한단 말입니까?"

許由曰, 子治天下, 天下旣已治也. 而我猶代子, 吾將爲名乎?

허유가 말하는 논리의 움직임을 나는 구석구석까지 남김없이 파악하기 어렵지만, 그대가 천하를 다스려 천하는 잘 다스려지고 있지 않은가, 내가 양위讓位를 받아 그대를 대신하여 황제가 되어 보았자, 그것은 명목적인 것에 불과하다. 그렇게 말하는 것으로 보인다. 그리고 말하기를,

'명'이란 '실'의 '빈객'입니다. 나더러 빈객 노릇을 하란 말입니까?

名者實之賓也. 吾將爲賓乎?

혹은,

나더러 빈객이 되라는 말입니까?

빌려온 고양이 같은 역할을 맡는 것, 혹은 빌려온 고양이같이 되는 것은 싫다, 명목은 실질의 종자인 이상 싫다, 라는 말이다.

이렇게 『장자』에서 '명자실지빈야'라는 구절은 본래 명목적인 것은 실질의 종자임을 지적한 것이지, 꼭 언어와 사실의 관계가 그렇다고 말한 것은 아니다. 그러나 '명자실지빈야'라는 구절을 언어론의 아포리즘으로 인용하는 것이 불가능하지 않으며, 사실 또 그런 목적으로 종종 인용되는 것이 가능한 이유는 '명名'이라는 단어가 중국어, 적어도 고대중국어에서는 '언어'라는 뜻이 되는 경우가 있기 때문이다.

'명'이라는 단어가 '언어'라는 뜻이 되는 두드러진 예로, 우선 『예기』 「제법祭法」 편의 다음 대목을 들 수 있다. 『예기』는 오경五經의 하나인 『예경禮經』, 즉 다음에 언급할 『의례儀禮』의 부가적 성격을 띠고 한漢대에 집성된 고전인데, 『예기』 「제법」 편에 고대 성황들은 어찌하여 후대 사람들의 제사를 받는지, 그 공적을 열거한 가운데 황제黃帝에 대해서는 다음과 같이 썼다.

정명백물正名百物, 이명민공재以明民共財.

황제는 인민 공통의 기호가 될 만한 다양한 물질 및 물체에 적당한 명칭, 즉 그 사물과 대응하는 언어를 부여하여 물질 및 물체의 공공적 이용을 촉진했다는 공적이 있다. 그러므로 제사를 받는다, 그러한 의미로 읽을 수 있다. 이것은 '명'이라는 단어를 '언어'라는 뜻으로 쓴 두드러진 사례의 하나다.

또한 '명'이라는 단어는, 고대중국어에서는 종종 '문자'를 의미했다. 그중 가장 두드러진 예로 기억하는 것은 『예경』, 즉 보통 『의례』라고 부르는 고전의 현존 제8편 「빙례聘禮」 편의 한 구절이다. 이 편은 주周 왕조 시대 각지의 제후가 서로 사자를 파견하여 우호를 다지던 의식을, 사자가 상대국 군주를 알현하는 대목을 중심으로 기재한 문헌이다. 이 문헌은 무언가 특별히 교섭할 일이 있을 때 사자가 지참하는 것으로, 자국의 군주가 상대국 군주에게 보낸 친서다. 그때는 아직 종이가 발명되지 않은 시대라 목판木板 혹은 죽찰竹札에 썼는데, 친서 글자 수의 다소에 따라 나무나 대나무 중 어느 한쪽의 재료를 사용한다는 것을 규정한 조항에 이런 구절이 있다.

백명이상서우책百名以上書于策, 불급백명서우방不及百名書于方.

'백명百名'은 곧 '백 자'라는 뜻이다. 만약 백 자 이상의 장문일 경우라면, 단책短冊 형태의 죽찰을 히라가나의 'ㅈㅜ'자 모양으로 가로로 꿰매어 합한 '책策'에 적고, 백 자 이내의 단문일 경우에는 '방方', 즉 네모난 한 장의 판板에 적으라는 말이다.

현대에 이르기까지 『의례』에 대한 권위 있는 주석자인 한나라 정현鄭玄은 이 구절에 대해 이렇게 설명한다.

명名은 서書의 문文이다. 지금은 그것을 자字라 이른다.

즉 정현 입장에서 '지금'인 한대에 '자字'라는 단어를 사용하는 경우, 오경 시대의 단어로는 '명名'이었다는 말이다.

정현은 다른 고전의 주에서도 이 설명을 되풀이하고 있는데, 『의례』와 더불어 또 하나의 예경인 『주례周禮』의 주에서도 같은 취지로 두 차례 말했다.

옛날에는 명名이라 했고, 지금은 자字라 한다.

또한 『주례』 「대행인大行人」 항목 주에서,

서書의 명名이란 서의 자字이다. 옛날에는 '명'이라 했다.

또한 정현의 『논어』 주는 지금 전문이 전해지지 않지만, 「자로子路」 편에서 정치를 한다면 무엇을 먼저 하겠느냐는 자로의 질문에 공자가 대답한 말,

반드시 '명'을 바로잡을 것이다.
必也正名乎.

에 대해 정현의 주는,

'명'을 바로잡는다는 것은 서자書字를 바로잡는 것을 말한다. 옛날에는 '명'이라 했고, 요즘 세상에서는 '자'라고 한다.

라고 되어 있다고, 다른 책에 인용되어 있다.

'명'이라는 단어가 이렇게 '언어' 내지는 '문자'를 의미할 수 있다는 사실 때문에 『장자』의 '명자실지빈야'를 '언어는 사실의 종자'라는 의미를 지닌 아포리즘으로 보는 것이 가능했다. 어쩌면 인용을 통한 전화轉化가 가능할 뿐 아니라, 『장자』의 저자 자신도 '명자실지빈야'라고 말했을 때, 명목적인 것의 하나로 '언어문자'를 의식 속에 두고 있었다고 해석하는 것도 가능하다. 또한 본래 '언어'나 '문자'가 '명'이라는 단어로 불렸다는 사실 자체, 언어를 명목적 존재로 보는 의식이 일반적으로 존재했었음을 암시한다.

또한 이제까지처럼 번거롭고 성가시게 고증할 것도 없이 『장자』라는 책에는 언어경시 사상을 더 단적으로 드러낸 문장이 있다. 『장자』 잡편 「외물外物」 편의 결말에서, 언어는 사실에 도달하기 위한 방법이고 수단이자 과정임을 더욱 분명하게 말한다. 매우 유명한 문장인데, 특히 유명한 것은 우선 처음에 나오는 두 가지 비유다.

전筌은 물고기를 잡는 수단이다. 물고기를 잡으면 통발을 잊는다.

筌者所以在魚, 得魚而忘筌.

이른바 '득어망전得魚忘筌'[7]이다. 여기서 '전筌'은 주석에 따르면, 물고기를 잡는 미끼로 쓰는 향초, 또는 물고기를 잡는 장비(통발 혹은

---

7 '득어망전'에서 '전筌' 자를 한국에서는 보통 '전筌'자로 쓰는데, 원텍스트를 존중하여 '전筌'으로 썼다. 『장자』 인용문도 마찬가지다.

어량魚梁)다. 요컨대 물고기를 잡기 위한 수단이고, 물고기가 잡히면 수단은 망각된다.

제蹄는 토끼를 잡는 수단이다. 토끼를 잡으면 올무를 잊는다.
蹄者所以在兎, 得兎而忘蹄.

'제蹄'에도 여러 설이 있는 모양인데, 요컨대 토끼를 잡기 위한 도구(올무)다. 토끼를 잡으면 도구는 쓸 데가 없어진다. 그처럼,

말은 뜻을 파악하는 수단이다. 뜻을 얻으면 말을 잊는다.
言者所以在意, 得意而忘言.

이른바 '득의망언得意忘言'. 그리고 저자는 결론적으로 말한다.

나는 어디에서 저 말을 잊은 이를 만나 그와 말을 나눌 수 있을까!
吾安得夫忘言之人而與之言哉!

즉 '말을 잊는 것忘言'을 저자는 이상으로 삼고 있다. 이는 사실을 파악하기 위해서는 사실을 전달한 언어를 망각해야 사태의 진실을 파악하게 된다고 보는 태도다. 아카기 산과 묘기 산, 또 어딘가에서 젊은 여성 몇 명이 잇달아 살해당했다는 사실만 파악되면 그것을 전달한 신문이나 주간지의 언어를 잊어버리듯, 좀 더 고급스런 사실을 전달하는 언어에 대해서도 같은 태도를 취하라는 말이다.

이쯤 되면 소극적인 언어경시가 아니다. 적극적인 언어불신이다. 사실을 전달한 언어를 망각하는 것이야말로 사실로 가는 길이라고 말하는 것이다. "나는 어디에서 저 말을 잊은 이를 만나 그와 말을 나눌 수 있을까!吾安得夫忘言之人而與之言哉." 어디엔가 그러한 태도를 취하고 있는 인간은 없는가. 있다면 그 사람과 말을 나누고 싶다.

또한 애초에 언어에 대한 불신만이 아니다. 명목적인 것 일반에 대한 불신은 『장자』라는 책의 철학에서 하나의 테제를 이루고 있고, 명목과 실질을 대비하여 전자를 깎아내리고 후자를 높이는 논의는 '명자실지빈야'라는 구절 말고도 '내편' '외편' '잡편' 여기저기에 보인다. 나에게는 해석하기 어려운 문장들이 섞여 있으므로 일일이 거론하지 않겠다.

어쩌면 또 『장자』의 문장이 늘 동시대 즉 선진先秦의 여느 산문과는 달리 기묘한 난해함을 품고 있는 것도 언어불신 사상의 실천, 혹은 더욱 굴절된 표현으로 부러 곧바로 읽어낼 수 없는 문장을 지어 사람들을, 적어도 나 같은 상식인을 놀려먹을 셈은 아니었을까. 그러한 의심마저 요즈음의 나는 품고 있다.

'언어의 망각'을 가치 있게 보는 것은 『장자』만의 사상이 아니다. 선禪의 불립문자不立文字도 필시 그러할 터인데, 선은 『장자』 이상으로 내게 다가가기 어려워 보인다.

다른 방향에서 이루어진 언어불신 사상과 관련해 유가의 책 『역易』 「계사전繫辭傳」에 나와 있는 내용은 다음에 말하기로 한다.

1971년 8월 19일

3. 『역易』에 대하여

『역』이 알쏭달쏭하고 난해한 것은 점치는 말이기 때문이다. 『역』은 인간이 망설이고 헤맬 때 계시를 받기 위한 책이다. 점은 64개의 도형 가운데 어느 도형이 점쳐야 할 사태와 대응하는가를 찾음으로써 행해진다.

유가의 고전 『역』에 보이는 언어불신 사상이란 「계사전」 상편에 보이는 두 구절이다.

　　서부진언書不盡言, 언부진의言不盡意.
　　(글은 말을 다 표현하지 못한다. 말은 뜻을 다 표현하지 못한다.)

이 구절 또한 『장자』의 '명자실지빈야' 혹은 '뜻을 얻으면 말을 잊는다得意忘言'처럼 아포리즘으로 인용·이용된다.

특히 중국인은 편지 말미에 이 두 구절 중 하나를 종종 인사말로 덧붙인다. 첫 번째 구절 '서부진언書不盡言(글은 말을 다 표현하지 못한다)은 만약 내가 입으로 하는 말이라면 다 말할 수 있을 내용을 제대로 말하지 못해 애석하다, 즉 '입말'과 '글말'의 거리, '문장'이라는 것의 부자유스러움을 말하는 아포리즘이다. 두 번째 '언부진의言不盡意 (말은 뜻을 다 표현하지 못한다)는 '언어'라는 것은 본래 '뜻意', 즉 내적 사실을 충분히 다 전달하지 못한다, 전달하지 못한 내 '뜻'을 헤아려 주었으면 한다, 그러한 의미로 편지 말미에 덧붙인다.

『역』에서 두 구절의 본래 의미도 아포리즘으로 이용될 때와 큰 거리가 있는 것은 아니다. 그러나 지금은 정중히 음미하기 위해 『역』의 어느 부분에, 어떠한 상황에서 두 구절이 등장하는지를 보기로 한다. 그러려면 『역』이라는 책에 대해 얼마간 설명해야 한다. 『역』은 많은 사람에게 친근한 책은 아니다.

『역』 혹은 『역경』은 공자가 선정한 오경五經의 하나다. 즉 기원전 500년경 사람인 공자가 『서書』 『시詩』 『예禮』 『춘추春秋』와 더불어, 자신이 태어나기 이전 중국에서 쓰인 여러 글 가운데서 선택한 '다섯 고전' 중 하나다. 본래는 '팔괘八卦'를 이용하여 점을 치기 위한 텍스트였다.

팔괘는 여덟 가지 도형을 가리킨다. 어느 것이나 3개의 횡선(━ 혹은 ╍)으로 이루어지고, 각각의 괘는 자연현상을 상징한다. 건乾☰은 천天(하늘), 곤坤☷은 지地(땅), 진震☳은 뇌雷(우레), 손巽☴은 풍風(바람), 감坎☵은 수水(물), 이離☲는 화火(불), 간艮☶은 산山, 태兌☱는 택澤(못)인데, 이것이 상징의 제1단계다. 상징의 파문은 더욱 확장되어, 하늘 '건'은 아버지 혹은 군주를 비롯하여 '하늘의 성격을 띤' 모든 것, 땅 '곤'은 어머니 혹은 신하를 비롯하여 '땅의 성격을 띤' 모든 것의 상징이 된다. 팔괘는 다시 상하로 거듭 포개어져 더욱 복잡한 도형이 되고, 더욱 복잡한 사물의 상징이 된다. 아래도 '건', 위도 '건'일 경우의 도형☰은 여전히 '건'이라 부르고 여전히 하늘 혹은 하늘의 성격을 띤 모든 것의 상징이지만, 만약 아래가 '건', 위가 '곤'일 경우의 도형䷊은 '태泰'라 부르고, 안녕安寧의 상징이다. 거꾸로 아래가 '곤', 위가 '건', 그 경우의 도형䷋은 '비否'라 부르고, 불안의 상징이다. 그러한 복합도형의 총수는 8×8=64, 이른바 '64괘'다.

64개의 도형에는 각 도형의 의미를 설명하는 말이 있다. 예를 들어 '안녕'을 상징하는 태泰괘 전체에 대한 설명은,

> '태'는 비소卑小한 것이 떠나가고 위대偉大한 것이 오는 것이다. 길하고, 형통하다.
>
> 泰, 小往大來. 吉亨.

또한 도형을 구성하는 여섯 줄의 횡선 하나하나에 대해서도 설명이 있다. 예를 들어 '태'의 가장 아래에 있는 —(초효初爻)에 대한 설명은,

> '초구'는, 띠가 줄줄이 늘어선 것을 뽑는다. 동료들과 함께한다. 가는 것이 길하다.
>
> 初九, 拔茅茹, 以其彙, 征吉.

설명하는 말은 어느 대목이나 이렇게 알쏭달쏭하여 이해하기 쉽지 않다.

알쏭달쏭하고 난해한 것은 점치는 말이기 때문이다. 즉 『역』이란 본래 점을 치기 위한 책이다. 원래 『역』은 인간이 미래의 사태를 미리 알려고 할 때 혹은 현재의 사태를 어떻게 판단해야 할지 망설이고 헤맬 때 계시를 받기 위한 책이다.

점은 64개의 도형 가운데 어느 도형이 점쳐야 할 사태와 대응하는가를 찾는 행위다.

도형을 구하는 방법으로 서죽筮竹을 사용하며 총 50개의 서죽이 필요하다. 만약 서죽이 없다면, 대신 성냥개비를 사용해도 좋다. 50개에서 2개를 제외한 48개를 임의로 좌우 둘로 나눈다. 좌우 모두 4의 배수든지, 좌우 모두 4의 배수가 아니든지 둘 중 하나다. 전자의 경우는 우수偶數(짝수)로 간주되고, '우수'는 부드러운 것, 소극적인 것, 여성적인 것의 상징이다. 『역』의 술어로 말하면 '음陰'이고, 도형으로 표시하면 횡선-- 이다. 후자의 경우는 기수奇數(홀수)이고, 강하고 딱딱한 것, 적극적인 것, 남성적인 것의 상징이다. 술어로는 '양陽'이고, 횡선 ━ 으로 표시한다.

서죽을 나누는 것을 세 번 되풀이한다. 세 번 모두 결과가 일치하여 ━ 즉 양이라면, 그것은 노숙老熟한 양, 할아버지 양(노양老陽)이라 부른다. 세 번 모두 -- 즉 음이라면, 할머니 음(노음老陰)이라 부른다. 세 번 나눈 결과가 일치하지 않을 경우는 젊은이 양 혹은 젊은이 음이고, 소양소음少陽少陰이라 부른다. 이렇게 48개의 서죽을 임의로 나누기를 세 차례 하여, 노양·노음·소양·소음 가운데 하나를 얻은 것을 한 줄의 횡선으로 표시한다.

그런데 64개의 도형이 각각 여섯 개의 횡선이 포개어 이루어지는 것은 위에서 본 대로다. 완전한 도형을 얻기 위해서는 앞에서 말한 세 번 나누기를 여섯 차례 해야 한다. 즉, 48개의 서죽을 열여덟 번 좌우로 나누고 결과의 총합을 구한다. 총합하여 도달한 것은 64괘 중 어느 하나다.

지금 내가 이 연재에 대하여 점을 쳐보려고 이런 차례대로 서죽을 나누어 얻은 결과, 아래부터 헤아려 노음, 노양, 소음, 소음, 소음, 소양이 었다고 치자. 도형은 ䷃이고, 그것은 '몽蒙'이라 부르는 괘다. 괘 전체에 대해 설명하는 말을 『역』에서 찾아보니, 이렇게 말한다.

> '몽'은 형통하다. 내가 어린아이에게 (배우기를) 요구하는 것이 아니다. 어린아이가 와서 나에게 (가르치기를) 요구한다. 첫 번째 나온 서筮는 알려 준다. 두 번 세 번(서죽을 나누어 점치는 것)은 더럽히는 것이다. 더럽히면 알려주지 않는다. 올바르게 해야 이롭다.
>
> 蒙. 亨. 匪我求童蒙. 童蒙求我. 初筮告. 再三瀆. 瀆則不告. 利貞.

이 문장을 내가 앞두고 있는 상황과 어떻게 결부시켜야 할까. 역점을 판단하는 전문가가 아닌 내게는 곤란한 일이지만 시험 삼아 말해 보자면, 이 연재는 편집자가 의뢰를 해서 쓰고 있다. 그것이 '비아구동몽匪我求童蒙, 동몽구아童蒙求我'일지도 모르겠다. 그러나 '재삼독再三瀆, 독즉불고瀆則不告', 똑같은 말을 두 번 세 번 되풀이하며 장황하게 말하면 문장이 지저분해지고, 지저분한 문장을 사람들은 읽지 않을 것이다. '초서고初筮告', 늘 초심을 간직하여 신선해야 한다.

그런데 『역』 점의 특색은 이제부터다. 내가 얻은 '몽' 괘 가운데, 위쪽의 횡선 네 줄은 소음과 소양이고, 아직 젊어서 성질이 바뀌지 않는다. 그러나 아래쪽의 횡선 두 줄은 노양이고 노음이다. 나이가 든 양이고 음이어서 필연적으로 양은 음으로 변하고, 음은 양으로 변한다. 그래서 ䷚의 도형은 변화하여 ䷚이 된다. 이것은 '이頤'라 부르는 도형이고, 그 도형에 대한 설명은 이렇다.

'이'는 올바르면 길하다. 아래턱을 본다. 저절로 입의 내용물을 구한다.

頤, 貞吉. 觀頤. 自求口實.

이것이 이 연재의 미래를 예고해주는 말인데, 역점을 판단하는 데 익숙지 않은 나는 드디어 애를 먹는다. 다행히 어느 괘를 설명하는 말 뒤에나 보충하는 성격을 띤 주석이 붙어 있다. 이는 '단전彖傳' 상전象傳'이라 하고, 공자가 지은 것이라고들 한다. 그것에 의지한다면, 이 부분의 '상전'은 이렇다.

산 아래 우레가 있는 것은 '이'다. 군자는 이것을 본받아 말을 삼가고, 음식을 절제한다.

山下有雷, 頤. 君子以愼言語, 節飮食.

그러하다면 나도 가능한 한 폭음폭식을 삼가고, 붓을 신중하게 놀리며 이 연재를 이어가기로 하자.

『역』이라는 책은 이런 방법에 따라 점을 치는 텍스트다. 점을 치는 사태에 대한 대답은 갑괘에서 을괘로의 변화로 주어진다. 그렇기에 '역易'이라 한다. '역'이란 변역變易, 즉 변화유동變化流動이라는 뜻이고, 영어로 하면 『Book of Change』다.

변화는 서죽을 열여덟 차례 나눈 방식에 따라 천변만화千變萬化한다. 앞서 내 경우는 처음에 나온 '몽蒙' 괘 아래 두 줄의 횡선이 노양·노음이었기 때문에 '이頤' 괘가 되었지만, 노양·노음이 있는 장소, 또 그 많고 적음에 따라 64괘 어느 것으로도 변화할 수 있다. 또 여섯 줄의 횡선이 모두 소양·소음이기 때문에 줄곧 변화하지 않을 경우를 더한다면, 변화의 가능성은 64가지다. 이 같은 가능성은 64괘 어느 것에나 있다. 변화형의 총수는 64×64=4096이 된다.

이러한 복잡한 변화의 좌표가 되는 것이 64개의 도형이고, 그 하나하나에 대해 알쏭달쏭하고 난해한 말이 붙어 있는 것은 이미 위에서 예시한 대로다. 그러한 말의 집적이 원래의 『역』 본문, 술어로 말하자면 『역경易經』이다. 누가 지었는지 분명치 않고, 주나라 문왕文王과 그의 아들 주공周公이 지었다는 전승은 송나라의 구양수歐陽修나 일본의 이토 진사이에 의해 근거가 부족한 억측이라고 일축되었다. 다만 공자 이전의 언어라는 점은 의심의 여지가 없다. '초서고初筮告, 재삼독再三瀆, 독즉불고瀆則不告'처럼 종종 각운을 밟는 것도 옛것임을 보여주는 증거로 보인다.[8]

그러나 현재 우리가 보는 『역』 텍스트의 대부분을 차지하는 것은

---

8 강조점이 찍힌 세 글자의 일본어 음은 '고쿠告'와 '도쿠瀆'로, 한국어 음과 달리 각운을 밟고 있다.

그러한 원래의 점치는 말 그 자체는 아니다. 공자가 그 주석으로 썼다고들 하는 열 편, 이른바 '십익+翼'이다. 그중 절반 다섯 편은 앞에서 인용한 '상전'처럼 역점의 문장에 대한 직접적인 주석이지만, 나머지 다섯 편은 64개 도형의 계열을 관통하는 이론을 총론적으로 설명한다.

그 가운데 특히 정채精彩를 발하는 것은 「계사전繫辭傳」 상하 2편이다. 여기서 64괘를 좌표로 삼아 양이 음으로, 음이 양으로 변하면서 무궁한 변화를 보이는 것은 그 밑바탕에 만물유전萬物流轉의 철학이 깔려 있음을 주장하기 때문이다. 지금 우리가 다루려 하는 두 구절, '서부진언書不盡言, 언부진의言不盡意(글은 말을 다 표현하지 못한다. 말은 뜻을 다 표현하지 못한다)'는 「계사전」 상편의 끄트머리 가까이에 보인다.

선생님께서 말씀하셨다. "글은 말을 다 표현하지 못하고, 말은 뜻을 다 표현하지 못한다." 그렇다면 성인의 뜻은 볼 수 없는 것일까.
子曰, 書不盡言, 言不盡意, 然則聖人之意, 其不可見乎.

여기서 '자왈子曰'이란 '공자께서 말씀하셨다'는 의미다. 앞에서도 언급한 것처럼 「계사전」을 비롯하여 '십익'은 공자가 지은 것이라고들 한다. 이 설은 사마천의 『사기』 「공자세가孔子世家」에서 비롯되는데, 만약 그렇다면 공자 자신의 글에서 자기가 한 말을 '자왈'로 인용한 것은 이상하다. 이것을 증거의 하나로 삼아 '십익'은 공자가 지은 것일 수 없다고 본 것이 구양수의 『역동자문易童子問』이고, 이토 진사이와

이토 도가이伊藤東涯9 부자의 진술도 그러하다.

이토 도가이는『주역경익통해周易經翼通解』에서 말했다. "「계사전」을 비롯한 '십익' 가운데에는 공자 이후의 언어가 있는 동시에, 공자 이전의 언어도 포함되어 있을 것이지만, 어떻게 보아도 공자 자신이 쓴 것은 아니다." 이렇게도 말했다. "그것은 이른 시대의『역』전문가가 쓴 주석이다. 전문가인 만큼 가치를 오직『역』에만 두었고, 모든 문제를『역』을 통해 해결하려 했다.『효경』이 오직 '효'를 지상의 가치로 삼고,『예기』의 전문가가 만사를 예로 끌어당기는 것과 마찬가지다."

'서부진언書不盡言, 언부진의言不盡意', 이 두 구를 포함한 문단도 공자의 언어는 아닐 것이다. 그러나 서력 기원 이전, 즉 전한 시대 이전의 언어임은 분명하다.

1971년 9월 25일, 교토

---

9 이토 도가이(1670~1736)는 일본 에도 중기의 유학자로, 에도 시대의 거유巨儒 이토 진사이의 장남이다. 교토 호리카와에서 자제 육성에 종사하며, 아버지의 저술을 정리하고 간행하여 진사이의 고의학古義學을 대성했다. 저서에 유학자로서의 주저『주역경익통해周易經翼通解』외에 중국 법제사를 다룬『제도통制度通』, 중국어 어법을 다룬『조고자결操觚字訣』, 중국어 사전『명물육첩名物六帖』등이 있다(가노 나오키,『중국철학사』, 656쪽 참조).

4. 말과 글

현대 중국의 문장은 구어와 그리 멀지 않다. 그러나 이는 20세기 초 문학혁명 이후의 일이다.
그 이전까지 수천 년간 중국의 식자들은 문장언어는 반드시 구두언어와는 다른 상태로 있는
것이라 의식하고 실천해왔다.

'서부진언書不盡言, 언부진의言不盡意(글은 말을 다 표현하지 못한다. 말은
뜻을 다 표현하지 못한다)'라는 『역』「계사전」의 말은 무슨 뜻인가.

『역』에 대한 주석서도 다른 유가 고전과 마찬가지로 시대마다 다
른 학풍에 따라 또는 학파마다 다른 학설에 따라 엄청나게 많이 나
왔다.

중국에서 가장 오래된 도서목록 『한서漢書』「예문지藝文志」는 『역』
이라는 책이 지금의 형태로 고정되었는지 확실치 않은 1세기에 궁정
문고의 목록으로 편찬된 것인데, 「예문지·육예략六藝略」의 『역』 항목
에 이미 13가家의 책을 기록하고 있다. 이어서 7세기 초, 당나라 궁정
문고 목록인 『수서隋書』「경적지經籍志」의 『역』 부류部類에는 당시 이미
망일亡逸된 것을 포함하여 94종의 서명書名을 거론하고 있다. 또한 그

다음으로 오래된 자료는 일본의 우다 천황 간표寬平 연간, 즉 9세기 말(중국에서는 당나라 왕조 최후의 천자 소종昭宗 시기) 일본의 궁정문고 목록으로 후지와라노 스케요藤原佐世가 편찬한 「일본국현재서목록日本國見在書目錄」인데, 그 『역』 항목에는 33종이 언급되고 있다.

그러나 당나라 이전에 쓰인 주석 가운데 지금 완서完書로 전해지는 것은 단 하나, 3세기 위魏나라 왕필王弼이 전반부에 주를 붙이고 4세기 진晉나라 한강백韓康伯이 후반부에 주를 붙인 것뿐이다. 당唐대에 과거시험 응모자를 위한 국정교과서가 되었고 일본 왕조의 유학도 그것을 계승했기 때문에, 당나라 초(7세기) 유신儒臣 공영달孔穎達 등이 지은 『주역정의周易正義』가 그것에 다시 상세한 주를 붙인 형태로 지금도 널리 보급되어 있다. 왕필·한강백 이전의 것으로서 한漢나라 정현鄭玄의 주, 오吳나라 우번虞翻의 주 등은 역시 당대의 책 이정조李鼎祚의 『주역집해周易集解』 등의 인용을 통해 겨우 단편斷片이 전해진다.

현재 『역』의 주석으로 존재하는 수백 권의 책은 주로 송나라 신유학新儒學 이후의 것이다. 11세기 북송北宋 정이程頤의 『역전易傳』, 12세기 남송南宋 주희朱熹의 『주역본의周易本義』가 원나라 이후 중국 정부의 국정교과서가 되었고, 또 에도의 주자학이 그것을 계승했기 때문에 널리 보급되기 시작했다. 본래 『역』이라는 책은 송대 신유학이 존중하는 고전이었다. 도학道學 또는 이학理學이라는 명칭에서 알 수 있듯 그들은 우주의 원리인 '도' 혹은 '이理'를 구명하는 것을 학문의 사명으로 삼았는데, 그 학설의 중요한 근거의 하나인 '형이상자위지도形而上者謂之道, 형이하자위지기形而下者謂之器'[10]가 본래 『역』 「계사전」의 말이다. 메이지 시대 이후 일본에서는 'metaphysics'의 역어가 되기도 했다. 송유宋儒의 또 하나의 표어 "이를 궁구하여 성을 다한다(궁리진성窮理盡性, 원리의 구명에 의한 인간성의 확충)" 역시 『역』「설괘전說卦傳」의 말이다.

이리하여 송대 이후 원·명을 거쳐 청조 중엽까지 『역』의 주석으로 퇴적된 책으로 18세기 청나라 건륭乾隆의 『사고전서四庫全書』에 그 본문이 수록된 것은 158부에 부록 8부, 본문은 수록되지 않고 해제만 실려 있는 것은 317부에 부록 1부, 합쳐서 484부다. 또한 건륭의 정리집성整理集成을 계승하여 다이쇼 연간(1912~1926) 중·일 공동사업으로 진행된 『속수사고전서제요續修四庫全書提要』를 통해 오랫동안 매몰되어 있던 초고草稿가 요사이 간행을 보고 있는데, 그 '역류易類' 부部에는 다시 199책의 해제가 추가되었다.

또한 이상은 모두 중국인이 쓴 것에 그친다. 일본인이 쓴 것, 또한 제임스 레게James Legge 이후 서양인이 쓴 『역경』의 번역(*Book of Change*) 내지 주석을 더하면, 그 수는 천을 넘을 것이다.

---

10 매우 유명하지만 번역하기 까다로운 문장이고, 번역을 하는 순간 번역자의 해석이 번역문에 깊이 반영된다. 원텍스트에 저자의 현대 일본어역이나 해설이 없으므로, 본문에 역문을 삽입하는 것은 무리라고 판단했다. 참고삼아 역자가 소장하고 있는 번역서의 번역을 몇 가지 소개해둔다. ① 형태를 초월한 형식을 도라고 하고 형태를 갖춘 질료를 대상이라고 한다(김인환 옮김, 『주역』, 나남출판, 1997, 514쪽). ② 도道는 드러난 형체 너머에 있고 기器는 드러난 형체 아래에 있는 것이다(왕필 지음/임채우 옮김, 『주역 왕필주』, 도서출판 길, 2006 전면개정판, 537쪽). ③ 형용해서 위에(上) 한 것을 道라 이르고, 형용해서 아래에(下) 한 것을 器라 이르고(大山 金碩鎭 著, 『대산주역강의3』, 한길사, 1999, 167쪽) ④ 눈에 보이지 않는 실재實在(形而上)가 '도', 그것이 형태가 되어 드러난 현상現象(形而下)이 '기'이다(丸山松幸 譯, 『易經』, 德間書店, 1973 제2판, 73쪽). ⑤ 형상形象 이전의 것, 구체적으로는 보이지 않는 것 이것을 도라 하고, 형상 이후의 것, 구체적으로는 볼 수 있는 것, 이것을 기라 한다(鈴木由次郎 著, 『易經下』, 集英社, 1974, 368쪽).

상황이 이렇다 보니, 지금 내가 이 문장에서 논의를 펴는 데 필요한 「계사전」의 대목, 그것에 대한 해설도 주석에 따라 일정하지 않다.

선생님께서 말씀하셨다. "글은 말을 다 표현하지 못하고, 말은 뜻을 다 표현하지 못한다." 그렇다면 성인의 뜻은 볼 수 없는 것일까.

子曰, 書不盡言, 言不盡意, 然則聖人之意, 其不可見乎.

'서부진언' '언부진의'라는 두 구절에서 '서書' 즉 책의 문장으로서의 표현, '언言' 즉 단순한 언어표현, '의意' 즉 내적 사실, 이 삼자가 계층적이라는 점, 전자는 후자에 대해 '부진不盡', 불충분한 관계에 있는데 불과하다는, 감질나고 애타게 '거리가 벌어져 있음阻隔'을 지적한다고 보는 것은 어느 주석이나 일치한다. 사태가 그러한 이상, "연즉성인지의然則聖人之意, 기불가견호其不可見乎", 도덕적 초인인 '성인'의 문장과 언어에서도 조격阻隔의 관계는 예외 없이 존재하는지 어떠한지, 그러한 설문設問의 말로 다음의 두 구절을 보는 것 또한 여러 주석이 일치한다.

다만 그 지적이 『역』이라는 책의 문장과 언어에 중점을 둔 것인지, 아니면 널리 문장 일반, 언어 일반에 대한 것인지는 주석에 따라 일치하지 않는다.

그러나 지금 내가 『역』의 이 대목을 들고 나온 본래 이유는 이 구절을 문장이라는 것 일반, 언어라는 것 일반이 지닌 운명을 말하는 것으로 이용하고 싶어서다. 내가 이용하려는 목적에 적합한 주석을 골라도 좋다면, 당대의 국정교과서 공영달의 『주역정의』가 적절하다.

공영달의 『주역정의』는 앞에서도 언급한 것처럼, 위나라 왕필과 진나라 한강백의 합주본合注本을 다시 상세하게 주석한 책이다. 즉 내가 예전에 번역한, 같은 저자가 쓴 『상서정의尙書正義』가 공안국孔安國이 전한 『서경』을 다시 주석한 책인 것과 마찬가지다. 내가 지금 다루는 대목을 포함한 「계사전」은 한강백이 주를 단 부분인데, 이 대목에 대해 한강백 자신의 주는 없다. 다만 공영달 해석만이 있을 따름이다.

공영달은 우선 "서부진언, 언부진의"에 대해 지적했다. '서書' 즉 그에 따르면 '일반적으로 책의 문장'과 '언言' 즉 '일반의 입말' 사이에 왜 통하지 않음阻隔이 있느냐, 그 이유를 설명하여 다음과 같이 말한다.

서書는 언言을 기록하는 수단이나, 언言에는 번쇄煩碎함이 있다. 혹은 초하楚夏(의 언음言音이 서로) 같지 않아, 언言이 있으나 자字가 없어, 서록書錄하려 해도 그 언言을 남김없이 다 (서록)할 수 없다. 그러므로 서부진언書不盡言이라 말한 것이다.

공영달이 말한 요지는, '언言' 즉 '구두언어'라는 것은 본래, 그대로는 '서書' 즉 '책의 문장'이 될 수 없는 조건에 처해 있다는 것이다. 그리고 그 이유로, ⑴ '언言' 즉 구두언어는 '번쇄함이 있다', 번쇄한 장황함을 지니고 있어 그대로는 문장언어의 리듬이 될 수 없고, ⑵ 방언方言의 분열로 인해, 구두언어 용어 가운데에는 그것을 표기할 만한 한자가 없는 경우가 있어, '서록書錄하려 해도' 할 수 없음을 지적한 것이다.

이상의 논의를 이해하기 위해서는, 과거 중국의 문장이 늘 구어와의 괴리를 피할 수 없는 운명 혹은 사명으로 여겼던 역사를 돌아보지 않을 수 없다. 또한 그러한 역사를 성립시킨 원인으로서 중국어문법의 특수함과 중국어를 표기하는 한자의 성질을 고려해야 한다.

여기서 내가 '과거' 중국의 문장이라 한 것은 20세기 초까지 중국의 문장이 그러했음을 의미하려 한 것으로, 현재 중국의 문장 상태는 더 이상 그렇지 않으므로 구별하기 위해서다.

현대 중국의 문장은 구어와 그리 멀지 않다. 예를 들어 루쉰魯迅은 「야초野草」 개권開卷 첫 쪽에서, 내 뒤뜰에서는 두 그루의 나무가 울타리 바깥에 있는 게 보인다, 한 그루는 대추나무, 또 한 그루도 역시 대추나무, 그러한 의미의 문장을 다음과 같이 썼다.

在我的後園, 可以看見牆外有兩株樹, 一株是棗樹, 還有一株也是棗樹.

이것은 구어의 언어로도 그리될 것을 그대로 표기하고 있다.

그러나 이러한 상태는 20세기 초, 루쉰 같은 이들이 지도자이고 실천자였던 언어개혁, 이른바 문학혁명文學革命 이후의 일이다. 그 이전까지 중국의 문장 의식이나 실천은 달랐다. 수천 년간 중국의 식자들은 문장언어는 반드시 구두언어와 다른 상태로 있는 것이라 의식하고 실천해왔으며, 그것이 문장의 운명이고 사명이라 여겼다.

중국 구어의 역사를 고찰해보면, 오히려 상당히 이른 시대부터 이미 오늘날 구어와 퍽 유사한 상태였다고 생각된다. 만약 일본의 구어

역사를 비교의 매개로 삼는다면, 필시 중국과는 대척적일 것이다. 일본어는 다음절어이기 때문에, 단어가 자유로이 늘어나 변전變轉하는 것을 사태의 축으로 삼아 구두언어가 시대와 함께 매우 심하게 변전해왔다. 『겐지 이야기源氏物語』[11]의 언어가 헤이안 시대(794~1185)의 구어이고 교겐狂言[12]의 언어가 무로마치室町 시기(1336~1573)의 구어라 한다면, 양자는 이미 엄청나게 다르다. 교겐의 언어는 에도의 샤레본洒落本[13]의 언어를 거쳐 오늘날 우리가 쓰는 구어로 다시 크게 변해왔다.

중국 구어는 그러나 그렇게 크게 변하지는 않은 듯하다. 적어도 일본처럼 심하지는 않을 것이다. 여기에는 중국어의 의의구성意義構成 단위가 단음절이어서 단어 수가 일본어처럼 자유로이 증가할 수 없었던 사정이 있다.

그 역사를 실증하는 것은 쉬운 일은 아니지만 불가능하지도 않다. 20세기의 문학혁명에 이르기까지 공식 문장은 모두 구어와의 괴리를 사명으로 삼은 문장어로 쓰여왔기 때문에 구어를 '그대로 옮겨 쓴直寫' 문장은 강담체講談體 소설, 연극 대본, 기타 비공식 문헌에만 전해지는데, 그것들을 자료로 삼아 추측할 수 있다.

예를 들어 13세기에 나온 『수호전』에서 양산박의 여러 호걸이 하는 말은 현대의 중국어와 그렇게 거리가 멀지 않다. 물론 얼마간의

---

11 11세기 초 무라사키 시키부가 지은 장편소설로, 그 당시 화려한 귀족사회를 배경으로 히카루겐지光源氏라는 남자 주인공의 사랑과 영화榮華, 우수憂愁를 그린 이야기다.

12 해학이나 풍자로 관객들의 웃음을 자아내는 데 목적을 둔 일본 전통극이다.

13 에도 시대 중기에 나온 소설의 한 갈래. 유곽을 무대로 남녀의 대화를 그리고 있어 실제로 유곽에서의 행동 지침에 관한 가이드북으로 읽혀 실용서 성격도 띠고 있었다.

단어와 어법이 오늘날에는 이미 사어가 된 까닭에 연구자를 괴롭힌다. 그러나 『수호전』보다 겨우 2세기 빨리 나온 『겐지 이야기』가 자자구구 상세히 주석한 것을 참고하지 않으면 오늘날 일본인이 읽을 수 없는 '고전'이 된 것과 비교하면 『수호전』은 주석을 동반하지 않은 텍스트로 오늘날 중국 대중에게 읽히고 친숙해져 있다.

더욱 거슬러올라가 공영달이 『주역정의』를 쓴 시대, 즉 7세기 전반(당나라 초) 무렵의 중국 구어도 현재의 것과 그렇게 다르지 않으리라보는 것은 부자연스러운 추측이 아니다. 당대의 구어를 직사直寫한 문헌으로 현존하는 것은 더욱 적어, 초기 선어록禪語錄만 예외적으로남아 있다. 추측은 더욱 추측이 되지만, 공영달, 혹은 그가 섬긴 군주당 태종 또는 태종의 정부 중신인 방현령房玄齡·두여회杜如晦·위징魏徵 같은 이들이 일상 회화에서 '우리 집 뒤뜰에서는'이라 말할 경우에는 루쉰과 마찬가지로, '짜이 워더 허우위안在-我-的-後園'이라고, 공간을 말하는 전치사로 '짜이在'를, 소속·소유의 관계를 뜻하는 '더的'를, 혹은 적어도 그것에 가까운 단어를 덧붙여서 말했으리라 생각한다. 또한 '이주 스 짜오수一株-是-棗樹'라고 계사系詞(copula) '스是'를 사용하는 것도 이미 보편적인 관습이었을 것이다. 두보가 이백을 만나서나눈 대화가 '니더스 스 헌 하오你-的-詩-是-很好(당신의 시는 참 좋다)' 그러한 형태였으리라는 것, 거의 의심의 여지가 없다.

그러나 그러한 구어를 그대로 문장으로 삼는 것은 당시의 관습이아니었다. 문장언어는 구어와는 다른 종류의 것, 다른 종류의 특수한 리듬을 지닌 것이어야 했다. 즉 '서書'는 '언言'과 달라야 했다. 어째서 그러했느냐 하면, "언言에는 번쇄함이 있"기 때문이다.

내 뒤뜰에서는 두 그루의 나무가 울타리 바깥에 있는 게 보인다.

在我的後園, 可以看見牆外有兩株樹.

　이러한 '언言'의 리듬은 '번쇄', 그대로는 문장의 리듬이 되지 못하는 장황함을 갖고 있다는 인식이 '서부진언書不盡言', 문장과 구어는 반드시 괴리되어야 하는 이유로서 공영달의 의식에 우선 존재했다. 그것만이 아니다. "언言이 있으나 자字가 없어, 서록書錄하려 해도 그 언을 남김없이 다 (서록)할 수 없다", 즉 '모든 구어를 필록筆錄하려 해도 그것을 표기할 한자가 없는 단어가 구어에 존재한다'는 사태가 그다음에 있다.

1971년 10월 24일

5. 고립어孤立語, 넣고 빼는 자유

중국에서처럼 '서'와 '언' 양자의 괴리가 심한 경우는 세계 언어사에서 보기 힘들다. 그것을 가능케 한 것은 중국어 구조가 '고립어'라는 점이다. 고립어란 어느 단어든 필연적으로 맺어져야 할 상대를 갖지 않는 성질이 있다. 즉 '넣고 빼는 것'이 자유롭다.

내가 이 글 끝에 이르러 말하고 싶은 지점으로부터 얼마간 길을 돌아가는 일이 되겠지만,『역』「계사전」이야기를 좀 더 하기로 한다. 그것은 또한 이 기회에 중국에서 문어와 구어 사이에 벌어진 괴리의 역사, 여기에 다른 학자가 그다지 지적하지 않았다고 생각하는 지점들이 다소 포함될 터인데, 그것을 적어두고 싶기 때문이다. 이 또한 내가 결국 말하고 싶은 지점과 아주 연관이 없지는 않을 것이다.

『역』「계사전」 편의 "서부진언書不盡言, 언부진의言不盡意(글은 말을 다 표현하지 못하고, 말은 뜻을 다 표현하지 못한다)", 그 첫 구절 '서부진언'을 7세기의 권위 있는 주석 공영달의『주역정의』에서는 '서'를 책의 문장 즉 문어로, '언'을 구두언어 즉 구어로 해석하고 양자 사이의 거리를 말한 것으로 해석했다.

왜 문어는 구어를 그대로 표현할 수 없는가('서부진언'인가). 그 이유 내지 원인으로, '언' 즉 구두언어는 '번쇄煩碎함이 있다'(쓸데없이 장황하다), 그러므로 그대로는 '서' 즉 책의 문장이 되지 못한다고, 공영달은 보았다.

루쉰은 「야초」 제1장의 첫머리에서, '내 뒤뜰에서는 두 그루의 나무가 울타리 바깥에 있는 게 보인다, 한 그루는 대추나무, 또 한 그루도 역시 대추나무'라는 내용을

zài wǒ de hòu yuàn　　kě　yǐ　kàn jiàn qiáng wài　yǒu liǎng zhū shù
在 我 的 後園,　可 以 看 見 牆 外 有 兩 株 樹,
yī zhū shì zǎo shù　　hái yǒu yī zhū yě shì zǎo shù
一 株 是 棗 樹,　　還 有 一 株 也 是 棗 樹.

(짜이 워더 허우위안, 커이 칸젠 창와이 유 량 주 수, 이 주 스 짜오수, 하이 유 이 주 예 스 짜오수.)

라고 쓰고 있다.

이것은 루쉰의 문장이 20세기 초두의 언어개혁(문학혁명) 이후의 것이고, 언문일치를 목표로 삼아 쓰였기 때문인데, 구두언어가 그대로 문장이 되어 있다. 그러나 과거 중국의 문장에 대한 의식은 달랐다.

'서', 즉 책을 기재할 만한 언어는 이러한 '번쇄'한 형태를 취해서는 안 된다고 보아, 대단히 간결한 형태를 취할 것을 줄곧 요구했다. 예를 들어 루쉰의 "在我的後園, 可以看見牆外有兩株樹"라는 문장은 과거의 '서'의 언어에서는 다음과 같이 쓰인다.

wǒ hòu yuán　　qiáng wài jiàn liǎng shù
我 後 園，　牆 外 見 兩 樹.

(워 허우 위안, 창와이 젠 량 수.)

　구어와 문어의 괴리는 어느 나라의 언어에서나, 정도의 차는 있겠
지만, 보편적으로 존재할 것이다. 일본어에서도 그러하고, 지금 내가
쓰고 있는 이 문장도 완전히 내 입말은 아니다. 그러나 과거, 즉 20세
기 초 문학혁명 이전의 중국에서처럼 양자의 괴리가 심한 경우는 세
계 언어사에서 보기 힘든 현상일 것이다.

　그것을 가능케 한 것은 중국어 구조가 '고립어孤立語'라는 점이라
고 나는 생각한다. 고립어란 어느 단어든 필연적으로 맺어져야 할 상
대를 갖지 않는 성질이 있음을 가리킨다. 바꾸어 말하면, 어느 단어
든 생략하려 하면 자유롭게 생략할 수 있는 것이다. '넣고 빼는 것'이
자유롭다는 말이다.

　'넣고 빼는 자유'는 전달해야 할 사실의 중심이 아닌 단어에서 특
히 두드러진다. 그중에서 특히 일본어의 '테니오하'(은는이가)에 해당
될 조자助字에서 현저하다.

　'와타쿠시노 우라니와(저의 뒤뜰)'라고 일본어로 말할 것을 루쉰이
'我(워)的(더)後園(허우위안)'이라 한 것은 귀속歸屬을 표시하는 조자
더的를 일본어 '노(의)'와 마찬가지로 여기에 덧붙이는 것이 오늘날 중
국 구두어의 보편적 습성이기 때문인데, 더的를 생략하고, 단순히 '워
허우위안我後園'이라 말해도 흠 잡을 데 없는 중국어다. 교착어膠着語
인 일본어의 경우 '노(의)'는 위아래에 연결되어야 할 어떤 단어를 반
드시 요구한다. 따라서 '와타쿠시노 우라니와(저의 뒤뜰)'라고 해야 완

전한 일본어이고 '와타쿠시 우라니와(저 뒤뜰)'로는 불완전한 혹은 기묘하고 어색한 일본어지만, 중국어는 그렇지 않다. '我的後園'과 '我後園' 둘 다 가능하다.

또한 '와타쿠시노 우라니와(저의 뒤뜰)'가 두 그루 나무를 볼 수 있는 공간임을 보이기 위해서는 '와타쿠시노 우라니와카라와(저의 뒤뜰에서는)' 하는 식으로, 일본어는 반드시 '테니오하' 따위 조자를 덧붙여야 한다. 앞에서 인용한 루쉰의 문장도 그와 비슷하게, '在我的後園'이라고, 공간에 대한 전치조자前置助字 '在'를 덧붙이고 있다.

그러나 이 '在'도 일본어의 '카라와(에서는)'나, 영어의 'on, in, from'처럼 꼭 있어야 하는 것은 아니다. 짜이在를 생략하고, '我的後園'이나, 혹은 '我後園'이라고만 해도 사실을 전달하는 중국어로서의 효과는 같다. 다음 구절이 '可以看見牆外有兩株樹'(두 그루의 나무가 울타리 바깥에 있는 게 보인다)인 이상, 그저 '我的後園'이라 해도, '저의 뒤뜰에서는', 영어로 치면 'from my backyard garden'임을 자연스럽게 알 수 있다.

사정은 다음의,

可以看見牆外有兩株樹

에 대해서도 같다. 그것은 단순히,

牆外見兩樹

여도 좋다. 이것만으로도 훌륭한 중국어이며 사실을 전달하는 데불편하거나 곤란하지 않다. '장외견양수牆外見兩樹(담 바깥에 두 그루 나무를 본다)'라고 말하면, '본다'는 사태가 존재하는 이상, '보는' 행위가 가능한 상태라는 사실은 일부러 '가능'을 의미하는 '可以' 두 자를 덧붙이지 않아도 자명하다. 또한 '보는' 것을 '看見' 두 글자로 늘려 말하는 것도 오늘날 구어에서 보편적인 습성이지만, 그것은 구어가 '번쇄'한 리듬을 갖기 때문에 생긴 습성이며 사실을 전달하기 위한 측면만을 고려한다면 '見' 한 자, 혹은 '看' 한 자로 충분하다. 또한 루쉰은 '有兩株樹'라고 말했지만, 나무가 두 그루 보인다고 했으니 두 그루의 나무가 '있는' 것은 자명하므로, '有' 자를 빼는 것 또한 충분히 가능하다. 또한 '兩株樹'는 좀 더 간단하게 '兩樹'라 할 수 있다.

이리하여 중국어에서는 뒤뜰에서 바라 볼 수 있는 두 그루 나무를 다음 두 가지로 쓸 수 있다.

在我的後園, 可以看見牆外有兩株樹.
我後園, 牆外見兩樹.

과거 중국에서는 문장에 대한 의식은 후자를 방향으로 삼았고, 전자를 '서書'의 문체로서는 '번쇄'하다고 여겨 거부했다. 되풀이 말하지만, 20세기 초엽의 문학혁명에 이르기까지, 예외적으로 소설, 희곡, 불가·유가의 어록 같은 비공식적 성격을 띤 문헌이 구어를 그대로 옮긴直寫 것을 제외하면, '서'의 언어는 구어의 '언言'과 다른 형태를 취했다. 또 그렇지 않으면 안 되었다.

다만 구어 그 자체는 7세기 당나라 초의 공영달 무렵에도 현재와 그다지 다른 형태였다고는 생각하지 않는다. 공영달도, 태종 황제도, 이백도, 두보도 일상의 회화에서 루쉰의 문장 속 내용을 이룬 사실을 말할 때는 루쉰과 마찬가지로,

在我的後園, 可以看見牆外有兩株樹

혹은, 그대로는 아니라 하더라도 그 정도로 '번쇄'한 음성의 흐름을 구두에 올려 말했다고 생각한다.

我後園, 牆外見兩樹

또한 이쪽은 '서'의 문장이긴 하나, 구두의 '언'은 아니었음이 틀림없다. 왜냐하면 구두언어가 후자처럼 늘 긴박한 리듬을 유지하기는 어렵기 때문이다. 오히려 전자처럼 '짜이 워더 허우위안在我的後園'이라고, '짜이'나 '더' 혹은 '더'의 옛날 형태 '즈之' 같은 여러 조자 따위를 포함한 완만한, 공영달의 표현에 따르면 '번쇄'한 리듬을 구두 음성의 흐름은, 당시에도 필요로 했을 게 틀림없기 때문이다.

그러나 '서'의 언어는 그렇지 않았다. '언' 즉 구어의 완만한 리듬은 번쇄하다고 의식되었고, 전달해야 할 사실의 중점만을 골라낸 후자의 긴박한 형태로, '서'는 쓰여야 했던 것이다.

물론 신중하게 말하자면, 공영달 시대의 '서'의 문장이 그러한 내용을

我後園, 牆外見兩樹

라고 표현했다고 말하는 것은 매우 이론에 치우친 감이 있다. 공영달 시대(7세기 중국)의 '서'의 문체는 한 구절을 네 글자로 정제하는 습관이 있었다. 그러므로 필시,

유아후원由我後園, 병장지외屛牆之外, 망견양수望見兩樹, 기일위조其一爲棗, 우일역조又一亦棗.
(내 뒤뜰의, 울 바깥에서, 두 그루 나무를 바라본다. 하나는 대추나무이고, 또 하나 역시 대추나무이다.)

그렇게 되었을 것이다. 또한 이어지는 8세기, 네 자로 구를 이루는 매너리즘에 반발했던 한유韓愈 풍의 문체라면,

아후원장외我後園牆外, 견양수見兩樹, 일조야一棗也, 일역조야一亦棗也.
(내 뒤뜰의 울 바깥에, 두 그루 나무를 본다. 하나는 대추나무이고, 나머지 또한 대추나무이다.)

하는 식으로 되었을 것이다. 조자는 생략이 자유로운 만큼 덧붙이는 것도 자유로운 속성을 이용하여, 전자에서는 '유아후원由我後園'의 '유由', '병장지외屛牆之外'의 '지之', '기일위조其一爲棗'의 '기其'와 '위爲'를 덧붙였고, 후자에서는 '일조야一棗也, 일역조야一亦棗也' 하는 식으로 '야也'를 덧붙여서 각각 리듬을 충족시키는 형태를 취했을 것이다. 이상

은 내가 지어낸 문장이므로 투박하지만, 대강 그러한 형태였으리라
본다.

하여튼 과거 중국의 '서'의 언어는 구두의 '언'이 지니는 번쇄함에
비해 훨씬 간결하다. 그것은 '언'의 전부를 '서'는 이루 다 기재하지 못
한다는 인식에서 비롯되었다. 그러한 인식을 말하는 것이 『역』「괘사
전」의 "서부진언書不盡言, 언부진의言不盡意"라고, 공영달의 『주역정의』
는 본 것이다.

지금까지의 논의 가운데, '서'의 언어가 지닌 간결함의 중대한 요인
이, '언'에서는 좀 더 많이 삽입되는 조자를 생략하는 데 있다고 본
것에 대해서는, 모토오리 노리나가에게 감사하지 않을 수 없다. 모토
오리 노리나가는 『고사기전』 첫머리에서 일본어의 테니오하를 논하
면서, 중국어 조자가 테니오하와 비슷하지만 차이가 있음을 다음과
같이 명확하게 논파했다.

대개 '언言'은 테니오하를 가지고 '이어지는連接' 것이고, 테니오하에
의해, '언이 이어가는言連接' 다양한 뜻도 세세하게 갈라지게 된다.

그에 비하면 중국어는 어떠한가.

그런데 한문에서는 조자가 있기는 하지만 테니오하에 해당되는 것
이 없어, 조자는 다만 어語를 돕는 데 그치며 테니오하처럼 세세하
게 뜻을 구별하는 데까지는 미치지 못한다. 그러므로 조자가 없어
도 문의文意를 알 수 있다.

'조자가 없어도 문의文意는 통한다'는 것은 '在我的後園, 可以看見 牆外有兩株樹'에서 '재在'를 생략하고, '적的'을 생략하고, '가이可以'를 생략하고, '유有'를 생략하더라도 중국어에서는 의미가 통하는 데 비해, 일본어에서는 테니오하를 덧붙이지 않으면, 문장을 이루지 못한다는 말이다. 모토오리 노리나가는 또 『아시와케 오부네排芦小船』에서도 이렇게 말했다.

테니오하라는 것은 와카[14]에서 가장 중요한 요소다. 비단 와카뿐만 아니라, 일본어는 일체가 테니오하를 가지고 분명하게 갈라지는 것이다. 일본의 언어가 만국 가운데 뛰어나고, 분명하고 상세하게 된 것明詳은 테니오하가 있기 때문이다. 이국의 언어는 테니오하가 없기 때문에 그 명상明詳함에서 일본에 미치지 못하고, 도달하지 못하는 점도 얼마간 있는 것이다.

우열에 대한 논의는 제쳐두어도 좋다. '만국' 혹은 '이국'이라 한 것은 주로 중국을 의식한 말일 터인데, 일본어에서 테니오하가 꼭 있어야 하는 것과 대조적으로 중국어에서 조자를 넣고 빼는 것이 자유롭다는 사실을 지적한 것은 매우 탁월한 견해라 하겠다.

1971년 11월

---

14 일본 고유 형식의 시가詩歌를 총칭하는 말. 좁게는 5·7·5·7·7의 5구 31음으로 된 단시를 가리키는 경우도 있다.

6. 문어文語의 윤리에 대하여

구어를 그대로 기재하는 것은 설령 아주 작은 산호초라 하더라도 대양의 권위에 손상을 입히므로 눈에 거슬린다고 보았으니, 각고의 노력으로 이를 제거하여 모든 것을 '서'의 형식으로 교정·통일시켜야만 했던 것이다.

『역』「괘사전」의 "서부진언書不盡言, 언부진의言不盡意(글은 말을 다 표현하지 못하고, 말은 뜻을 다 표현하지 못한다)"라는 말에 대해 당나라 공영달의 『주역정의』에서는 '서'를 기재언어로 서사書寫한 문장, '언'을 구두언어라 보고 전자는 후자를 그 온전한 모습 그대로 채록하지 못한다, 그것이 '서부진언書不盡言'이라는 네 자의 의미라고 해석했다. 이와 더불어 공영달이 첫 번째 이유로, 구두언어인 '언'은 '장황하고 번쇄'하며 잉여물로 가득하기 때문에, 기재언어인 '서'는 그러한 잉여물을 잘라내지 않을 수 없다, 그리하여 '서부진언書不盡言'이라 본 것은 앞에서 서술한 대로다.

이렇게 '서'의 문어는 구어 '언' 그대로일 수 없다는 것. 일본을 비교의 매개로 삼아 말하자면, 『고사기』가 상대上代의 구어를, 『겐지 이야기』가 중세의 구어를, 『교겐기狂言記』가 무로마치 시대(1336~1573)의 구어를, 기뵤시黃表紙[15]와 샤레본이 에도 시대(1603~1867)의 구어를 옮긴 것과 달리 중국에서는 고대 『좌전』의 문장, 중세 『문선文選』의 사륙변려문, 또한 당송唐宋 이후 한유韓愈·유종원柳宗元에서 비롯된 고문古文 모두 '서'를 위한 특수한 문체다. 이렇게 '언' 그대로는 아닌 것을 강고한 전통으로 삼은 현상은 문학자를 구속했고, '서'의 문장은 적극적으로 '언'을 배척해야 한다는 의식마저 생겨났다. 즉 '부진언不盡言'이어야 비로소 '서'이며, 그것이야말로 문학의 윤리라 여기는 의식이다. 의식은 현상을 심화시켰고, 현상은 의식을 강화했다. 이렇게 '서'는 점점 '언'과는 다른 것이 되어가야만 했다. 그 하나의 예를 이 기회에 말하고자 한다.

되풀이 말하지만, 20세기의 문학혁명 이전의 몇천 년 동안, 중국의 공식 문헌은 모두 '부진언不盡言', '언'과는 다른 '서'의 문체로서의 문어로 쓰였다. 그러나 부분적·예외적으로, 우연하게 '언'이 '서'에 섞여들어간 경우가 아주 없지는 않았다. 역사서가 사람들의 회화를 기록한 부분에, 매우 드물기는 하지만, 때때로 그런 경우가 있다.

'이십사사二十四史'라고들 하는 역대의 정사正史 모두 지문地文은 당연히 '서'의 문체로 일관되어 있지만, 열전列傳에 등장하는 인물의 짧은 회화 속에, '언'이 그대로, 예외적으로 우연히 등장한다. 우연이고 예외이기 때문에 발견하기가 매우 어렵지만 불가능하지는 않다. 그

---

15 에도 시대 중기인 1775년 이후에 유행한 그림책의 한 장르. 어른을 대상으로 한 읽을거리로 큰 인기를 끌었다.

것들은 '서'의 언어라는 큰 바다에 떠 있는 산호초처럼 아주 작은 존재지만, 또 그만큼 구어사口語史의 귀중한 자료이기도 하다. 가장 오래된 정사 『사기』와 『한서漢書』에서도 그것과 부딪힐 기회가 있을 것이다. 특히 『사기』에는 이런 구어가 풍부해 보이지만 판별이 쉽지 않다. 중세에 이르러 정사의 대화 부분에 섞여들어온 '언' 가운데 '그렇다'고 판별할 수 있는 것이 있다. 여기에서 드는 예도 그중 하나로, 더구나 그 부분을 다음 세대의 역사가들이 '번쇄'한 '언'이라 여겨 기피하여, '서'의 언어로 다시 쓴 예다. 『구당서舊唐書』 및 『신당서新唐書』 「안녹산전安祿山傳」의 어느 부분이 대표적이다.

7에서 9세기에 걸친 당 왕조 300년의 정사에는 두 가지가 있다. 당나라가 멸망한 뒤 얼마 지나지 않은 10세기 전반, 오대후진五代後晉 때에 쓰인 『구당서』 200권(편집 책임자는 재상 유구劉昫)이 그 하나이고 11세기 중엽 북송 인종仁宗 대에 새로운 문명의 지도자라 자임한 구양수가 유구가 책임편집한 책을 불완전하다고 여겨, 재상 증공량曾公亮을 편집 책임자로 삼아 요우僚友 송기宋祁와 함께 새롭게 싹 고쳐 쓴 『신당서』 225권이 또 하나다. 둘 다 전체적으로는 '서'로서의 자격을 보지保持하고 충족할 만한 문어체로 이루어진 것은 말할 나위도 없다.

그런데 『구당서』 「안녹산전」의 일부분, 호족 출신 장군 안녹산이 아직 반기를 들지 않고, 그 유능함과 싹싹함을 무기 삼아 현종 황제의 신임과 총애를 한껏 누리는 북부 국경의 절도사였던 무렵을 다루는 부분에서 다음과 같이 말한다. 안녹산이 어렵게 여긴 이는 단 한 사람, 중앙 장안정부의 재상 이임보李林甫였다. 안녹산은 이임보를 '어르신'이라 부르며 대우했고, 그의 환심을 사려 갖은 애를 썼다. 중앙

조정에 연락하기 위해 참모 유낙곡劉駱谷이라는 자를 파견했는데 그가 돌아오면 안녹산은 우선 반드시 물었다. 어르신, 즉 재상 이임보는 뭐라 하셨는가. 그분께서 '부디 잘 부탁한다'고 하셨다는 보고를 들으면 뛸 듯이 기뻐했고, 거꾸로 '사단장이여, 행동을 신중히 하시게'라고 재상께서 말씀하셨다고 하면 '아이고, 이거 큰일났네, 난 이제 끝장이다' 하며, 침상 위에 털썩 주저앉았다.

이러한 사실, 적어도 저자가 그렇다고 여긴 사실을, 『구당서』 저자는 다음과 같은 문장으로 기록했다.

유낙곡이 보고하면, 먼저 재상은 뭐라 했느냐고 물었다. 좋게 말했다고 하면 뛸 듯이 기뻐했다. 그저 '대부여, 모름지기 잘 검교檢校해야 할 것이다'라고 말했다고 하면, 안절부절 침상에 주저앉으며, '아이쿠, 난 죽었다'라고 말했다.

駱谷奏事, 先問十郞何言, 有好言則喜躍, 若但言大夫須好檢校, 則反手據牀, 曰, 阿與, 我死也.

이 문장도 지문 부분은 대개 문어라는 점은, 200권의 모든 책이 그러한 것과 마찬가지다. 다만 안녹산이 침상 위에 털썩 주저앉으며 하는 마지막 부분의 말,

ā yú wǒ sǐ ye
阿與, 我死也.

(아 위, 워 쓰 예.)

이것은 구어 그대로다. 안녹산이 부러 익살스럽게 과장하여 탄식하는 말투를 그대로 기록했다고 볼 수 있다. 왜냐하면, 이런 말씨는 그 뒤로도 구어로 계속 살아 있기 때문이다.

우선 '阿與'라고 표기된 감탄사, 당唐대에 그것을 어떻게 발음했는지를 자세하게 추적할 수는 없지만, '아이쿠, 아뿔사'라는 뜻이고, 현대중국어에서는 '噯呀' 또는 '哎呀' 등으로 표기되는 āi yā(아이 야), 내지는 '噯喲' 또는 '哎唷' 등으로 표기되는 āi yō(아이 요) 라는 점은 의심의 여지가 없다.

이어서 '워 쓰 예我死也'라는 3음절어가 '난 이제 큰일났다, 끝장이다, 망했다'라는 뜻의 구어라는 사실은, 안녹산보다 5백 년 뒤, 『구당서』의 편찬보다 3백 년 뒤의 자료이긴 하지만, 원나라의 연극, 즉 원잡극元雜劇 각본의 대사가 명확히 보여준다.

연극 각본이 『수호전』을 비롯한 기타 강담체 소설과 함께 비공식적 문헌으로 의식되었기 때문에 이것만은 '언' 그대로를 기록하는 것이 허용되었다. 문학혁명 이전의 중국문학사가 '서'의 언어, 즉 문어의 대해大海인 가운데 더러 '언'의 기록이 허용되었다고는 해도, 문학사의 이른 2000년 동안에는 절무絶無했던 데 비해, 끝자락의 수백 년인 원나라 이후의 것이기는 하지만 이것은 더 이상 산호초처럼 아주 작은 존재가 아니다. 동인도·서인도·하와이 군도 정도의 용적을 차지한 가운데 13세기의 원잡극은 그 가장 이른 자료로서 200편 내외의 각본脚本을 남기고 있다. 특히 그 '대사' 부분은 '언' 그대로를 직사했다는 것, 자세한 내용은 필자의 전집 14권의 「원잡극연구元雜劇研究」를 참조했으면 하는데, 몇 개의 연극에서 악인이 나쁜 짓이 들통나 '이

젠 끝장이다, 볼 장 다 봤다'고 자포자기하며 탄식하는 대사는 왕왕 안녹산과 마찬가지로,

wǒ sǐ yě
我死也

이다.

예를 들어, 「정공목풍설혹한정鄭孔目風雪酷寒亭」이라는 연극(필자의 전집 15권에 번역문이 실려 있다) 네 번째 막을 보면, 잡극은 모두 4막으로 구성되기 때문에 언제나 그 대목은 대단원인데, 악역 고성高成이라는 사내는 시골 도청의 말단 서기이자 동료이고 이 연극의 주인공인 정숭鄭崇의 부인이 유곽에 있을 무렵부터의 샛서방이었다. 그는 주인공이 출장 간 와중에 정숭의 부인을 잘 대해주었고, 그 참에 돌아온 주인공 정숭이 이를 발견하고 간부奸婦를 죽여 유배를 가게 된다. 호송 역할을 맡아 등장한 고성이 눈 내리는 날의 도중道中에서 주인공을 심하게 괴롭히고 있는 순간 생각지도 못하게 등장하는 것은 산적 두목으로, 예전에 주인공에게 은혜를 입은 사내였다. 두목은 고성을 죽이고 주인공을 구한다. 생각지도 못한 조력자의 출현에 허둥대던 고성이 그때 내뱉는 대사는,

wǒ sǐ yě
我死也

즉 '난 이제 죽었다'이다(『요시카와 고지로 전집』 15권, 159~161쪽).

이 구어는 현재 쓰이지 않는 모양이지만, 13세기 원나라 무렵까지

는 일상에서 살아 있는 구어였다. 적어도 무대 위에서는 살아 있었다. 이 연극만이 아니다. 지금 일일이 생각해낼 수는 없지만 몇 편의 다른 연극에서 비슷한 장면이 등장했다고 기억한다.

조금 다른 경우로는 최고의 명작 『서상기西廂記』의 서막 첫 장면, 주인공 장군서張君瑞가 절의 뜨락에서 여주인공 최앵앵崔鶯鶯을 만나 그 아름다움에 깜짝 놀라는 대사, 그 또한 '我死也'다.

『구당서』의 저자가 그것에 감탄사 '阿與'까지 덧붙여,

ā yú wǒ sǐ ye
阿與, 我死也.

(아 위, 워 쓰 예.)

라 하여 이임보가 언짢게 생각한다는 말에 깜짝 놀란 안녹산이 내뱉은 말을 기록한 것은, '서부진언'이 아니라, '서'로 '언'을 남김없이 기록하여 상황을 비슷하게 묘사하려 한 것이었다는 점은 더 이상 의심할 여지가 없다.

더욱 억측을 밀고 나간다면, 어쩌면 그것은 당나라 무렵에 이미, 특히 무대 위에서 자주 쓰인 구어였는지도 모른다. 『구당서』 「안녹산전」은 앞서 인용한 부분에 이어 말한다.

이구년, 일찍이 그 말을 흉내낸 것을, 현종은 소락笑樂이라 여겼다.

李龜年嘗斅其說, 玄宗以爲笑樂.

이구년은 현종의 측근에서 활동한 광대다. 8세기 당시, 훗날의 원

잡극처럼 줄거리가 정돈된 연극은 아직 없었지만, 만담은 있었고 특히 궁정에서는 연회에 꼭 필요한 여흥으로 광대들이 그것을 담당했다. '아이쿠, 난 이제 죽었다阿與, 我死也.' 이것도 본래는 광대가 만담을 할 때 쓰는 상용어고, 안녹산이 익살스럽게 그것을 제 표현으로 삼은 것을, 영리한 광대 이구년은 황제 곁에서 "베이징의 저 뚱보님, 우리 흉내를 내시고 있군요"라고 더욱 익살스럽게 응용하여 황제의 환심을 사려 한 것은 아니었을까.

그런데 문제는 이『구당서』의 문장을 다시 한번 인용하면,

駱谷奏事, 先問十郎何言, 有好言則喜躍, 若但言大夫須好檢校, 則反手據牀, 曰, 阿與, 我死也, 李龜年嘗斅其說, 玄宗以爲笑樂.

그렇게 되어 있는 것을,『신당서』는 다음과 같이 고쳐 썼다는 사실이다.『신당서』「안녹산전」이 들어있는 권卷의 편찬자로 이름을 올린 이는 송기宋祁다.

유낙곡이 보고하고 돌아올 때마다, 우선 이임보는 뭐라 했느냐고 물었고, 좋게 말을 했다고 하면 기뻐했고, '대부는 잘 검교하라'고 했다고 하면 안절부절 침상에 주저앉으며, '내 장차 죽겠구나'라고 했다. 광대 이구년, 황제를 위해 그것을 배웠다. 황제는 즐거움으로 삼았다.

駱谷每奏事還, 先問十郎何言, 有好言輒喜, 若謂大夫好檢校, 則反手據牀, 曰, 我且死, 優人李龜年, 爲帝學之, 帝以爲樂.

지문은 이미 『구당서』보다도 간결해진 경향을 보이고 있는데, 『구당서』에서

阿與, 我死也.

라고 되어 있던 안녹산의 말은, 우선 '阿與'라는 감탄사가 생략되어 있다. 그리고 '我死也'는

wǒ qiě sǐ
我且死.
(워 체 쓰)

로 되어 있다. '阿與我死也' 다섯 자가 '我且死' 세 자로 준 것 뿐만이 아니다. '我且死(내 장차 죽겠구나)', 이것은 문어 즉 '서'로서의 표현이고, 구어라고는 볼 수 없다.

서부진언. 그것은 과거 중국 문장의 현상이었을 뿐만 아니라 문어의 윤리였다는 점, 특히 송나라 이후에는 그러했다는 사실을 여기서 볼 수 있다. 구어를 그대로 기재하는 것, 즉 '서부진언'이 아니라 '서진언書盡言'인 것은 설령 아주 작은 산호초라 하더라도 대양의 권위에 손상을 입히는 것이므로 눈에 거슬린다고 보았으니, 각고의 노력으로 이를 제거하여 모든 것을 '서'의 형식으로 교정·통일시켜야만 했던 것이다.

1971년 12월 17일

7. 간결함, '서書'의 이상

"짐은 호한好漢을 구하여 임무를 맡기려 하는데"라는 『구당서』의 기록은 여제의 입말을 그대로 전한다. '파격적 인사를 원하는 늙은 여제의 심리'라는 내적 사실을 단적으로 전달한 것이다. 그런데 같은 표현이 『신당서』에서는 '기사奇士'라는 문어 어휘로 바뀌어 있다.

구절양장九折羊腸이라 하여, 이야기는 점차 여러 갈래로 뻗쳐 갈피를 잡기가 어렵게 되어가는데 아직 양을 잃어버릴 염려는 없어 보이니, 앞으로 조금 더 『구당서』 문장과 『신당서』 문장의 차이에 대해 이야기하기로 한다.

유구 등이 편집한 10세기의 『구당서』가 때때로 대화 부분에 구어를 그래도 남겨두었던 데 비해, 구양수 등이 편집한 11세기의 『신당서』는 '서부진언書不盡言'이라는 『역』 「계사전」의 지적에 충실하였다. 「계사전」의 지적을 '문장 윤리'로까지 떠받들어 『구당서』에서는 매우 부분적이긴 하지만 남겨두었던 구어의 어기語氣를, 신경질적으로 제거하여 '서'의 문어로 고쳐 쓴 것, 그러한 사태는 전고에서 기술한 『구당서』 「안녹산전」의 '阿與, 我死也(아 위, 워 쓰 예)'가, 『신당서』에서는

'我且死(워 체 쓰)'로 되어 있는 것 말고도 더 있다. 다른 부분에도 비슷한 사례가 있음을 논의한 옛사람에 대해 이야기해두자. 사람들이 흔히 읽는 책은 아니지만, 원나라 초기의 학자 이치李治의 잡저『경재고금주敬齋古今黈』에 그 논의가 보인다.

이치李治, 몇몇 문헌에서는 이름이 '야冶'로 되어 있고, 어느 쪽이 맞는지 정론은 없는 모양이다. 자字는 인경仁卿, 허베이河北 롼청欒城 사람으로, 금말 원초(13세기) 북방의 학자다.『원사元史』또는 소천작蘇天爵의『국조명신사략國朝名臣事略』에 전傳이 있다. 이치는 13세기 초, 금 왕조가 이족인 여진인을 군주로 삼고, 국토의 태반을 몽고의 칭기즈 칸에게 빼앗겨 수도를 카이펑開封으로 옮기면서도 중국적 문명의 난숙을 자랑했을 무렵 진사에 급제한 문학관료다. 1234년 몽고가 금을 멸망시켜 북중국의 문명이 질식하기 직전에 몽고로부터 행정을 위임받은 한인漢人 군벌의 객이 되었다. 이윽고 13세기 중엽, 몽고의 세조世祖 쿠빌라이 칸이 처음에는 왕족으로서, 마침내 대원황제大元皇帝로서 중국적 문명을 보지하고 다시 일으키는 데 의욕을 보이면서, 궁정에 부름을 받아 한림원翰林院의 일원이 되었다. 마찬가지로 금의 유민遺民인 시인 원호문元好問, 즉 원유산元遺山과 명성 및 신망을 나란히 하여 '원이元李'라고 병칭竝稱되었다고 하지만, 원유산이 시인에 더욱 가까웠다면 이치는 학자에 가까웠다. 이치의 시로 전해지는 것을 나는 아직 본 적이 없다.

그의 잡저『경재고금주』는 현재 전서가 전해지지 않는다. 18세기, 청나라 건륭제乾隆帝가 칙편勅編한『취진판총서聚珍版叢書』가『영락대전永樂大典』에서 골라 뽑아 복원한 텍스트는 아직 미비하고, 20세기 초

서지가 무전손繆荃孫이 중편重編하여 스스로 판각한 총서『우향영습藕香零拾』에 실려 있는 것이 훨씬 낫다.

잡저에서 확인할 수 있는 이치의 학풍은 망해버린 금 왕조 말년의 학풍이 필시 이미 그러했던 것을 계승하여, 그보다 조금 선배인 왕약허王若虛의『호남유로집滹南遺老集』이 그러하듯, 박아博雅하고 유완柔婉했다. 그들보다 한 세기 앞서 활약한 주자의 교조주의가 당시 남방 양쯔 강 유역에서 이미 권위를 떨치고 있었는데 그 영향은 아직 보이지 않아, 절의節義보다 박아博雅에 가치를 두고 있다. 물론 박아한 그가 당시 처음으로 북방 황하 유역에 전래된 주자의『사서집주四書集注』를 훑어보고 비판한 것도 선배 왕약허와 마찬가지다.

그들을 잇는 다음 시기의 원나라 유자 허형許衡이 주자를 최고 권위로 받들었고, 주자의 학설을 쿠빌라이 칸에게 들려줌으로써 이후 약 600년간의 중국, 나아가서는 에도 시대 일본에서 주자학이 유학의 주류가 되지만,『경재고금주』는 그러한 형세의 단서가 열리기 이전의 책이다. 그러므로 중세 유학의 우완優婉함을 간직했고, 경향은 훨씬 훗날 등장할 청조 고증학 서적에 가까웠다.

지금 인용하려 하는 것은 무전손본 권9에 보이는 대목으로, 논하는 바는 오대五代 유구의『구당서』, 송나라 구양수 등이 편집한『신당서』, 그리고 송나라의 사마광司馬光, 즉 사마온공司馬溫公의『자치통감』이 동일한 사실을 기록하면서도 문장이 다르다는 점을 문제 삼는다. 먼저『구당서』를 인용하며 말한다,

『구당서』에서, 무후武后는 적인걸狄仁傑에게 물었다. "짐은 호한好漢

을 구하여 임무를 맡기려 하는데, 있느냐?" 적인걸은 곧 장간지張柬
之를 추천했다.

문장은 『구당서』의 열전39 「적인걸전」에 보인다. 적인걸은 강골強骨
로 이름이 난 인물이고, 그 덕에 잔학하기는 하지만 유능하고 총명한
늙은 여제 측천무후則天武后의 신임을 얻었다. 그 인물과 사적事蹟은 정
사뿐만 아니라, 『양공구간梁公九諫』 등 통속문학으로도 전송傳誦되었다.
그의 최고 장기는 인물을 감식하는 눈이어서 종종 여제에게 인재를 추
천했고, 추천된 후진後進은 모두 추천에 걸맞은 이들이었다. 그 두드러
진 사례로 역사는 다음과 같은 이야기를 전한다.

여제가 어느 날, 적인걸 재상에게 물었다.
"어디엔가 훌륭한 인물이 없느냐?"

『구당서』의 문장에 따르면,

"짐은 호한好漢을 구하여 임무를 맡기려 하는데, 있느냐?"
朕要一好漢任使, 有手.

이치가 문제로 삼은 것은 여제의 말에 보이는 속어, '호한好漢(하오
한)' 두 자다. 그것은 속어지 문어가 아니다. 즉 '언'에만 등장하는 단
어지, '서'의 단어는 아닌 것이다. 그러나 『구당서』는 그때 여제가 말한
'언'이 그러했던 대로, '전 야오 이 하오한 런스朕要一好漢任使'라고 '서'에

기재하고 있다. '서부진언'이 아니라 '진언', '말을 다 표현'하게 하고 있는 점, 전고에서 말한 안녹산의 말 '阿與, 我死也'와 마찬가지다.

'호한'이라는 말은 무어라 바꾸어야 할까. 단순히 '좋은 사내'는 아니다. 착실한, 솜씨 좋은, 수완이 있는, 남자다운, 따라서 협객다운 분위기도 없지 않은 남성을 가리킬 때 쓰는 속어다. 일본 서생들이 쓰는 '호한, 청컨대 자중하라'는 말은 아예 틀린 용법은 아니지만, 꼭 유협遊俠과 연관되지는 않는다. 중국 용법이라면, 오히려『수호전』의 양산박을 점거한 '108명의 호한'이 우선 머리에 떠오른다. 일본어의 '호한'은 구니사다 주지國定忠治,[16] 시미즈 지로초淸水次郎長[17]를 끌어안지 못하지만,『수호전』의 호걸들은 중국어의 '호한'이 끌어안는 범위에서 중요한 부분을 차지한다. '호한(하오한)'으로, 음성이 같은 자음이 중첩되는 '쌍성' 단어인 것도 속어로서의 유연함, 혹은 활발함을 강조한다.

기가 센 노파인 독재군주가, "짐은 호한을 구하여 임무를 맡기려 하는데, 있느냐"고, 즉 어디엔가 훌륭한 인물이 없느냐, 나는 그런 자를 쓰고 싶은 것이다, 하고 말한 것은 과거 출신의 애송이, 즉 지금의 일본으로 치자면 법학사나 경제학사 출신의 관료들이 보이는 매너리즘에 애를 먹고 있음을 보여준다. 그것이 여제의 입술에서 '호한'이라는 직절直截·간명한 음성으로 터져나오게 한 원인이었다는 것은, 요

---

16 구니사다 주지(1810~1850)는 에도 시대 말기의 협객이다. 도박이나 칼부림에 연루된 사건 때문에 책형(기둥이나 판자에 결박해놓고 찔러 죽이던 형벌)을 받아 죽었다. 그에 대한 일화가 여럿 있고, 후세에 강담講談이나 연극을 통해 문학화되었다.

17 시미즈 지로초(1820~1893)는 에도 시대 말기부터 메이지 초기에 활동한 협객이다.

점만을 기록한 이치의 『경재고금주』를 떠나, 자세한 이야기가 기록되어 있는 원전을 더듬어보면 알 수 있다.

우선 『구당서』의 문장을 살펴보면,

측천무후는 예전에 적인걸에게 물은 적이 있다. "짐은 호한好漢을 구하여 임무를 맡기려 하는데, 있느냐?"

初則天嘗問仁傑曰, 朕要一好漢任使, 有乎.

라고 처음에 여제가 물은 뒤, 그녀와 재상 적인걸 사이에 다음과 같은 문답이 오갔다.

적인걸이 말했다. "폐하께서는 무슨 임무를 맡기려 하십니까?" 측천무후가 말했다. "짐은 장상將相으로 대우하려 한다."

仁傑曰, 陛下作何任使, 則天曰, 朕欲待以將相.

재상은 반문했다. "큰놈을 쓰고 싶다고 말씀하셨사온데, 폐하께서는 그자를 어디에 어떻게 쓰시겠습니까?" 여제는 대답했다. "대신, 대장大將으로 쓰려고 한다."

재상은 무슨 말인지 알겠다는 듯 고개를 끄덕이며, 다시 다음과 같이 말했다.

대답하여 말했다, "신이 헤아리건대, 폐하께서 만약 문장자력文章資歷을 구하신다면 지금의 재신宰臣 이교와 소미도 또한 문리文吏가

되기에 충분합니다. 아마도 문사는 악착이나 떨 뿐이라, 기재奇才를 써서 천하의 큰일을 이룰 자를 얻으려 생각하심이 아니옵니까?" 측천무후가 기뻐하며 말했다. "그것이 짐의 마음이다."

對日, 臣料陛下若求文章資歷, 則今之宰臣李嶠蘇味道, 亦足爲文吏矣, 豈非文士醒醲, 思得奇才, 用之以成天下之務者乎, 則天悅日, 此朕心也.

재상은 말했다. "폐하의 마음은 이런 것이 아니옵니까. 학력, 자격 그러한 점에서는 이교나 소미도 같은, 현재의 각료들도 그럭저럭 행정 관으로 충분하지만, 기껏해봐야 좀스러운 사무관입니다. 재미있는 사내를 발굴해내어, 그자를 써서 큰일을 이루고 싶은 것이겠지요."

여제는 기뻐하며 말했다. "그렇지, 그렇지."

적인걸이 문사 출신이라 거론한 두 사람의 각료 중, 이교는 그의 『잡영雜詠』이 바로 일본의 사가嵯峨 천황의 필적으로 남아있는 미문 가이고,[18] 소미도는 어려운 안건이 생기면 '그저 걸상 모서리만 만지고 있었고 그러는 동안 정리되는 것'을 시정 방침으로 삼아, '모릉재상摸稜宰相'[19]이라는 별명이 붙은 인물이다.

이리하여 재상 적인걸이 '호한'이라 여겨 추천한 이가 시골의 지방관 자리에 머물러 있던 장간지였다. 그런데 이야기는 여기서 끝나지

---

18 사가 천황(786~842. 제52대 천황, 재위 809~823)은 헤이안 초기의 명필이고, 그의 작품 가운데 이교의 영물시詠物詩를 행서로 쓴 것이 있다고 하는데, 현재는 목록과 그 일부만 전해지고 있다.

19 '모릉摸稜'은 일을 애매하게 다루어 시비를 결정짓지 않는 것을 가리킨다. 소미도가 국사國事에 대해 질문을 받았을 때 명확하게 답을 하지 않고, 그저 걸상 모서리를 어루만지고 있었던 데서 유래한 말이다. 그래서 세간에서 소미도를 '모릉재상' 또는 '모릉수摸稜手'라 불렀다고 한다.

않는다. 여제는 적인걸이 추천한 장간지를 동도東都 낙주洛州의 사마司馬(부지사)로 전임시켰다. 그리고 나서 한참 지나자, 또다시 인재를 구했다. 적인걸은 말했다, "벌써 추천했사옵니다. 바로 장간지입니다. 폐하께서는 전혀 만나뵙지 않으셨습니다만." 여제 왈, "아니야, 벌써 발탁한 지가 언젠데." 적인걸 왈, "낙주의 부지사 자리에 앉히신 걸 발탁이라고 이르십니까. 저는 그를 재상감으로 추천해 올렸습니다만."

여제는 즉시 장간지를 추관시랑秋官侍郎(법무차관)에 임명했고, 뒤이어 재상으로 삼았다. 머지않아 여제가 병들어 죽은 뒤, 그녀의 일족이 짠 음모를 제압하고 한때 제위에 올랐다가 유폐당했던 여제의 아들, 중종中宗 황제의 복위를 완수한 이는 장간지였다. 적인걸이 사람 보는 눈은 정확했고, 장간지는 과연 '호한'이었다는 후일담까지 『구당서』뿐만 아니라 『신당서』와 『자치통감』도 기술하고 있다.

이야기는 여제의 하문下問에서 시작된다. 하문하는 말을 『구당서』가 짐요일호한임사朕要一好漢任使, "짐은 호한好漢을 구하여 임무를 맡기려 하는데"라고 기록한 것은 여제의 구기口氣를 그대로 전한다. '파격적 인사를 원하는 늙은 여제의 심리'라는 내적 사실을 단적으로 전달한 것이다. '호한(하오한)'만 구어인 것은 아니다. 구의 문장 전체가 그러하다. '임사(런스)'라는 것도 구어이고, "요일호한임사要一好漢任使"라는 구문도 구어적이다.

그런데 『신당서』는 이 이야기에 대해서도, 『구당서』를 종본種本으로 삼으면서도 문장을 고쳐 쓰고 있다. 이치의 『경재고금주』의 지적에 따르면,

『신당서』는 곧 말한다. "짐은 기사奇士를 구한다."

　이야기 전체의 계기이자 전체적 빛깔의 기본이 되는 긴요한 구어 '호한'이 『신당서』에서는 '기사奇士'라는 문어 어휘로 바뀌어 있다고, 이치는 지적하고 있는 것이다.

　살펴보건대 이야기는 『신당서』에서는 「적인걸전」에 실리지 않고 「장간지전」으로 옮겨져 있다. 그 권의 저자로 이름을 올린 이는 송기인데, '호한'만 '기사'로 바뀐 것이 아니다. 전체의 문기文氣가 문어로서의 순수함을 보지하려 했다.

　장안 무렵, 측천무후는 적인걸에게 물었다. "어디서엔가 한 기사奇士를 얻어 그를 쓸 수 있을까?" 적인걸이 대답했다. "폐하께서 문장, 자력을 구하신다면, 현재의 재상 이교와 소미도로 충분합니다. 아마도 문사는 악착이나 떨 뿐이라, 함께 천하의 큰일을 이루기에는 부족하다 여기시는 것이온지." 무후는 대답했다. "그러하다."

長安中, 武后謂狄仁傑曰, 安得一奇士用之, 仁傑曰, 陛下求文章資歷, 今宰相李嶠蘇味道足矣, 豈文士齷齪, 不足與成天下務哉, 后曰, 然.

　『구당서』의 '호한'이, 이렇게 『신당서』에서 '기사'로 바뀐 데서 그치지 않았다. 동일한 사실을 기재한 것인데, 두 문장을 대비하는 방법으로는 글자 수를 세어보는 게 좋다. 『구당서』는 91자를 쓰고 있지만, 『신당서』는 53자로 압축했다. '서'의 문체의 이상은 무엇보다도 간결함에 있다는 점에서, 『신당서』의 저자는 매우 충실했다.

이 이야기는 뒤에서도 이어진다.

1972년 1월 23일

8. 『신당서』, 문장의 변혁(1)

어찌해서든 당나라 역사는 다시 쓰여야 했다. '당'이라는 왕조가 빛나는 시대였던 만큼 더욱 그러했다는 것이 『신당서』를 저술한 동기이고 이유였다. 그래서 올바른 문체로 고쳐 쓴 『신당서』는 "그 사事가 전보다 늘었고, 그 문文은 전보다 줄었다."

호한好漢이라는 한어는 쾌남아快男兒라는 번역이 의미상 가장 적합할 것이다. 다만 그것은 쾌남아가 도리어 문어 어휘인 것과 달리 속어에 해당하므로, '서부진언'이라는 『역』의 지적을 문장의 윤리로 삼는 정통파 입장에서는 '서'에 넣는 것을 거부해야 할 어휘다. 그런데 『구당서』는 그렇게 하지 않았다. 『구당서』는 당송 2대 왕조의 사이에 긴 과도적 시대의 책으로, 단명한 다섯 왕조가 어지럽게 교체되던 오대 중 하나인 후진後晉 때 그 재상 유구를 책임자로 삼아 기록된 대당제국의 역사인데, 7세기에 여제 측천무후가 그 재상 적인걸에게 한 말을 "짐은 호한을 구하여 임무를 맡기려 하는데朕要一好漢任使"라고 기록했다. 물론 이렇게 번역해서는 구어라는 느낌이 오지 않을지도 모르지만, 본래 한어의 흐름으로 하면 '난 말일세, 굉장한 놈을 하나 기용하고 싶단 말이야' 정도 되는 거침없는 구기이고, 여제의 입에서 터져나왔을 음성을 거의 그대로 기록했다고 볼 수 있다. 따라서 호한이라는 속어도 거부하지 않았다.

그에 비해『구당서』보다 백 년 뒤, 북송의 구양수 등이 고쳐 쓴『신당서』에서는 '호한'이라는 단어를 '기사'로 고친 데다, 그 구절 전체를 "어디서엔가 한 기사를 얻어 그를 쓸 수 있을까安得一奇士用之"라고, 완전한 문어로 고쳐 썼다. 그 사정은 원나라의 고증학자 이치의 지적에 기초하여 전고에서 기술했다.

이는 제6고에서 장난기가 있는 야심가 안녹산의 '두 손 두 발 다 들었다'는 뉘앙스가 담긴 익살스런 탄식을, "아이쿠, 난 죽었다阿輿, 我死也"라고『구당서』에서는 그의 입말대로 기록한 것에 비해,『신당서』에서는 "내 장차 죽겠구나我且死"라고 딱딱한 형태로 고쳐 쓰고 있다는 것과 더불어, 문장의 정통이라 자임하는『신당서』저자들이 '서'는 '언'과는 다른 것이라는 의식을 얼마나 철저하게 구석구석까지 관철시키려 했는지를 보여주는 사례다.

또한 여제와 재상 적인걸이 인재 발탁에 대해 논했던 사실을 서술하는 데『구당서』는 91자를 쓴 데 비해『신당서』는 3분의 2 조금 못 되는 53자로 압축했다는 것, 양자의 문장 자수를 전고의 끝에서 세어보았다.

그러한 사실들로 이뤄진 사태 자체는 자잘한 것이지만, 배후에는 '문장의 의식에 대한 변혁'이라는 커다란 사실이 도사리고 있다.『신당서』의 주저자 구양수의 시대(11세기 중엽) 즉 북송 인종 황제의 치세는, 중국의 문장 의식이 크게 변혁된 시기이기 때문이다. 변혁을 주창하고 중심이 된 이가 바로 구양수이고, 그가 주저자로 참여한 『신당서』는 변혁된 새로운 문체를 실천한 중요한 결과물이다.

변혁에 대한 의식에서 중심이 된 것은, 그 시대보다 약 천 년 앞서는 중국 문장의 문체가 주류로 삼았던 사륙변려문四六騈儷文에 대한 배격이었다. 널리 알려져 있듯, '사륙'이란 한 구의 자수를 네 자 혹은 그 연장으로 여섯 자 형태로 한정하여 통일된 리듬을 유지하는 것을 가리키고, '변려'란 그러한 네 자 혹은 여섯 자 구를 언제나 둘씩 겹겹이 쌓는 것, 동일하거나 비슷한 내용을 똑같은 문법표현으로 이루어진 두 구로 겹겹이 쌓는 것을(즉 대구對句를 이룰 것을 요구하는), 미문美文의 요소 중 하나로 삼는 것이다. 구양수 같은 이들은 그러한 사륙변려문체를 장황하고 허식에 떨어진 것이라 여겨 배격하고, 사륙 문체가 유행하기 이전의 간결하고 실질적인 고대의 문체, 구체적으로는 전한 이전, 즉 기원전의 문체로 복귀하자고 외쳤으며, 그것에 성공했다. 이른바 북송의 고문古文 운동이다.

또한 좀 더 넓은 시야에서 본다면, 이는 단순한 문체·문장의 변혁이 아니라 널리 문명의 진행 방향이 전환되는 중요한 고리의 하나이기도 했다. 당나라와 송나라는 반드시 연속된 시대가 아니며, 두 왕조의 문명사는 오히려 비연속적인 면이 있다고 강조한 이는 고故 나이토 도라지로(나이토 고난內藤湖南)다. 예를 들어 「개괄적 당송시대관」(『나이토 고난 전집』 8권 111쪽 이하) 속 그 학설에 국한해서 말하자면 아마도 역사가들 사이에 그다지 이론異論이 없을 터인데, 나이토가 그것을 하나의 출발점으로 삼아 중국사를 셋으로 구분하여 전한 이전을 고대, 후한부터 당나라까지를 중세, 송 이후를 근세로 보는 것은 역사가들 사이에 이론이 꽤 많다고 들었다. 정치사·사회경제사의 관점에서 그 시비를 판정하는 것은 내 힘에 부치는 일이나, 적어도 문학사·철학사에 관한 한, 세 시기의 구분은 가능하고 명료하다. 그리고 구양수가 『신당서』를 쓴 시기, 즉 북송 인종의 치세야말로, 그것을 나이토가 그랬던 것처럼 '중세'에서 '근세'로 전환되었다고 해도 좋은지 여부는 또 다른 문제라 하더라도, 두 번째 시기에서 세 번째 시기로 전환이 완성된, 획을 가른 시기라는 것은 분명하다.

사정을 설명하기 위해 나의 옛 저작을 인용해도 좋다면, 나는 『송시개설宋詩概說』[20]에서 이렇게 말했다.

대체로 인종 시대는 단순히 시만이 아니라 문명 전체에서 의식의 전환이 진행되었다. 즉, 고대 유가사상을 민족의 정통 윤리로서 재확인했고, 그 실천을 개인, 또한 사회의 임무로 삼는 것을 문명의 중핵이라 여긴 것이다. 우선 유가 정치철학의 실천으로서 지식인에 의한 정치를 희구했고, 그것이 실현되었다.

희구를 실현한 사람으로 시인이자 산문가이며 역사가이자 고고학자 그리고 재상인 구양수를 손꼽은 뒤, 다시 다음과 같이 썼다.

그들은 육조六朝에서 당나라에 이르는 과거의 문명을 불교와 도교가 유학의 우위를 가로막고 침범했다는 점에서 타락이라 보아, 그

20 한국어판은 『송시개설』(호승희 옮김, 동문선, 2007)이다.

시대와의 결별을 선언했다. 또한 그들 과거의 시대에 성행했던 미문학美文學을 역시 타락한 무사상無思想으로 간주하여 부정하고, 좀 더 사상이 있고 내용이 있는 문학을 제 시대의 문학으로 삼으려 했다(이와나미판 『중국시인선집 2집』 178-179쪽 혹은 지쿠마판 『요시카와 고지로 전집 13권』 61-62쪽).

타락하고 사상 없는 미문학이라 해서 부정된 것, 그 중심은 바로 앞에서 서술한 사륙변려문체였다. 그것들을 모은 사화집詞華集 『문선』이 보여주는 대로 이 미문이 가장 유행한 것은 후한에서 육조까지였는데, 육조가 분열한 뒤에 등장한 대당제국도 언어문화에 관한 한 원칙 면에서 여전히 그 흐름 속에 있었다. 물론 원칙에 반항하여 예외가 된 존재가 당나라에 없지는 않았다. 당 중엽 한유의 '고문'은 구양수가 자신의 선구이자 범형範型으로 여겨 누구보다도 존중하고 조술祖述한 대상이었다. 그러나 당시에는 국부적이고 고립된 존재였고, 당나라 문장의 대세는 역시 사륙변려문이었다. 우선 천자의 조칙, 대신의 상표上表를 비롯한 모든 공문이 이 문체였던 것은 같은 시기 일본인의 공용 한문이 『고사기』의 서문을 비롯하여 모두 사륙변려문을 모방한 것에서도 쉽게 알 수 있다.

是以番仁岐命, 初降于高千嶺, 神倭天皇, 經歷于秋津嶋, 化熊出川, 天劍獲於高倉, 生尾遮徑, 大烏導於吉野.

처음 '시이是以' 두 자를 제외하고, '번인기명番仁岐命' 네 자가 한 구절 다음의 '신왜천황神倭天皇' 네 자와 대구이고, '초강우고천령初降于高 千嶺' 여섯 자가 이것도 한 구를 건너 뛴 '경력우추진도經歷于秋津嶋' 여섯 자와 대對를 이룬다. '화웅출천化熊出川'과 '생미차경生尾遮徑', 또한 '천검획어고창天劍獲於高倉'과 '대오도어길야大烏導於吉野'가, 각각 네 자 여섯 자의 대구인 것도 마찬가지다.

그런데 역사가가 서술하는 문장은 당나라에서도, 혹은 또 당나라 이전의, 훨씬 더 미문이 성행했던 시대인 육조에서도 반드시 이처럼 엄밀한 사륙변려문은 아니었다. 이번에는 육조의 역사서 문체를 모방 한 『일본서기』를 살펴보겠다.

次生月神, 其光彩亞日, 可以配日而治, 故亦送之于天, 次生蛭兒, 雖 已三歲, 脚猶不立, 故載之於天磐櫲樟船, 而順風放棄.

'차생월신次生月神', 또한 '차생질아次生蛭兒, 수이삼세雖已三歲, 각유불 립脚猶不立', 이 네 자 구에서 '가이배일이치可以配日而治, 고역송지우천故 亦送之于天'이라는 여섯 자 구의 리듬을 정돈하려는 의욕을 여전히 볼 수 있지만, 전체 문장을 그 방향에서 정돈하고 있지는 않다. 또한 대 구에 의한 표현은 여기에 없다. 네 자 구, 여섯 자 구로 리듬을 완전히 정돈하고, 대구만을 쓰는 문체로 사실을 서술하는 일은 본래부터 무 척 어렵기 때문이다. 『일본서기』만 그런 것이 아니다. 『일본서기』가 모 범으로 삼은 육조의 역사서도 사정은 마찬가지였다.

그러나 그들 육조 및 당나라 역사가의 문장 내지는 일본 역사가의 한문 문장도 가장 사륙변려문다운 사륙변려문은 아니었음을 기억해

둘 필요가 있다. 얼마간 사륙변려문적인 요소를, 사실을 직서直敍해야 하는 문장에서도 다 털어내지 못한 점, 앞서 인용한 『일본서기』가 '네 자 구 여섯 자 구'를 완전히 버리지 못한 점에 주목하는 것이 좋다. 또한 본래부터 그것들은 문장의 이상이 회복되고 각성된 상태에 이르지 못한 시대에 쓰인 문자이기 때문에, 설령 부분적으로는 사륙변려문에서 멀어졌다 해도 애초에 그 정신에 있어서 타락한 문자라고 보는 것이, 구양수를 비롯한 북송 신문화인의 인식이었다.

송인의 그러한 인식에서 보자면, 당 왕조의 역사서술로 먼저 존재한 것은 당 왕조 자체의 역사편수국이 집성한 『국사國史』 군群이 있지만 이는 이제까지 논해온 의미에서 정당한 문자가 아니고 따라서 이 빛나는 왕조의 역사가 될 수 없었다. 그다음이 백 년 전의 어지러운 오대 시대에 쓰인 『구당서』인데, 이것은 당나라 『국사』의 타락한 문자를 더욱 무력하게 그대로 계승했을 뿐이다.

어찌해서든 당나라 역사는 다시 쓰여야 했다. '당'이라는 왕조가 빛나는 시대였던 만큼 더욱 그러했다는 것이 『신당서』를 저술한 동기이고 이유였다.

이상의 논리 근저에는 문장 내지 문체야말로 인간 정신 가운데 가장 직접적이고 가장 중요한 표현이라 보는 사상, 아울러 역사서술은 문학의 중요한 갈래라고 보는 사상이 깔려 있다.

『신당서』의 첫머리에는 완성된 225권을 편집 총재인 수상 증공량이 인종 황제에게 봉정할 때 첨부된 '상표'가 가우嘉祐 5년(1060) 6월 자로 실려 있는데(구양수의 전집을 보면, 사실 실제 집필자는 구양수다), 먼저 이렇게 말한다.

신 증공량은 아룁니다. 가만히 생각해보건대, 당나라는 천하를 차지한 지 거의 300년, 그 군신君臣의 행사의 시종始終과 치란흥쇠治亂興衰한 소이所以의 자취 그리고 그 전장제도典章制度의 뛰어난 것들은 마땅히 분명하게 밝게 기록하여 간책簡冊에 남길 만합니다.

위대한 시대의 위대한 사실을 분명하고 밝게 착실히 기재한 책이 당연히 있어야 한다. 그런데 현실은 그렇지 않다.

그러할진대 기차紀次하는 데 법도가 없고, 상략詳略은 적절함을 잃었으며, 문채文采는 분명하지 않고, 사실은 누락되었습니다.

이는 『구당서』에 대한 비판이라기보다 오히려 『구당서』의 기초가 된 당나라의 『국사』에 대한 비판일 것이다. '기술에 법칙성이 없고, 번간상략繁簡詳略의 적절함을 얻지 못했다'고 말한 데 이어 "문채文采는 분명하지 않다"고 한 것은 문체가 애매하고, 애매한 문체 탓에 당연히 기록되어야 할 사실이 줄줄 새고 있다는 것일 테다.

상태를 시정해야 한다는 개탄은, 우선 '거룩하고 밝으신聖明' 금상今上황제에게 있다고 하였고, 황제의 의향이라고 말했다.

헤아려 생각건대, 상商나라와 주周나라 이래로 나라를 이루어 오래간 것은 오직 한漢나라와 당唐나라이옵니다. 그러한데 불행히도 오대五代로 이어졌습니다.

고전시대 은주殷周 두 왕조를 제외하고 그 이후 대국이라 하면 한나라와 당나라인데, 불행히도 당나라 왕조를 바로 잇는 시대는 '오대'라는 변칙의 시대였다.

쇠세衰世의 사士는 기력이 비천하고 약하므로, 말이 얕고 뜻이 비루해서 그 문文을 일으키기에 부족합니다.

이상은 황제의 말을 빌어, 오대라는 '쇠세衰世의 사士'가 편찬한 『구당서』를 비판한 것이다. 그들의 약한 힘으로는 도저히 제대로 된 언어문화를 수립할 수 없었다. 그 결과,

명군현신明君賢臣의 뛰어난 공로와 훌륭한 공적, 저 혼학적란昏虐賊亂한 자, 화근죄수禍根罪首로 하여금, 모두 그 선악을 드러내게 하여 사람들의 이목을 움직이게 (해야 하는데 그렇게) 하지 못했습니다. 참으로 권계勸戒를 드리워, 구원久遠하게 제시하지 못하였습니다. 심히 한탄스러운 일입니다.

그래서 올바른 문체로 고쳐 쓴 우리의 『신당서』에서 가장 자랑스러운 점으로, 상표에 기술된 유명한 두 구절이 있다.

그 사事는 전보다 늘었고, 그 문文은 전보다 줄었습니다.

예를 들어 『구당서』의 91자가 『신당서』에서는 3분의 2가 채 되지

않는 53자가 되었다고 앞에서 언급한 것은 이러한 자부 가운데 두 번째 구, '그 문은 전보다 줄어든' 실증이다.

1972년 2월 29일

9. 『신당서』, 문장의 변혁(2)

'자네 같은 사내에게 역사를 쓰게 했다가는 얼마만큼이나 글자 수가 필요하겠는가. 나라면 이렇게 쓸 것이네' 하며, 간결한 글자 수로 고쳐 써서 보여주었다. '문文의 생省'이야말로 『신당서』 파가 생각한 문장의 정도였다.

그 사事는 전보다 늘었고, 그 문文은 전보다 줄었습니다.

其事則增於前, 其文則省於舊.

기재된 사실은 밑바탕으로 삼은 『구당서』보다 증가되었음에도, 문장은 그것보다 더 간결하다. 거꾸로 말하자면, 간결한 문체를 채용했기 때문에 거의 같은 분량 속에, 이전 왕조에 대한 사실을 좀 더 많이 기재할 수 있었다.

문체의 개혁자였던 11세기 북송의 문장가들이 백 년 전에 쓰인 『구당서』를 장황하고 산만한 '타락'으로 간주하고 자기들의 문체를 사용하여 당나라 왕조의 역사를 『신당서』로 고쳐 썼을 때, 전서全書 첫머리에 "그 사事는 전보다 늘었고, 그 문文은 전보다 줄었다"고 자신들 문체의 승리를 선언한 것이다.

중국의 저술에는 왕왕 자기가 쓴 책의 총 글자 수를 권말에 명기한 경우가 있다. 정사正史의 아버지, 『사기』의 저자 사마천은 후서後序「태사공자서太史公自序」에서 말한다,

모두 130편, 52만6500자. 이 책을 명산名山에 수장하고, 부본을 경사京師에 남긴다. 후세의 성인군자(의 논의)를 기다린다.[21]

이처럼 더하거나 덜어내지 못하게, 자신이 지은 책의 글자 수를 선언한다. 또한 후인이 덧붙인 기록이지만, 가장 중요한 고전인 '경서'에는 경經 즉 본문의 총 글자 수와, 주의 총 글자 수를 명기한 텍스트가 왕왕 있다. '오경'의 첫 번째 『주역』 왕필주 권1의 말미에 '경 3255자, 주 5944자'라고 기록된 것을 비롯하여, 권마다 말미에 본문과 주석의 글자 수를 기록하는 것은 송대의 판본에 흔히 보인다. 일본의 난보쿠초南北朝 시대(1336~1392년, 일본 조정이 남북으로 갈라졌던 시대), 사카이우라境浦의 도유 거사가 간행했던 이른바 『쇼헤이판 논어正平版論語』[22] 권

---

21 이 구절은 발췌 인용으로, 생략된 부분이 포함된 원문은 다음과 같다. "모두 130편, 52만 6500자, '태사공의 책'이라 부른다. 대요大要를 기술하고, 누락된 것을 수습하고 빠진 것을 보충하여, 일가의 언言을 완성했다. 육경의 해석이 제각각인 것을 조화시키고, 백가의 여러 학설을 정돈했다. 이 책을 명산名山에 수장하고, 부본을 경사京師에 남긴다. 후세의 성인군자(의 논의)를 기다린다凡百三十篇, 五十二萬六千五百字, 爲太史公書. 序略, 以拾遺補闕, 成一家之言. 厥協六經異傳, 整齊百家雜語. 藏之名山, 副在京師, 俟後世聖人君子."

22 하안何晏의 『논어집해論語集解』를 쇼헤이 19년(1364)에 센슈사카이泉州堺에서 도유 거사가 간행했고, 이후 몇 차례 복각되었는데 그것들을 『쇼헤이판 논어』라 부른다. 일본 최초의 『논어』 인쇄본으로 유명하며, 중국에서 일찍 실전된 고주古注를 전하는 책으로, 중국에 역수입되었다.

1에 '경 1470자, 주 1513자'라고 되어 있는 것부터, 마지막 권10에 '경 1223자, 주 1175자'라고 되어 있는 것에 이르기까지 그러하다.

이러한 총 글자 수 표기는 유구의 『구당서』에도, 구양수와 송기 같은 이들이 편찬한 『신당서』에도 없다. 그리고 전체 권수는 『구당서』가 200권인 데 비해, 『신당서』는 225권으로 후자가 오히려 늘어났다. 이것은 전자에는 없는 '표表', 즉 연표계도年表系圖를 실은 권들이 후자에 있는 것 따위가 원인이고, 서술의 중심인 '열전' 부분은 양자가 똑같이 150권이다. 열전 한 권의 평균 자수는 1만 내외이므로, 대략 150만 자가 두 '당서'의 열전 부분의 총 글자 수가 될 터인데, 같은 150만 자 중에 "문文을 줄인" 『신당서』가 더 많은 사실을 기록할 수 있다는 말이 된다.

사실 『신당서』 '열전'의 권들에는 『구당서』에 보이지 않는 사건 및 삽화가 보이는 것을, 청나라의 사론가史論家 조익趙翼(1727(옹정雍正 5)~1814(가경嘉慶 19))이 그의 저서 『이십이사차기二十二史箚記』에서 예시했다.

예를 들어, 당나라 왕조의 창업자 태종 이세민李世民이 "창업과 수성 중 어느 것이 어렵냐"고 근신近臣에게 질문한 것에 대해, 방현령房玄齡은 창업이라 대답하고 위징魏徵은 수성이라 대답했다는 이야기는 『구당서』에는 보이지 않고, 『신당서』 「방현령전」에만 보인다.

여기서 측천무후에 대한 이야기 몇 가지. 본래 부친 태종의 후궁이었던 그녀를 아들 고종이 황후로 삼았을 때, "시골농사꾼조차 풍년에는 새로운 아내를 사들입니다. 하물며 일천만승一天萬乘의 대군大君이 무엇을 염려하십니까?" 하며 허경종許敬宗은 부추겼다.

전사자田舍子도 100말 넘게 보리를 수확하면, 본처를 바꾸고 싶어 합니다. 천자는 사해四海를 부유富有합니다. 어찌 황후 한 명을 세우는 그런 일을 불가하다고 할 수 있겠습니까?

"부군父君의 곁에 있으셨던 분"이라며 반대한 이는 저수량褚遂良이고, 커튼 뒤에서 그 말을 몰래 듣고 있던 그녀는 그르렁댔다. "원숭이 같은 놈, 손 좀 봐주마."

이 원숭이 같은 놈을 말살시키고야 말리라.

두 말 모두 『구당서』에는 보이지 않지만 『신당서』 「허경종전」과 「저수량전」에는 기재되어 있는 것 등, 조익은 "『신당서』에 『구당서』보다 늘어나고 관계關係 있는 곳"이 대강 일흔한 가지가 된다고 헤아렸다. '관계 있는 곳'이란 말은 '역사의 흐름을 움직인 중요한 포인트'라는 뜻이다.

또한 조익은 "『신당서』에 『구당서』보다 늘어난 쇄언잡사瑣言雜事" 몇 가지도 예를 들어 보였다. 이는 당나라 제국이 성립되기 전, 대치하던 군웅의 한 명이었던 두건덕竇建德의 젊은 시절에 그가 침입해온 강도 세 명을 죽이고, 바깥에 있던 강도 패거리가 시체를 내놓으라고 하자 밧줄을 던지면 묶어줄 테니 끌고나가라고 대답하고, 밧줄이 들어오자 제 몸을 묶어 패거리들에게 접근해 다시 몇 명을 더 퇴치했다는 이야기, 두보의 벗 엄무嚴武는 어린 시절 모친에게서 부친의 총애를 빼앗아간 부친의 첩을 때려죽인 다혈질이고, 훗날 쓰촨四川의 절도사가 되었을 때도 제 막료였던 두보를 죽이려 했던 것을 이백이 염려해서 지은 시가 「촉도난蜀道難」이었다는 이야기, 요절 시인 이하李賀는 산책할 때마다 낡은 비단 주머니를 소년에게 들려서 좋은 시구를 얻으면 그 속에 던져넣었는데, 엄마가 '이 아이는 심간心肝을 토해내는구나. 당장 그만두라'고 염려했다는 이야기 등이다. 나중의 두 에피소드는 당인唐人의 시사詩事로 유명한데, 둘 다 『구당서』에는 보이지 않고, 『신당서』에 이르러 비로소 보인다. 그러한 삽화 스물여섯 가지를, 라이 산요賴山陽[23]의 애독서이기도 했던 『이십이사차기』가 다루고 있는데, 이는 일부분의 사례에 불과하다.

『신당서』의 '사事'가 이렇게 『구당서』보다 늘어난 것은 바로 '문文'이 '간결함省을 지향하여', 같은 글자 수, 같은 분량으로 더욱 많은 '사'를 그 '문'이 기록할 수 있었기 때문이다.

이는 앞에서 거론한 측천무후와 적인걸의 대화에서도, 보려고 들면 볼 수 있다. 그것을 기록한 『구당서』의 91자는 대화가 진행된 시간을 명기하지 않은 데 비해, 같은 '사'를 53자로 압축하여 기재한 『신당서』는 단락 첫머리에

장안 무렵, 측천무후는 적인걸에게 물었다.

라고, 이 대화가 여제의 말년 장안長安을 연호로 삼은 시기, 즉

---

23   라이 산요(1780~1832)는 에도 후기의 한시인漢詩人이자 사가史家다. 그의 주저 『일본외사日本外史』(일본 무가의 역사)는 막말의 존황양이尊皇攘夷 운동에 영향을 준, 에도 시대의 베스트셀러였다.

701년부터 704년 사이의 일임을 자그마한 '사'의 증가이긴 하지만 보여주었다.

　또한 이것은 유명한 일화인데 어떤 수필에서 보았는지 지금 아무래도 생각나지 않지만,『신당서』의 저자 중 한 명인 송기는 길을 걷다가 달리는 말이 개를 발로 차서 죽이는 것을 보았다. 수행하는 서생에게 '저것을 기록해보라' 했고, 문장을 지어 제출하자, '자네 같은 사내에게 역사를 쓰게 했다가는 얼마만큼이나 글자 수가 필요하겠는가. 나라면 이렇게 쓸 것이네' 하며, 간결한 글자 수로 고쳐 써서 보여주었다고 한다. '문文의 생省(간결함)'이야말로『신당서』파가 생각한 문장의 정도였다.

　그리고 이러한『신당서』저자들이 그 '문'을 줄여 간결하게 하고자 자각적 의식을 가지고 우선 진행했던 일은, 당나라 왕조의 조칙을 비롯한 기타 공문이 그 시대의 마땅한 문체 형태, 즉 사륙변려문 그대로『구당서』에 기재된 것을, 자신들의 문체로 고쳐 써서 수록할 것인지, 아니면 쓸데없는 미문으로 간주하여 깨끗하게 삭제해버릴 것인지의 문제였다. 송기는 그것에 대해 자신의 잡저『송경문공필기宋景文公筆記』에서 다음과 같이 선언했다.

　글에 대구를 쓰고 평측平仄을 써서 사事를 기술하는 자가 있다.

　대구, 평측의 운율, 고사들을 사용하는 문장이란 곧 사륙변려문체를 말한다. 조칙이 그러한 것은 발포할 때 음조音調를 좋게 하는 데 목적이 있을 따름이다. 그것을 그대로 역사서에 집어넣는 것은 타당하지 않다. 왜냐하면 '사史는 고古에 가깝고' 역사는 고전에 접근하는 것을 임무로 삼는 데 비해, '대우對偶는 금今에 어울린다.' 대구의 문장은 통속적인 존재다. 양자는 모순된 관계에 있다. 사륙변려문으로 된 당나라 왕조의 조칙 및 공문을 그대로 역사서에 집어넣는다면, 용사에게 화장을 시키고, 진중에서 신호로 치는 북을 반주로 생황을 연주하는 것과 같다.

대우對偶의 문文을 사책史策에 넣는 것은 붓과 눈썹먹을 장사壯士에게 베풀고, 생포笙匏로 비고鼙鼓를 돕는 것과 같다.

이 선언 또한 실행되었다는 것 역시 조익이 『이십이사차기』에 실례를 들었다. 예를 들면, 측천무후가 아들 중종을 제위에서 끌어내리고 유폐하자, 국초國初의 명장 이적李勣의 손자 서경업徐敬業 같은 이들이 저항 의군義軍을 일으켰다. 거병擧兵 격문을 쓴 이는 고명한 미문가 낙빈왕駱賓王이고, 『구당서』 열전 제17 「이적전」에 덧붙은 「서경업전」에 그 전문이 실려 있다.

격문은 우선 "현재의 가짜 정부에서 섭정하고 있는 '무武'를 이름자로 쓰는 여성은 성질이 드세고 출신은 미천하여, 본래 태종황제 궁정의 하녀였는데, 변소에 갈 때 수행하는 자리에서 황제 곁에서 모시는 자리로 올라갔다"고, 무후의 신분을 들추어내는 것으로 시작되는데, 모든 문장은 '네 자 여섯 자'의 리듬이다.

거짓으로(비정통적인 방법으로) 조정에 임하고 있는 무씨라는 자는,

사람됨이 온순하지 않고, (출신)지는 참으로 한미하다. 옛날 태종의 비첩婢妾이었다가, 일찍이 갱의更衣를 담당하는 자로서 들어가 모셨다.

僞臨朝武氏者, 人非溫順, 地實寒微, 昔充太宗下陳, 嘗以更衣入侍.

그러한 자가 태종께서 붕어하신 뒤 고종 폐하 곁에서 시중을 들게 된 것은 부자父子가 암사슴 한 마리를 공유하는 축생도畜生道로 궁정을 타락시킨 일이었는데, 근래에는 악행이 더욱 심하다.

게다가 마음은 사갈처럼 독하고 성질은 시랑처럼 사나워졌다. 간사한 무리와 친압親狎하고 충량한 이들을 죽였다. 자姊를 죽이고 형을 도륙했으며, 군주를 시해하고 모후를 독살했다. 사람과 귀신이 똑같이 그를 미워하여, 하늘과 땅 사이에 그를 용납할 곳이 없었다.

加以虺蜴爲心, 豺狼成性, 近狎邪僻, 殘害忠良, 殺姊屠兄, 弑君鴆母, 人神之所同嫉, 天地之所不容.

이윽고 등장하는 것은, 가장 유명한 대구다.

봉분의 흙 아직 마르지 않았는데, 육척지고(나이어린 황자皇子)는 어디에 있는가.

一坏之土未乾, 六尺之孤何在.

마지막 구절은 다음과 같다.

청컨대 보라 금일의 세상, 마침내 어느 가문의 천하인가.

請看今日之城中, 竟是誰家之天下.

『구당서』에는 이상의 420자 전문이 실려 있다.

『신당서』는 어떠냐 하면, 「서경업전」은 열전 제18, 역시 조부 이적의 전에 붙어 있는데, 거기에는 단 16자뿐이다.

격문을 주현에 전하고, 무씨의 과실과 죄악을 열거하여, 여릉왕을 천자의 자리에 복위시키려 했다.

傳檄州縣, 疏武氏過惡, 復廬陵王天子位.

낙빈왕의 격문은 당唐대 유수의 명문이라고들 하는데, 『신당서』는 이 역시 '네 자 여섯 자' 대구의 행렬이라 간주하고 기피하여, 사백 몇 자를 '생략'하고 있다.

다만 후일담으로, "격문이 도읍 낙양에 도달하자 여제는 '이런 시 건방진' 하며 비웃으며 읽다가, '선제 고종을 장사지낸 능의 흙이 축축하게 아직 마르지 않았는데, 황자皇子 중종께서는 지금 어디에 계십니까'라는 고발, 즉 '일배지토미간一坏之土未乾, 육척지고하재六尺之孤何在'라는 대목에 이르렀을 때 누가 썼느냐 묻고, 측근이 낙빈왕이라 대답하자 '이만한 사내를 발탁하지 않고 내버려둔 것은 재상의 책임'이라 말했다"는 이야기가 『구당서』 「서경업전」에 보이는 것을, 『신당서』는 열전 제126 「문예전文藝傳」의 낙빈왕 대목에 집어넣고 있다.

처음에 경업이 격문을 전하러 경사에 이르자, 측천무후는 그것을 읽으며 비웃었다. '일배지토미간一坏之土未乾'에 이르러, 갑자기 시신侍臣에게 물었다. "이 말은 누가 썼느냐?" 어떤 이가 대답했다. "낙빈왕의 말입니다." 측천무후는 말했다. "재상이 잘못했구나, 어찌 이런 사람을 잃었단 말이냐."

初敬業傳檄至京師, 則天讀之微哂, 至一坏之土未乾, 遽問侍臣曰, 此語誰爲之, 或對曰, 駱賓王之辭也, 則天曰, 宰相之過, 安失此人.

이상은 『구당서』 「서경업전」, 아래는 『신당서』 「문예전」에 나온 구절이다.

무후가 읽고 다만 비웃었다. '일배지토미간一坏之土未乾, 육척지고하재六尺之孤何在' 대목에 이르러, 깜짝 놀라며 말했다. "누가 이 말을 썼느냐?" 어떤 이가 빈왕이라고 대답했다. 무후는 말했다. "재상은 어찌 이 사람을 잃었단 말이냐."

后讀但嘻笑, 至一坏之土未乾, 六尺之孤何在, 矍然曰, 誰爲之, 或以賓王對, 后曰, 宰相安得失此人.

1972년 3월 말일

10. 저자의 태도 읽기: 사마천

저자가 전달하는 사실 만큼, 사실을 전달하는 저자 자신도 중시하는 태도가 필요하다. 개인의 바깥에 펼쳐지는 것이 무한함과 동시에, 개인의 내부에 펼쳐지는 것도 무한할 터이다. 학문은 바깥에 펼쳐진 무한을 추구하는 데만 너무 열중하고 있는 것은 아닐까.

지금까지 '언부진의', 즉 '언어는 의식 그대로를 다 표현해내는 것이 아니'라는 중국 일부에 있었던 인식, 또한 그것을 말하는 전제로 '서부진언', 즉 '책의 언어는 본래부터 구두언어 그대로는 아니'라는 인식을 살펴보고, 후자의 인식을 실천하려 한 『신당서』의 문장과 『구당서』의 문장을 비교하는 작업을 거쳤다. 이상의 내용을 쓴 전고의 다음을 쓰려고 생각하고 있던 차에, 도쿄대의 모리모토 가즈오에게 논문 별쇄본 두 권을 받았다. 「고문사학古文辭學과 고고학: 소라이, 노리나가와 푸코, 데리다」(1972년 2월, 도쿄대 교양학부 외국어과 연구 기요紀要 19권 3호) 그리고 「국어 국자國字 문제를 위하여: 소라이, 노리나가와 푸코, 데리다[고문사학과 고고학]」(1971년 9월, 지쿠마 『국어통신』), 두 편이었다.

두 논문 모두 내 연재물 『독서의 학』 첫 부분을 인용하고 있는 가운데, 내 의도를 다음과 같이 설명했다.

이른바 근대적 학문의 존립 근거 자체에 대한 반성, 혹은 적어도 그러한 학문에 의해 배척당하고 있는 듯한 '다른 학문'을 복권시키자는 요청임을 쉽게 알 수 있을 터인데, 하여튼 그러한 요청을 하기 위한 고찰의 기초를 이루는 것이 '언어'와 '사실'의 관계라는 점에 주목해야 할 것이다.

그리고 내 문장을 정중하게 인용하고 있다.

나는 내 발언이 미지의 학자의 주의를 끌고, 내 의도가 정확하게 소개되고 있는 것에 대해 감사를 표하고 싶다.

내 의도는 모리모토가 소개해준 그대로, 과거 일본 및 중국의 학문에서 유력하고 현저했던 방법이 목하 부당하게 그 존재가 희미해진 것을, 오규 소라이와 모토오리 노리나가의 작업, 특히 모토오리 노리나가를 조술하며, 그 복권을 주장하려 한 것이다. 어쩌면 불확실한 예상이긴 하지만 만약 다소 호언을 한다면, 이 방법이 과거 동방의 학문이 지닌 특기가 아닐까라고 느끼고 있음을, 그 계승자이자 조술자로서 다른 이들에게도 주장하고 싶은 마음이 있다.

내가 보기에 20세기 학문의 중심을 이루는 것은 역사학이다. 역사학은 인간의 사실과 사실 사이의 인과관계를 구명하고, 그것을 방법으로 삼는 학문이다. 나는 역사학의 진보에 커다란 경의를 표한다. 현재 나 자신도 은혜를 입고 있으며, 내가 해온 작업의 상당 부분 역시 역사학의 범주에 속할 것이다. 중국문학사에 대한 작업은, 개인이나 집단으로 이 지역에서 문학자들이 어떻게 행동했느냐 하는 외적 사실과 그 심리의 움직임이라는 내적 사실 사이의 인과관계를 탐색하는 작업이었기 때문이다. 『원잡극연구』『송시개설』『원명시개설元明詩槪說』 등이 그 예다.

그렇지만 나는 역사학이 범람하면서 학문의 방법에 또 다른 맹점이나 결함이 생기지 않았을까 우려한다. 책의 언어는 언어가 전달하려는 사실을 획득하는 수단이자 과정이라고만 의식되고, 사실의 획득이 달성되었다고 의식됨과 동시에 언어 그 자체는 망각되고 버려지기 십상이다. 그래도 좋은 것일까.

보통 역사책이라고들 생각하는 사마천의 『사기』를 예로 들어보자. 한 제국의 창시자 유방劉邦의 전기 「고조본기高祖本紀」의 첫머리는 다음과 같다.

高祖, 沛豐邑中陽里人, 姓劉氏, 字季, 父曰太公, 母曰劉媼.

기원전 1세기, 사마천이 살던 무렵의 중국어 발음과 20세기의 발음 사이에는 어떤 거리가 있을 게 분명하지만, 근본적인 차이는 없다고 보고, 잠시 그 문제를 제쳐둔 채로 20세기 중국인이 읽는 방식으로 표기하면,

gào zǔ, pèi fēng yì zhōng yáng lǐ rén, xìng liú shì, zì jì, fù yuē tài gōng, mǔ yuē liú ǎo,

(가오쭈, 페이 펑이 중양리런, 싱 류스, 쯔 지, 푸 웨 타이궁, 무 웨 류아오.)

이는 그러한 음성과 그것을 표기하는 상형문자의 흐름이다. 해석하면

고조는 패의 풍읍 중양리 사람. 성은 유씨, 자는 계. 부친을 태공이라 하고, 모친을 유온이라 한다.

이상의 언어 흐름은 역사가 입장에서, 대大 한 제국을 창업한 군주 유방이 양쯔 강 하류의 패沛 지역 출신자라는 사실을 획득하는 과정이다. 또한 다소 민감한 역사가라면, 그의 성이 '유'라는 것 외에, 자는 그저 '계', 즉 셋째 아들이거나 넷째 아들, 아버지는 그저 '태공' 즉 '할아버지', 모친은 '유온' 즉 '유씨 할머니', 그런 식으로 만족스럽게 내세울 이름도 없는 가족 출신이었다는 사실을 귀납하여 얻을 것이다.

이러한 귀납을 가능케 하는 것은 이미 역사학의 공적이다. '계' '태공' '유온'이라는 것이 '제대로 된 이름에 해당되지 않는 언어'라는 귀납의 저변에는 그러한 단어가 당시 사회집단에서 사용되던 방법을 추적하는 언어사의 인식, 그러한 간단한 호칭밖에 지니지 못한 가족은 계급적으로 상위에 있지 않다는 사회경제사의 인식이 작용하고 있기 때문이다.

그리하여 역사가는 사마천의 언어에서 '한나라라는 대제국의 창업자가 양쯔 강 하류에 위치한 농촌의 중지주中地主 혹은 소지주 출

신이었다는 사실'을 얻어냈다는 데 만족할 것이다. 또한 그것은 역사 사실로서 중요하다. 후대의 인간인 우리가 중국사의 발전을 고찰하는 데 중요한 의미를 지니는 것이다.

그런데 그런 사실의 획득을 마친 역사가는 반드시 사마천의 언어 그 자체를 기억하지는 않는다. 그것은 또한 역사가로서 현명한 방법일 것이다. 자료로 삼은 언어 하나하나를 기억한다면, 역사가는 번잡스러워 견디지 못하리라.

그렇지만 사마천이 '말한' 언어를 만약 모든 학자가 망각한다면, 그것은 학문에 중대한 결함을 낳는다. 역사가가 얻어낸 사실을 인용문과 같은 언어로 저자 사마천이 썼다는 것 또한 인간의 중대한 사실임을 놓쳐버리고 마는 것이다.

언어는 사실 그대로는 아니다. 사실이 인간에게 준 자극에 반응한 의식이 낳은 것이다. 혹은 '언부진의(말은 뜻을 다 표현하지 못한다)'라는 지적에 따른다면, 어쩌면 자각조차 되지 못한 의식일지도 모른다. 사실 그 자체를 중시하는 동시에, 사실에 의해 생겨난 저자의 의식, 혹은 의식을 처리하는 저자의 태도를 중시하는 방법이 존재할 필요가 있다. 저자가 전달하는 사실이 중요한 만큼, 사실을 전달하는 저자 자신도 중요하지 않을까. 학문이라는 것이 구경究竟에 있어서 '인간에 대한' 연구라 한다면, 역사학만을 방법으로 삼는 것은 방법으로서 충분한 것일까. 개인의 바깥에 펼쳐지는 것이 무한함과 동시에, 개인의 내부에 펼쳐지는 것도 무한할 터이다. 학문은 바깥에 펼쳐진 무한을 추구하는 데만 너무 열중하고 있는 것은 아닐까.

저자 사마천이 '인간의 역사'의 처음이라고 의식한 오제五帝 시대 이후, 그와 동시대인 한나라 무제 시대까지 펼쳐진 인간의 사실을 다양한 측면에서 후대 사람들에게 전달하고자 『사기』 130권을 쓴 것임은 분명하다. 전고에서 다른 목적 때문에 인용한 「태사공자서」에서는 이렇게 말했다.

모두 130편, 52만6500자. 이 책을 명산名山에 수장하고, 부본을 경사京師에 남긴다. 후세의 성인군자(의 논의)를 기다린다.

그가 '후세의 성인군자'에게 기대한 것, 우선 그중 하나가 고심해 수집하고 기록한 인류의 다양한 사실을 파악하는 것이라는 점은 말할 나위도 없지만, 이와 함께 그 사실을 그렇게 선택하고 기술한 저자로서의 자신이 취한 '태도와 의식'에 대해 '후세'의 지기知己를 기다린 것이 사마천이 선언한 말의 의미이며, 바로 그렇기에 52만6500자를 명산에 수장하고 부본副本을 경사에 둔 것이라고, 나는 생각한다.

저자 사마천이 취한 태도로서 우리의 발굴을 기다리는 사실은, 좀 전에 「고조본기」의 첫머리로 인용한, 매우 간단한 문장에도 존재한다.

제국을 창업한 이에 대한 서술의 시작은,

高祖, 沛豐邑中陽里人

이다. 아홉 자를 번역하면, 아마도

고조는 패의 풍읍 중양리 사람이다.

가 될 것이다. '아마도' '될 것'이라 한 것은 이 아홉 자를 읽는 방법에 이설이 없지 않기 때문이다. 출생지로 기술된 일련의 지명 가운데 첫 번째 '패'가 '패군沛郡'이라 불리는 지역이었는지, '패현沛縣'이라 불리는 지역이었는지를 두고 주석가 사이에 이론이 있는 모양인데, 그것은 그렇다 치고, 현재 장쑤 성江蘇省에 속하는 다소 큰 지역의 이름이 '패'이고, 그것에 이어지는 '풍읍'이 '패'에 있는 소지명小地名인 것은 분명하다. 그런데 '읍' 다음에 나오는 '중' 자에 대해서도 주석가의 설이 갈린다. '중' 자를 아래에 붙여 '중양리' 세 자를 풍읍 가운데 있는 더욱 작은 소지명으로 보는 설이 있으며, '중' 자를 '풍읍 중의 양리'라고 접속 관계를 나타내는 것으로 보아, 더욱 작은 소지명은 '중양리'가 아니라 '양리'라고 보는 것이 또 하나의 설이다. 다소 의역한다면, '대천현大川縣 대촌군大村郡 중남촌中南村에서 태어났느냐', 아니면 '대촌군 중 남촌에서 태어났느냐', 둘 가운데 사마천이 전달하려 한 사실과 합치하는 것은 어느 쪽이냐 하는 문제다. 만약 당시의 상세한 지리서가 남아 있다면 사태를 판정할 만한 자료가 되겠지만, 그런 문헌은 존재하지 않는다. 판정은 다른 방법에 의지해야 하는데, 그것은 나중에 설명하기로 하고 하여튼 이는 작은 문제다.

중요한 문제는 제국을 창업한 군주의 전기를, 사마천이 이렇게 그 출생지부터 쓰기 시작했다는 점이다. 인물의 전기를 현명縣名 혹은 출생지에서 시작하는 것이 고왕금래古往今來, 전기를 쓰는 이들의 상식이라 한다면, 거기서 그만일지도 모른다. 사마천의 책은 널리 알려진 것처럼, 제왕의 전기인 '본기本紀', 제후 집안의 내력과 당대에 당주를 맡은 이의 전기를 담은 '세가世家', 개인의 전기인 '열전列傳'을 중요한 조성組成 부분으로 삼아, 전기의 몽타주를 통해 역사를 기술하고 있다. '이십사사'의 정사가正史家가 이후 줄곧 이 창시자의 체재를 조술한 것도 널리 알려진 바 그대로인데, 사마천 이전은 어떠냐 하면, 유사한 자료가 남아있지 않아서 거슬러올라가는 계승관계가 명확하지 않다. 사마천은 모든 전기를 이렇게 출생지를 기술하는 것으로 시작하고 있다. 「고조본기」 바로 앞 편, 고조의 대립자였던 항적項籍의 전기 「항우본기」는,

  항적자, 하상인야.
  項籍者, 下相人也.

로 시작하고, 공자의 전기 「공자세가」의 기술은,

  공자생노창평향추읍.
  孔子生魯昌平鄕陬邑.

으로 시작한다. 또한 고조의 창업을 도운 공신인 소하蕭何·조참曹參·장량張良·진평陳平·주발周勃의 전기 「소상국세가蕭相國世家」「조상국세가曹相國世家」「유후세가留侯世家」「진승상세가陳丞相世家」「강후주발세가絳侯周勃世家」는 각각 다음과 같이 시작한다.

  소상국하자, 패풍인야.
  蕭相國何者, 沛豐人也.

평양후조참자, 패인야.

平陽侯曹參者, 沛人也.

유후장량자, 기선한인야.

留侯張良者, 其先韓人也.

진승상평자, 양무호유향인야.

陳丞相平者, 陽武戶牖鄕人也.

강후주발자, 패인야, 기선권인, 사패.

絳侯周勃者, 沛人也, 其先卷人, 徙沛.

또한 제후의 지위를 박탈당했기 때문에 '세가'가 아니라 '열전'에 들어가 있는 인물, 한신韓信의 전기 「회음후열전淮陰侯列傳」의 시작은 이렇다.

회음후한신자, 회음인야.

淮陰侯韓信者, 淮陰人也.

이상 꼼꼼하게 뻔한 것처럼 보이는 예를 열거해봤는데, 「고조본기」의 첫머리가 이것들과 같은 방식으로 쓰인 사실은 사마천의 태도로서 파악하고 분석할 만한 것을 이미 얼마간 포함하고 있다.

1972년 4월 25일

11. '생략'의 문체

『사기』에 있었던 여덟 자가 『한서』에서는 생략되어 있다. 그 이유는 무엇일까. 다음 대목에서 부모의 칭호가 제시되므로 이 여덟 자를 중복이라 여긴 것일까. 아니면 사마천의 원문은 제실 帝室의 선조에 대한 경의를 지나치게 잃었다고 보아 생략했던 것일까.

사마천의 『사기』는 자신이 살고 있는 제국의 창업자 고조 황제 유방의 전기 「고조본기」 첫머리를,

고조, 패풍읍중양리인, 성유씨, 자계, 부왈태공, 모왈유온.

高祖, 沛豐邑中陽里人, 姓劉氏, 字季, 父曰太公, 母曰劉媼.

이라고 썼다. '그것이 이미 저자 사마천이 이 영웅을 대하는 심적 태도를 보여준다, 혹은 감추고 있다'고 내가 말하는 첫 번째 이유는 이렇게 출생지로 기술을 시작하는 서술방법은 사마천이 다른 모든 인물을 대하는 것과 같다는 점이다. 대립자였던 항우의 「본기」를 '하상 사람이다'로 시작했고, 고조의 공신 몇 사람, 예를 들어 소하의 「세가」

를 '패의 풍 사람이다', 조참의 「세가」를 '패 사람이다', 장량의 「세가」
를 '그 선조는 한나라 사람이다', 진평의 「세가」를 '양무의 호유향 사
람이다', 주발의 「세가」를 '패 사람이다, 그 선조는 권卷 사람이었는데,
패로 이주했다'라고 각각 시작하고, 한신의 「열전」을 '회음 사람이다'
라고 시작한다. 뻔한 일 같지만, 이 점에서 사마천은 모두를 똑같이
취급하며 특별한 태도를 나타내지 않는다.

　허나 완전히 같지는 않다. 다른 인물의 출생지에 관한 기술은 원칙
적으로 좀 더 간단하다. 항우는 그저 '하상인야下相人也'라고 기록했
고, 조참은 그저 '패인야沛人也', 소하와 진평은 조금 자세하지만, 그래
봤자 '패풍인야沛豊人也' '양무호유향인야陽武戶牖鄕人也'다. 장량의 '기선
한인야其先韓人也', 주발의 '패인야沛人也, 기선권인其先卷人, 사패徙沛'가
조상을 언급한 것은 원칙은 아니다.

　그들에 비해 고조의 출신을,

沛豐邑中陽里人

이라고 현명, 군명, 촌명까지를 상세히 기록한 것은 역시 가장 중요한
이 인물에 대한 특별한 태도라고 보아야 한다.

　또한 전고에서 말했듯, 일곱 자의 독법에 대해서는 두 가지로 설이
갈린다.

　패의 풍읍 중양리 사람

이라고 읽는 것이 한 가지 설,

　패의 풍읍 중 양리 사람

이라고 읽는 것이 또 하나의 설이다. 후설後說은 북송 유반劉攽 형제가
지은 『양한간오兩漢刊誤』의 독법이 그러했다고, 그들보다 조금 후대 남
송 사람인 오인걸吳仁傑의 『양한간오보유兩漢刊誤補遺』에 인용되어 있
다. 그리고 오인걸이 반박했듯이, 이는 잘못이다. 오인걸은 '중양리' 세
자가 한 덩어리로 묶이는 소지명이어야 하는 근거로, 후한 말년의 순
열荀悅이 『사기』와 『한서』를 근거로 다시 고쳐 쓴 왕조의 역사 『한기漢
紀』의 문장을 거론했다.

　유씨는 패의 풍읍으로 옮겨, 중양리에 거처했다. 그리고 고조는 그
　곳에서 일어났다.

　劉氏遷於沛之豐邑, 處中陽里, 而高祖興焉.

'중양리' 세 자는 명백히 한 덩어리이고, '양리' 두 자만을 지명으로
보아 '풍읍 중 양리'라 읽는 것은 잘못이라 오인걸은 말하고 있는 것
인데, 실은 순열의 『한기』 같은 외적인 자료에 의한 고증을 기다릴 것
도 없이, 후설은 '패풍읍중양리인沛豐邑中陽里人'이라는 일곱 자의 문장
에 내재된 조건으로 보아도 성립되기 어렵다. 만약 이 문장이 후설이
말하는 바와 같은 의미를 전달하려 한 것이라면, '중中' 자는 '여분餘
分'이기 때문이다. '중'자를 생략하고, '패풍읍양리인'만으로도 충분하

다. 좀 더 간결한 표현을 좋다고 여기는 것은, 사마천에게도 이미 이상이며 실천해야 할 어떤 것이었을 터이다. 유반 형제처럼 읽게 될 문장을 사마천이 쓸 리는 없다. 애초에 유반 형제 같은 대학자가 그렇게 말했다는 것은 이상하니, 진짜로 유씨의 설일 리가 없다, 라고 오인걸은 신중하게 덧붙이고 있다. 요컨대 판정의 요체는 외적 조건에 의한 것이라기보다 내적인 조건에 먼저 있다.

파생적인 문제는 이 정도로 해두겠지만, 출생지에 대해 이렇게 상세히 기재하는 것은 『사기』가 기록한 수백 명의 인물 가운데 드문 예외라는 점은 역시 특별한 취급이라 봐야 한다.

드문 예외로 연관되어 생각나는 문장은 『공자세가』의 첫머리다.

공자는 노나라 창평향 추읍에서 태어났다.

孔子生魯昌平鄕陬邑.

이 문장도 『고조본기』의 첫머리와 마찬가지로 상밀詳密하다. 왕조의 창시자에 대한 경의와 나란히 문명의 법칙을 창시한 이에 대한 경의라 말하지 않을 수 없다. 사마천이 공자에게 표한 경의가 충분하지 않다고 후대 사람들은 때때로 비판한다. 사마천의 바로 다음 후계자 반고班固는 『한서』 「사마천전」에서 이렇게 비평했다.

또한 그 시비(를 가리는 것)은 성인과 매우 달랐고, 대도를 논하면 황로를 먼저 하고 육경을 뒤로 했다.

是非頗謬于聖人 論大道則先黃老而後六經.

그것이 '그의 밝지 못한 지점', 사마천의 어리석은 점의 하나라고 반고가 간주한 것은 널리 알려진 대로지만, 그렇게 딱 잘라 말해도 좋은 것일까. 사마천은 「공자세가」의 마지막 논찬論贊에서, "다른 인물은 설령 군주든 현인이든, 그가 한 일은 그 사람 일생에 국한되었는데 天下君王至于賢人衆矣, 當時則榮, 沒則已焉"라고 말한 뒤,

공자는 포의布衣의 신분이면서도 (그 덕이) 10여 대에 걸쳐 전해졌고, 학자들이 그를 존숭했으며, 천자와 왕후를 비롯하여 중국의 육예六藝를 말하는 이들은 그 기준을 공자에게서(공자를 기준삼아) 정했다. '지성至聖'이라 이를 만하다.

孔子布衣, 傳十餘世, 學者宗之, 自天子王侯, 中國言六藝者折中於夫子, 可謂至聖矣.

이렇게 아낌없는 상찬으로 전기를 맺은 태도가, 첫머리에도 반영되어 있어 신중하고 꼼꼼하게 서술되었다는 느낌을 준다.

또한 「고조본기」와 「공자세가」를 비교하면, 또 한 가지 사실을 알게 된다. 다른 이들의 전기는,

항적자項籍者, 하상인야下相人也.

(항적이란 이는 하상 사람이다)

소상국하자蕭相國何者, 패풍인야沛豐人也.

(상국 소하라는 이는 패의 풍 사람이다)

회음후한신자淮陰侯韓信者, 회음인야淮陰人也.

(회음후 한신이라는 이는 회음 사람이다)

등등, 모든 인물의 이름 다음에 '자者' 자를 덧붙여 쓰고 있다. 노자조차도 예외가 아니다.

노자라는 이는 초나라 고현 여향 곡인리 사람이다. 성은 이씨, 이름은 이, 자는 백양, 시호는 담이다. 주나라 수장실의 사史였다.

老子者, 楚苦縣厲鄉曲仁里人也, 姓李氏, 名耳, 字聃, 周守藏室之史也.

노자의 출생지에 대한 기재를 현·촌으로 중요하게 상세히 다룬 것은, '이, 백양, 담'이라고 다른 호칭을 일일이 기록한 것과 함께, 철인에 대한 경의다. 그러나 '자者'라는 글자가 '라는 이는'이라고 번역되듯, 대상과 자신의 거리를 두면서 대상을 소외시키는 단어가 여기 노자에 대해서도, 다른 인물을 대하는 것과 마찬가지로 덧붙여져 있다.

'자'라는 글자를 붙이지 않은 것은 오직 「고조본기」와 「공자세가」다. 왕조의 창시자에 대한 소외는 본래부터 허용되지 않는 것이고, 동시에 성인에 대한 경의가 역시 소외를 허용하지 않았던 것이다.

그런데 「고조본기」의 문장은 그것에 이어 '성은 유씨, 자는 계'라고, 그를 부르는 통상적 명칭이 '셋째 아들' 혹은 '넷째 아들'이었음을 기록한다. 그리고 다른 책에는 보이는 '방邦'이라는 딱딱하고 심각한 이름은 기록하지 않았다. 존경을 표하려고 존자尊者의 실명을 기피했다기보다 딱딱하고 심각한 이름은 출세하여 황제가 되고 난 뒤에 붙여진 것이라 여겨 무시했다고 본다면, 제국의 창업자가 미천한 출신이라는 사실을 덮어 감추려 하지 않은 태도라고 마침내 볼 수 있다.

제국을 창시한 이가 평범한 농민의 아들이었다는 사실을, 사마천은 어떻게 평가했을까. 그럼에도 위대한 시대를 창시했다고 찬미했을까, 아니면 한이라는 왕조가 그뒤 백 년을 건너와 저자 사마천의 시대에 이르러서도 여전히 털어내지 못한 '시골뜨기 냄새'의 기원이라 여겨 경멸했을까. 아마도 두 마음이 교차했을 터인데, 저자의 심리가 향하는 그러한 방향은 그 뒤의 문장에도 여파를 남기고 있다.

> 부친은 태공이라 했고 모친은 유온이라 했다.
>
> 父曰太公, 母曰劉媼.

부드럽게 번역하면 부친을 '아저씨'라 하고, 모친을 '유씨 아주머니'라고 했다. 현재의 중국어라면,

> 父親叫老太爺, 母親叫劉太太

하는 식이 되지 싶다. 즉 부친과 모친 모두 이름다운 이름도 없는 시골 농민이었다는 말이다.

또한 더욱 주의할 만한 것은 '부왈태공父曰太公, 모왈유온母曰劉媼'에 보이는 두 개의 '왈曰'이다. 이런 의미를 표현하는 문장어는 '왈'을 생략하고,

> 父太公, 母劉媼

이라 해도 충분하다. 번역하면 '부친은 태공, 모친은 유온'이니, 그렇게

하더라도 언어가 전달하려 하는 사실의 본 줄거리에 손익은 없다. 그럼에도 '父曰太公, 母曰劉媼'이라고 '왈'을 덧붙인 저자의 태도는, 설령 강하게 의식하고 쓴 조사措辞는 아니라 하더라도, 적어도 의식의 바닥에는 있는 어떤 것을 반영하는 것으로 생각된다.

부친의 이름은 뭐라 '했는가', 그저 태공(아저씨)'이라 했다.' 모친의 이름은 뭐라 '했는가', 유온(유씨 아주머니)'이라 했다.' 이처럼 심술궂게 천착穿鑿[24]하려는 마음상태가 포함되지 않았다고 보기 어렵기 때문이다.

참고로 말하자면, 사마천보다 200년 뒤 반고가 지은 『한서』 「고제기高帝紀」는, 사마천의 『사기』 「고조본기」의 문장을 대개는 이용하면서 고쳐 쓴 것인데, 여기서 '父曰太公, 母曰劉媼', 이 여덟 자를 반고는 생략하고 있다.

차이를 분명히 하고자 우선 『사기』 「고조본기」의 문장을, 이미 인용한 부분을 포함해 조금 뒤쪽까지 인용하기로 한다.

고조는 패의 풍읍 중양리 사람, 성은 유씨, 자는 계. 부친을 태공이라 했고, 모친을 유온이라 했다. 예전에 유온, 일찍이 커다란 못의 둑에서 쉬다가, 꿈에 신과 교감했다. 이때 우레와 번개가 치고 날이 흐렸다. 태공이 가서 보니, 교룡을 그 위에서 보았다. 이윽고 임

---

24 '천착'이라는 단어는 국어사전에 '깊이 살펴 연구함'이라는 뜻으로 등록되어 있다. 그러나 전통적인 한학에서 쓰이는 천착이라는 단어는 '구멍을 뚫는 것, 구멍이 없는 곳에 억지로 구멍을 내듯 탐구하는 것'이라는 뜻이고, 대체로 '그래야 할까 싶은 것까지 굳이 파고들어 건드린다'는 부정적인 뉘앙스가 강했다.

신했다. 마침내 고조를 낳았다.

高祖, 沛豐邑中陽里人, 姓劉氏, 字季, 父曰太公, 母曰劉媼, 其先劉媼嘗息大澤之陂, 夢與

神遇, 是時雷電晦冥, 太公往視, 則見蛟龍於其上, 已而有身, 遂産高祖.

요컨대 고조의 출생의 비밀, 이 군주는 실은 용의 자식이고, 모친은 용과 교감하여 수태하고 임신했다는 것인데, 『사기』 문장을 계승한 『한서』의 문장은 다음과 같다.

고조는 패의 풍읍 중양리 사람이다. 성은 유씨. 모친 온 일찍이 커다란 못의 둑에서 쉬다가, 꿈에 신과 교감했다. 이때 우레와 번개가 치고 날이 흐렸다. 부친 태공 가서 보니, 교룡을 그 위에서 보았다. 이윽고 임신했다. 마침내 고조를 낳았다.

高祖, 沛豐邑中陽里人也, 姓劉氏, 母媼嘗息大澤之陂, 夢與神遇, 是時雷電晦冥, 父太公

往視, 則見交龍於其上, 已而有娠, 遂産高祖.

당시 저술의 습관 혹은 윤리로, 어쩌면 훨씬 후대까지의 중국 역사학에서도, 『신당서』가 『구당서』를 변개變改한 것은 오히려 예외일 만큼, 뒷 세대의 역사가는 앞선 역사가의 문장을 가능한 한 계승했다. 『한서』의 『사기』에 대한 관계도 그러하다. 섬세하지 않은 사람은 위의 두 문장을 읽고 거의 차이를 눈치채지 못할지도 모른다.

그러나 차이는 존재하고 있어, 『사기』에 있었던 '父曰太公, 母曰劉媼', 여덟 자가 『한서』에서는 생략되어 있다. 『한서』에서 생략된 이유는 무엇일까. 출생의 신비를 서술하는 다음 대목에서 '모친 온'이 연못의 둑에서 자고 있었다 하고, '부친 태공'이 보러갔다고 하면, 부모의 칭호는 그것으로 제시된다고 간주하여, 『사기』의 여덟 자를 중복이라 여긴 것일까. 아니면 사마천의 원문은 제실帝室의 선조에 대한 경의를 너무 잃었다고 보아 생략했던 것일까.

하여튼 『사기』에는 있는 여덟 자가 『한서』에는 없다. 언어사가言語史家라면 '임신'이라는 단어가 『사기』에서는 '신身'으로 『한서』에서는 '신娠'으로 표현되어 있는 것에 주목하고, 두 글자가 그저 표기의 차이라는 데 흥미를 가질 것이다. 설화사가說話史家, 민속사가民俗史家는 '교룡蛟龍'과 '교룡交龍'의 차이에 흥미를 느끼리라. 나는 그러한 흥미도 존경한다. 그러나 그것과 함께 '父曰太公, 母曰劉媼' 여덟 자의 유무를 각 저자의 태도를 시사하는 것으로서 나는 존중하고 싶은 것이다.

1972년 5월 25일

12. 주석 논쟁: 광대뼈인가, 콧대인가

이 다섯 자는 어떠한 사실을 전달하는 언어인가. '범상치 않은 인상'이었다는 것을 말하고 있음은 예상할 수 있다. 그러나 '범상치 않은 인상'이라는 범상치 않은 사실을 전달하려는 언어인 만큼, 상식에 의한 해결은 곤란하다.

내가 말하고 싶은 것은 요컨대 책을 읽으려면 '저자를 읽자'는 것이다.

책의 언어는 반드시 사실을 전달한다. 사실이 없는 곳에 언어는 없다. 언어의 음성은 음악이 아니다. 반드시 어떤 사실과 관련된 음성이다. 그러므로 책을 읽는다는 것은, 보통 그 언어와 관련된 사실을 파악하는 것이라 의식된다. 그렇다기보다 언어의 배후에는 반드시 사실이 있는 법이므로, '사실'은 무조건 독자에게 밀려든다.

그러나 사실을 언어를 통해 전달하는 주체는 저자, 혹은 화자다. 저자 내지 화자가 어떠한 형태의 언어를 통해, 어떠한 태도를 바탕에 두고 사실을 전달하려 하고 있는가를 추구하는 작업을 등한시해서는 안 된다는 것이다.

우선 지금은 『사기』 「고조본기」를 읽고 있다. 조금 더 읽어보자. 거기에는 지금까지 언급하지 않았던 다른 문제가 따라붙고 있어, 논의 대상이 될 수 있을 듯하다.

한 제국의 창업자 고조 유방의 전기를 '그 출생지, 이름, 부모'의 서술로 시작한 저자 사마천이, 이어서 그 출생에 얽힌 신비를 말했다는 것은 이미 언급했다. 모친 유씨 아주머니가 연못의 둑에서 자고 있던 참에 신이 꿈에 나타나 교감하고, 우레와 번개가 치고, 천지는 어두워졌다. 부친 태공이 보러 가자 위에는 교룡이 있었다. 이윽고 회임하여 아들이 태어났다. 즉 고조는 인간의 자식이 아니라 신의 아들이라는 사실, 혹은 그런 이야기가 전해졌다는 사실을 서술한 뒤, 문장은 다음과 같이 이어진다.

高祖爲人, 隆準而龍顔, 美須髯, 左股有七十二黑子

번역하면,

고조의 사람됨은, 융준(융졸)하여 용안이었고, 수염이 아름다웠다. 왼쪽 발에 일흔두 개의 흑자가 있었다.

이 문장은 영웅은 그 육체에도 태어나면서 범상치 않은 조건을 지니고 있었다는 사실을 전달하려 한 스무 자로 이뤄졌다. '隆準'은 두 가지로 읽는 게 가능한데, 이유는 나중에 설명하기로 한다.

처음에 나오는 '고조위인高祖爲人' 중, '위인爲人(사람됨)' 두 자가 좀 더 많은 경우에 쓰이는 용법처럼 내적인 성격을 의미하지 않고, 겉으로 드러난 육체의 조건을 의미하는 것은 상하의 맥락에서 쉽게 예상할 수 있고, 그 조건으로 하나하나 거론한 것도 모두 이해하기 어렵지 않다.

두 번째로 말한 '미수염美須髥' 세 자가 전달하는 것이, 수염이 멋있었다는 사실, 이어서 '좌고유칠십이흑자左股有七十二黑子'가 전달하는 것이, 왼쪽 발에 점이 일흔두 개가 있었다는 사실이라는 점은, 우리가 지닌 한자 상식에 지식을 조금 보충하면 파악할 수 있다. 보충해야 할 지식은, '수須'가 '수鬚'와 같은 자이고, '고股'가 중국 고대어에서는 '넓적다리'가 아니라 '발'을 의미하는 관습이 있었다는 것뿐이다.

그러나 그것에 앞서, 육체의 조건 첫 번째를 말하는 다섯 글자,

隆準而龍顔

이 다섯 자는 어떠한 사실을 전달하는 언어인가. '범상치 않은 인상'이었다는 것을 말하고 있음은 예상할 수 있다. 그러나 '범상치 않은 인상'이라는 범상치 않은 사실을 전달하려는 언어인 만큼, 상식에 의한 해결은 곤란하다.

여기에서 의지할 수 있는 것은 이 언어에 대한 과거 사람들의 견해, 즉 주석가의 의견이다. 특히 언어가 발생한 시점에 가까운 시절의 주석을 볼 필요가 있다.

『사기』의 이 부분에 관한 주석으로, 혹은 이 부분뿐만 아니라 대개의 경우, 우선 참고하는 것은 『사기』 자체의 주석이 아니라 외려 같은 문장이 나오는 반고의 『한서』에 대해 붙인 주석이다. 사마천보다

200년 뒤에 쓰인『한서』가 많은 부분에서『사기』의 문장을 그대로 이용했다는 것은 이미 서술한 대로다. 그리고 현재의 평가는『사기』를 『한서』 위에 두지만, 이른 시기의 평가는 오히려 반대였던 모양이다. 『한서』에 대한 주석은 매우 이른 시기부터 나타났고 유력했던 데 비해,『사기』의 주석은 늦게 출현했고 언제나 힘이 없었다.

즉 반고가 전한 왕조의 역사『한서』 백 권을 완성한 것은 후한의 장제章帝 건초建初 연간(80년 전후)의 일인데, 그로부터 백 년도 지나지 않은 후한 말(2세기 말)에는 벌써 복건服虔이나 응소應劭 같은, 일류에 속하는 이들이 주석을 붙이기 시작했다. 이후 삼국시대부터 육조에 걸쳐 400년간 많은 주석이 퇴적되었고, 그것을 7세기 초 대유大儒 안사고顔師古가 집대성한 주석이 오늘날 우리가 이용하는 '한서주漢書注'다.

그에 비해『사기』의 주석은 매우 늦게 출현했다. 최초의 주로 진晉나라 서광徐廣의『사기음의史記音義』, 또한 송나라 배인裴駰의『사기집해史記集解』가 쓰인 것은 4~5세기 남조南朝에 이르러서다. 더욱 상세한 주석인 사마정司馬貞의『사기색은史記索隱』과 장수절張守節의『사기정의史記正義』를 얻은 것은 7~8세기 당나라 중엽인데, 이 두 권의 책 가운데『사기』의 문장이『한서』와 중복되는 부분의 해석은 다소 앞서 나온 안사고의『한서』 주석을 개작한 것에 불과하다는 냉담한 평을 받아,『한서』의 주만 한 권위가 없다.

이렇게 책 자체는『사기』가『한서』보다 먼저 지어졌지만, 주석의 출현은『사기』쪽이 늦고 또한 열세였던 것은 앞에서 말한 바 두 책에 대한 평가가 현재와 달랐다는 점 외에도『사기』의 '거리낌 없고 대담하며放膽' 종종 '가지런히 들어맞지 않고 모순되는不整合' 문장이,『한서』의 '가지런하게 들어맞는' 근엄한 문장에 비해 주석가의 흥미나 노력을 이끌어내기 어려웠던 점도 또 하나의 원인이었을 것이다.

하여튼『사기』와『한서』의 기술이 겹치는 부분에 대해 우선 들어야 하는 것은『사기』주석가의 설보다도,『한서』주석가의 설이다. 또한 지금 문제로 삼고 있는

高祖爲人, 隆準而龍顔, 美須髥, 左股有七十二黑子

이 스물여덟 자는,『사기』「고조본기」의 문장을『한서』「고제기」가 그대로 이용하여 한 글자도 차이가 없이『한서』의 문장으로 삼은 부분이다. 바야흐로『한서』에 대한 후한 이래의 주석가의 설에 귀를 기울여야 하고, 기울이지 않을 수 없는 순간이다.

우선 알 수 있는 것은, 고조 유방의 인상을 서술하는 첫 번째 부분 '隆準而龍顔' 가운데, '隆準'에 대해서는『한서』주석가의 설이 둘로 갈린다는 점이다.

하나는 '툭 불거진 광대뼈'라고 해석하는 설이다.『한서』에 대한 가장 이른 주석자 후한 복건의 설, 응소의 설이 그러하다. 복건은 우선 '준準' 자에 대해, '음音은 졸拙'이라 주석했다. 이 글자를 보통 읽는 대로 '준'(상성上聲)으로 읽지 말고, '졸'(입성入聲)로 읽으라는 말이다. 이어서 응소는 이렇게 '졸'로 발음될 경우 이 글자의 의미는 '협권준야頰權準也'라고 설명했다.

'협권준야'라는 설명도 다시 고증이 필요하다. '협頰'이 '뺨'이라는

것은, 우리 상식과 마찬가지라고 보아도 좋을 듯하다. '권權'은 18세기 청조清朝의 고전언어학자 단옥재段玉裁에 따르면, 곧 '권顴'이다. 즉 고조의 인상에 대해 첫 번째로 사마천이 기술한 '隆準'은 이 설에 따르면, '융졸'로 발음되어야 하고, 툭 불거진 광대뼈顴骨를 의미한다. 현대 중국어로 치면 '滿臉橫[肉(만면이 무서운 얼굴, 험상궂은 얼굴)', 옆으로 툭 불거진 강인한 용모가 이 영웅의 모습이 된다.

두 번째, '隆準'은 '우뚝한 코'라는 설이다. 그 설을 주장한 이는 이비李斐라는 주석가다. 이 주석가의 전기는 잘 알 수 없으나 복건이나 응소보다는 약간 뒤, 후한 말부터 삼국시대에 걸쳐 있는 인물인 듯한데, '준準은 비鼻'라고 주석했다. 또 그 무렵의 주석가로 생각되는 문영文穎은 그 글자의 음이 '準的의 準', 즉 보통 읽는 대로 '준'이어야 하고, '졸'은 아니라고 보았다. 또한 당나라 안사고의 한서주에 문영의 설이라고 인용된 것은 이것뿐이었지만, 당나라 사마정의 『사기색은』이 인용한 문영의 설명은 더욱 자세하다. "고조는 용과 교감하여 태어났다. 그러므로 그 안모顏貌는 용과 비슷하여, 목이 길고 코가 우뚝했다." 그렇다면, '隆準'은 '융준'이라 읽고, '우뚝 높은 콧대'는 의지의 강함과 함께 지적으로 총명한 인상을 드러낸다.

두 설은 분명하게 다르다. 전자는 범상치 않은 인상을 가로로 넓히고, 후자는 세로로 관철했다. 어느 쪽을 좋다고 보아야 하는지, 『한서』학자 간에 논쟁이 있었다.

논쟁은 끝을 보고 싶어하기 마련이다. 진작晉灼이라는 이는, 추정컨대 두 설이 제공되고 얼마 지나지 않은 3세기 후반 서진西晉 시대의 『한서』주석가다. 그는 '툭 불거진 광대뼈' 설을 물리치고, '우뚝한 코'

설을 취했다. 그리고 그렇게 보아야 할 증거로 두 문헌을 인용했다. 우선 인용한 것은 "『전국책』에서 말했다, 미목준알권형眉目準頬權衡이라고."

이 인용도 이것만으로는 무슨 말인지 알 수 없다. 고증이 필요하다. 인용된 구절은 『전국책』의 마지막 권, 중산국中山國 부분에 나오는 다음과 같은 이야기에 등장한다.

중산국에서는 음희陰姬와 강희江姬, 국왕 곁에 있는 두 여성이 왕후 자리를 두고 다툼을 벌이고 있었다. 책사策士 사마희司馬喜라는 자가 음희의 부친에게 계략 하나를 팔아 실행에 성공했다. 책사는 이웃한 대국 조趙나라에 가서 조나라 왕에게 말했다. "당신 나라는 미인의 산지라고들 합니다만, 국경에 들어오고 나서 '이거다' 싶은 생각이 드는 이를 전혀 보지 못했습니다. 우리 나라 궁정에 있는 음희야말로 미인이지요. 그 눈썹, 눈, 準, 이마, 광대뼈, 눈썹의 위, 어디 하나 흠잡을 데가 없습니다. 그녀를 원한다고 중산국에 요청하십시오."

조나라 왕은 그렇게 요청했고, 중산국 왕이 당황하고 있을 때 사마희가 돌아와 진언進言했다. "서둘러 음희를 왕후로 삼으십시오. 아무리 조나라가 대국이라 하더라도, 정처正妻를 가로채는 짓은 하지 못할 것입니다." 이리하여 음희는 순조롭게 왕후의 자리에 올랐다는 이야기다.

이 이야기에서는 여성의 미의 조건으로 눈썹眉, 눈目, 準, 이마頬, 광대뼈權, 눈썹의 위衡 여섯 가지를 들었다. 그 가운데 '준準'이 하나, '권權' 즉 '권顴(광대뼈)'은 또 다른 한 가지 포인트다. 양자가 동일할 수는 없다. 즉 응소처럼 '준, 협권준야準頬權準也'라고 보아, 양자를 동의어로

붙여 읽고 모두 '뺨'으로 해석할 수는 없다. 이때 '준'은 광대뼈가 아닌 다른 것이어야 한다. 그렇다면 무엇인가. 바로 '코'다.

다음으로 또한 진작이, '준'이 코이고, '융준'을 '우뚝한 코'로 보아야 한다는 증거로 인용하는 두 번째 문헌은 『사기』「진시황본기」다. 이 독재군주의 용모는 '봉목장준蜂目長準'이라고 되어 있다. 이것도 '벌의 눈, 긴 코'이지, '긴 광대뼈'는 아니다(현행 『사기』 본문은 '봉준장목蜂準長目').

논쟁의 종착역으로 7세기 당나라 초엽 안사고의 한서주는 후한부터 육조에 걸친 여러 설, 즉 내가 이제까지 열거하고 설명한 그것들을 죽 벌여 기술한 뒤 재정裁定한다. 안사고는 이비, 문영, 진작의 말처럼 '융준'은 '높은 코'로 보아야 하고, 복건과 응소의 '툭 불거진 광대뼈' 설은 틀렸다고 재정했다. 안사고의 한서주는 매우 권위 있는 책이기 때문에, 이후에는 그것이 거의 보통의 설이 되었고, 『사기』의 이 항목을 읽는 이든 『한서』를 읽는 이든, 대체로 안사고의 재정에 따르고 있다. 그리하여 한나라 고조는 '융준'한 인물, '우뚝하고 커다란 매부리코'를 한 인물이라 간주되고 있다.

그러나 훨씬 뒤로 와서, 18세기 청淸조의 '고대언어학의 신' 단옥재는 『설문해자』의 여기저기에서 다시 '툭 불거진 광대뼈' 설을 다루며 그것에 찬동하고 싶다는 자세를 보이고 있다. 또한 가노 나오키의 「한서보주보漢書補注補」(지쿠마판 『양한학술고兩漢學術考』에 부각附刻되어 있음)에서도 '광대뼈' 설에 대한 권련眷戀을 엿볼 수 있다.

옆으로 툭 불거진 광대뼈가 먼저 사람들의 시선을 끌었는지, 앞으로 우뚝 솟아오른 코가 최초의 인상을 만들었는지, 영웅의 이미지는 얼마간, 혹은 크게 달라진다. 저자 사마천이 '隆準'이라 한 것은 어느 쪽 이미지를 전달하려 했던 것일까.

1972년 6월 25일

13. 저자를 읽는 독서

저자 사마천이 '고조의 범상치 않은 인상'이라는 외적 사실을 전달하려고 이 다섯 자를 쓴 것은 분명하다. 그러나 또한 '隆準而龍顔' 다섯 자로 이루어진 언어가 지닌 기괴한 분위기에 마음이 기울어진, 사마천 자신 안의 내적 사실에 의해서 이 다섯 자는 쓰였다.

한나라 사마천은 『사기』에서 건국 영웅 유방의 전기 「고조본기」 첫머리 중, 영웅이 육체적으로 지닌 특수함을 열거하는 가운데 우선 그 인상에 대해 다음과 같이 썼다.

隆準而龍顔

이 구절 중 '隆準'에 대해서는 『사기』 주석가와 『한서』 주석가의 설이 갈리고, '옆으로 툭 불거진 광대뼈'로 보는 것이 일설, '우뚝 일자로 뻗은 콧날'로 보는 것이 또 하나의 설이라는 것은 전고에서 서술했다.

그러면 다음으로 '龍顔'의 사정은 어떠한가. 상식은 '龍顔' 두 자를 '영웅의 얼굴 생김새는 용과 같았다는 사실을 전달하는 것'으로 보고 싫어하리라. '顔'이라는 한자를 '얼굴'이라 새기는 것은 현대 일본어의 상식이기 때문이다. 일본어뿐만 아니다. 현대 중국어에서도 간접적으로 그러하다. 즉 '얼굴'에 해당되는 오늘날 중국어 단어는 '臉liǎn(롄)'이고, 더 이상 '顔yán(옌)'이 아니다. 그리고 '顔(옌)'은 문어로서 사용되는 데 불과하지만, 문어로서의 '顔(옌)'은 역시 '臉(롄)'의 동의어, 즉 '얼굴'을 의미한다고 이해되고 있다.

보다 확실히 하기 위해 새로 도착한 『신화자전新華字典』을 펼쳐 보니, '顔' 항목은 이렇다.

yán miàn liǎn miàn
顔 面 , 臉 面

옌몐, 롄몐

그리고 또 '臉' 항목을 찾아보니,

낯, 얼굴面孔. 머리의 전부. 이마에서 아래턱까지.

즉 현재 중국어에서도, '顔'이라는 한자는 '이마에서부터 아래턱까지, 얼굴 전체'를 의미하는 글자로 간주되고 있다.

그러한 현재 상식을 '龍顔' 두 자에 대입하면, 영웅은 얼굴 전체가 용과 같았다는 말이 된다. 그것에 앞서 말한 '隆準', 그것을 '융졸'이라 읽어 '툭 불거진 광대뼈'로 볼 것인지, '융준'으로 읽어 '우뚝한 콧날'로 볼 것인지는 잠시 판단을 멈추기로 하자. 일단 이른바 '隆準'을 중심으로 하고, 신비한 괴수怪獸 용과 같은 용모였다는 말이 된다. 또한 이

상식을 뒷받침하는 것은 「고조본기」가 이에 앞서 기록한 고조의 출생 비밀이다. 모친 유온은 용과 교감하여 회임했다. 즉 그가 인간의 자식이 아니라 용신龍神의 자식이라면, '얼굴'이 용의 '얼굴'이라 해서 이상할 것은 없다.

실제로 이른 주석가 가운데에도 그러한 설을 세운 이가 없지는 않다. 전고에서 인용한 3세기의 『한서』 주석가 문영의 설이다.

고조는 용과 교감하여 태어났다. 그래서 그의 안모顔貌는 용과 비슷하여, 목이 길고 코가 우뚝했다.

문영이 '顔'을 '안모顔貌' 두 글자로 바꾸어 '안모는 용과 비슷하여顔貌似龍'라 한 것은, '얼굴' 전체가 용과 같았다고 본 것이다. 또한 그 구체적 조건의 충족 부분으로 '목이 길다'고 했다. 과연 파충류의 왕 용과 닮았다면, '긴 목'은 용안의 구체적 조건이 될 수 있다.

다만 '龍顔'을 이렇게 해석한 문영의 설이 과연 3세기의 문영이 한 말인지 실은 음미해볼 필요가 있다. 그것은 원래 『한서』에 대한 주였을 터이다. 전고에서도 말한 것처럼, 반고의 『한서』 「고제기」가 『사기』 「고조본기」와 완전히 '같은 문장'인 부분에 대한 주석으로 쓰인 문헌이기는 하지만, 당나라 초엽 안사고의 한서주가 역대 『한서』 주석의 양심적인 집대성이라고 간주한 것에는 인용되지 않았다. 적어도 그러한 형태의 문장으로는 인용되지 않았던 것이다. 이러한 형태로 문영의 설을 인용한 것은 당나라 중엽 사마정의 『사기색은』에 이르러서다. 사마정의 책은 때때로 비양심적인 부분이 있다. '龍顔'에 대한 문영의 설을 앞에서처럼 인용한 것도 정확한 인용인지 의심스럽다. 내 판단에는 아마도 전거가 확실하지 않거나 틀린 인용이다. 즉 그것은 문영의 설이 아닐 것이다. 적어도 그대로는 아니라 본다.

'顔'이라는 한자를 '얼굴', 즉 이마에서부터 아래턱에 이르는 얼굴 전체로 보는 것은 현대어의 상식이긴 하다. 또한 거슬러올라가 당나라, 즉 사마정이 『사기색은』을 쓴 시대에도 이미 상식이었다. 당시唐詩에서 그것을 증명할 사례를 풍부하게 검출할 수 있는데, 비근한 예로 백낙천의 「장한가長恨歌」가 양귀비의 아름다움을 '운빈화안금보요雲鬢花顔金步搖'라 한 것은 '꽃 같은 얼굴'이고, 왕창령王昌齡의 「장신추사長信秋詞」에서 '옥안불급한아색玉顔不及寒鴉色'이라 한 것은 '옥 같은 얼굴'이며, 두보가 「모옥위추풍소파가茅屋爲秋風所破歌」에서 '안득광하천만간安得廣厦千萬間, 대비천하한사구환안大庇天下寒士俱歡顔(어디엔가 천만 칸 큰집을 얻어, 크게 천하의 한사寒士를 보호하여 서로 즐거운 얼굴)'이라 한 것은 '즐거운 얼굴'이다. 사마정이 인용한 이른바 '문영의 설'은 당唐대의 이러한 상식적 산물이라 생각된다.

그러나 '顔'이라는 한자와 그것으로 표기된 단어를 '얼굴 전체'라는 뜻으로 쓰는 것은 당대 이후의 상식이긴 했으나 고대어의 용법은 아니었다. 『사기』나 『한서』의 저자가 살았던 시대의 중국어 용법은 아니었다.

그것은 얼굴 전부가 아니라, 얼굴의 일부인 '이마, 이마빼기'를 의미하는 말이었다. 「고조본기」의 이 경우도 그러해야 한다고, 『한서』의 이른 주석자는 보았다. 우선 후한 응소의 설을, 안사고의 한서주가 인용한 것을 보자.

안顏이란 액상額顙이다.

'액額'은 곧 '액額'으로, '상顙' 자와 함께 '이마'를 의미하는 글자다. 육조시대 송나라 배인의 『사기집해』는 응소의 설을 더욱 자세하게 인용한다.

안顏은 액상額顙이다. 제齊나라 사람은 그것을 '상顙'이라 했고, 여남회사汝南淮泗 사이에서는 '안顏'이라 했다.

이는 '이마'라는 단어가 지방에 따라 다른 사정을 말한 것으로, 당시의 통용어로는 '액상額顙è săng(어쌍)'이었는데, 그것을 제나라 즉 산둥山東 지방에서는 '顙săng(쌍)', 여남회사汝南淮泗 즉 허난 성河南省 남부에서부터 안후이 성安徽省에 걸친 지역에서는 '顏yàn(옌)'이라 했다고 보는 것이, 응소의 이 문장의 의미다.

그렇다면 한 고조가 '龍顏'이었다는 것은 얼굴 전체가 용 같았다는 말이 아니다. 용과 같은 이마, 이마빼기였다는 말이다. 즉 앞에서 기술한 '문영의 설'로 인용된 예에서 '긴 목' 운운한 것은 무의미해진다.

이렇게 '龍顏'의 '顏'이 '이마'이고, 그런 의미로 보통 쓰는 말인 '額'과 동의어라는 것은 후세의 고대언어학자들이 두루 지지하는 설이다. 지지하는 이유로는 '額è(어)'와 '顏yàn(옌)'이 음성적으로 가까운 말, 즉 '워드 패밀리word family'라는 설명이 종종 등장한다. 또한 현대어로 '額'은 『신화자전』에 따르면,

흔히 腦門子nǎo mén zi(나오먼쯔, 이마)라 한다. 눈썹 위로부터 머리털이 난 부분까지의 사이.

고대에서 그것과 동의어가 '顔'인 것이다. 그러므로 '龍顔'이란 '용의 이마'다.

그렇지만 조금 더 파고들어 구체적으로 龍顔, 용의 이마란 도대체 어떠한 인상인가. 용과 같은 이마, 혹은 용의 이마 같은 이마란 어떠한 것인가. 그것을 추구하려 하면, 우리는 당혹스럽고 판단하기 어려울 따름이다. 앞에서 '隆準'이 '툭 불거진 광대뼈'인지 '우뚝한 콧날'인지를 판단하기 어려웠던 것과 꼭 같이, 다시 판단하기 어려운 국면에 놓이고 만다.

요컨대 '隆準而龍顔'이라는 한자 다섯 자로 이루어진 언어는, '한나라 고조의 인상'이라는 사실을 전달하려 하는 것임은 분명하다. 그러나 전달된 사실로서 '인상' 그 자체를 추구하여 파악하려는 작업은 절망에 가깝다고 말할 도리밖에 없다. 지금까지 해온 천착이 쓸데없다는 말은 아니다. 그러나 그것은 '음미'로서는 유용하다 해도, 결국에 가서는 무용無用에 가깝고, 충분한 결실은 맺지 못한다.

그럼에도 불구하고 '隆準而龍顔'이라는 다섯 자의 한자, 또한 그 음성의 흐름으로서 'lóng zhǔn ér lóng yán(룽 준 얼 룽 옌)' 혹은 '準'을 '준'이라는 음이 아니라 '졸'이라는 음으로 읽으면 'lóng zhuō ér lóng yán(룽 줘 얼 룽 옌)'이 되는 음성의 흐름은 엄연히 존재한다. 그리고 그 자형과 음성은 고조의 범상치 않은 인상이 풍기는 분위기를 전달하는 데 충분한 것처럼 읽힌다.

무슨 말이냐 하면, '隆準'이라는 한자의 연속, 또한 'lóng zhǔn(룽 준)' 혹은 'lóng zhuō(룽 쥐)'라는 음성의 흐름, '龍顏'이라는 한자의 연속, 또한 'lóng yán(룽 옌)'이라는 음성의 흐름이, 그것을 낳은 사실과는 독립적으로 걸음을 옮기기 시작하여, '隆準而龍顏(룽 준〔쥐〕 얼 룽 옌)'이라는 언어 사실을 만들고 있는 것이다. 다시 말한다면, 색다른 분위기를 낳기에는 충분한 언어로서 존재한다는 사실이다.

저자 사마천이 '고조의 범상치 않은 인상'이라는 외적 사실을 전달하려고 이 다섯 자를 쓴 것은 분명하다. 그러나 또한 '隆準而龍顏' 다섯 자로 이루어진 언어가 지닌 기괴한 분위기에 그의 마음이 기울어졌다는, 사마천 자신 안의 내적 사실에 의해서 이 다섯 자는 쓰였다. 나처럼 저자를 읽으려 하는 태도에서 보면 그렇게 생각된다.

다시 또 얼마간 교회狡獪하게 보일 말을 늘어놓자면, '隆準'이란 어떠한 인상, '龍顏'이란 어떠한 인상인지를 가령 저자 사마천에게 따져 묻는다 해도 충분한 대답은 얻을 수 없는 게 아닐까. '準'은 '콧날'인가 '광대뼈'인가, 어느 쪽이라도 괜찮다고, 사마천이 그렇게까지 말하리라고는 생각지 않는다. 그의 대답은 둘 중 하나일 것이다. 또한 '顏'은 '이마'라는 사실도 움직이지 않을 것이다. 그러나 그 이상의 것, 즉 '隆準而龍顏' 다섯 자를, '한나라 고조의 인상'이라는 외적 사실을 전달하는 언어로서의 면에서만 읽고, 그러면 '인상의 실제는 어떠하냐'만을 추구하는 사람들을 만족시킬 대답은, 사마천 자신에게도 없지 않았을까.

본래 이러한 '인상에 대한 서술'은 이 대목뿐만 아니라 『사기』 여기저기에 등장한다. 전고에서 인용한 「진시황본기」의 '봉목장준蜂目長準

(蜂準長目)' 외에, 「채택열전蔡澤列傳」에는 다음과 같은 내용이 있다. 이
책사가 아직 불우한 시절 관상가 당거唐舉에게 운명을 점친 적이 있
는데, 당거는 곰곰이 채택의 인상을 살피더니,

> 선생은 코가 전갈 같고, 어깨는 높고, 얼굴은 크고, 콧날은 납작하
> 고, 무릎은 휘었습니다.
>
> 先生曷鼻, 巨肩, 魋顔, 蹙齃, 膝攣.

이와 같이 말했다고 한다. 「채택열전」이 가장 분명하게 보여주듯,
이러한 용어들은 '관상가'라는 기술가技術家의 술어다. 고조의 '隆準
而龍顔'도 그런 술어에 속하는 말이 아닐까. 또한 전고에서 인용한
『전국책』의 사마희가 한 말에서, 미인의 포인트를 '눈썹·눈·코·이
마·광대뼈·눈썹의 위'라 한 것은 관상가의 술어에서 나온 말이 다시
'뚜쟁이'의 술어가 된 것, 오늘날의 미인 콘테스트로 치면 '가슴둘레,
허리선, 엉덩이' 같은 부류가 아닐까.

예전에 중국에 유학 갔을 때, 처음 만난 노선생이 뚫어져라 내 얼
굴을 보는 경험을 몇 번 한 적이 있다. 인상을 보는 일은 옛 중국의
신사紳士에게 보편적인 즐거움이었던 모양이다. 2000년 전의 사마천
은 박학한 사람이었다. 그가 상법相法과 그 술어에 완전히 무지했었
다고는 생각되지 않는다. 그러나 상법의 전문가가 아니었다면 '隆準'
'龍顔' '蜂目' '長準' '曷鼻巨肩' 운운하는 저자에게 있어서도 그러한
용어를 낳은 사실은 첫째로는 골상骨相의 실제, 둘째로는 관상자觀相
者의 인식이라는 두 요소를 통해 합성되어 있을 터인데, 이에 대한 충

분한 지식, 적어도 전문가만 한 지식은 없었다고 간주해도, 저자에게 불명예스런 일은 아니라 생각된다.

다만, '隆準' '龍顏' '蜂目' '長準'이라는 언어의 사실, 그 효용을 사마천은 확실히 인식했다. 그래서 그런 언어를 사용했다.

언어를 사실을 전달하는 수단, 과정으로만 보는 학풍(즉 역사학)이 유행하는 가운데, 사람들은 외적 사실을 추구하는 데 열중했다. '隆準'이란 우뚝한 무엇이고, '龍顏'이란 어떠한 이마인지, 오로지 그것을 추구한다는 것은 하나의 비유에 불과하며, 현대의 사학史學은 좀 더 커다란 중요한 사실을 추구하고 있고 나는 그러한 학풍의 방향도 존중하고 싶다는 점은 되풀이해서 말한 대로다.

그러나 '隆準' '龍顏' 같은 언어 그 자체가 사실로서 갖는 무게라는 것도 하나의 비유에 불과하지만, 그것을 잊지 않겠다는 것이 내 '독서의 학'이다.

1972년 7월 26일, 병 기운이 있는 중에.

14. 언어는 음악이 아니다(1)

'隆準而龍顔'이라는 언어는 이미 '리듬'을 가진 존재다. 그것은 중국어 혹은 일본어를 전혀 알지 못하는 외국인이, '룽준 얼룽옌' 혹은 '류준니시테 류간'이라는 음성을 들었을 때, 역시 얼마간 '리듬'을 느낄 것이라는 점에서 증명된다.

隆準而龍顔.

(隆準하고 龍顔.)

다섯 자는 『사기』의 저자 사마천이 '한나라 고조의 인상이 풍기는 특이함'이라는 사실을 전달하려 쓴 것임이 분명하다. 다시 한번 전후의 문장을 인용하면, 그 다섯 자 앞에는,

고조의 사람됨은

高祖爲人

다섯 자 뒤에 이어지는 것은,

수염이 아름다웠다. 왼쪽 발에 일흔두 개의 점이 있었다.

美須髯, 左股有七十二黑子.

이다. 육체적으로도 범상치 않은 사람이었음을 말하려고 우선 그 용모의 특이함을 말한 것이,

隆準而龍顔

이다.

그러나 '隆準'이란 언어는 어떠한 사실을 전달하는지, '龍顔'이란 언어는 어떠한 사실을 전달하는지, 즉 그 용모의 상세함을 전달하는 것으로 보아 다시 따져 묻고 들어가면, 역대 주석가의 노력에도 불구하고 분명한 대답은 나오지 않는다. 저자 사마천조차도 분명한 대답을 꼭 가지고 있었던 것은 아니지 않을까. 즉 이 다섯 자에서 그러한 형태로의 사실 전달을 기대한다면, 불완전하게 전달하는 역할밖에 하지 못하는 언어라는 쪽으로 기운다고 나는 전고에서 말한 뒤, 그럼에도 불구하고,

隆準而龍顔

이라는 다섯 자는 언어의 사실, '그러한 언어가 존재한다'는 사실로서 존재한다. 조금 신중하게 말한다면, 그 존재를 주장하고 있다고 전고의 끝부분에서 말했다.

이 다섯 자가 존재를 주장하는 조건의 첫 번째는, 다섯 자가 리듬

을 가진 흐름이라는 점이다.

우선 뻔한 것을 말하자면, 여기에는 '隆, 準, 而, 龍, 顏'으로, 다섯 개의 한자가 가로로 늘어서 있다.[25] 늘어서 있는 다섯 개의 다른 도형이 이미 리듬을 만든다. 더구나 다섯 개의 도형은 같은 크기이고, 이른바 '방괴方塊'의 도형 다섯 개인 점이 더욱 리듬감을 강화한다. 이 시각적 리듬은 한문에 익숙지 않은 사람들에게 종종 과대하게 예상되고, 한어 문장에 익숙한 사람에게는 실은 도리어 그렇게까지 의식에 오르지 않지만, 그래도 역시 '전혀 없다'고는 할 수 없다.

조금 더 확실한 리듬의 흐름은 그 음성이다. 각각의 한자는 각각 일정한 음성을 예약하고 있기 때문에,

隆準而龍顏

이라는 다섯 개의 한자도 그것에 익숙지 않은 사람은 그렇다 치고, 익숙한 사람인 한, 그것에 상응한 음성을 반사적으로 대치시키게 된다. 주석가 사이에 다섯 자 가운데 '準' 자에 대한 음성은 '졸zhuō(쥐)'과 '준zhǔn(준)'으로 두 설이 갈리지만, 이하의 논의에서는 편의상 보다 많은 이가 통설로 받아들이는 '준'을 '準' 자의 음으로 취급하기로 하면, 중국인이 읽는 방식에 따른 것은

---

25 원텍스트는 '다섯 개의 한자가 세로로 늘어서 있다'라고 되어 있고 이어서, '최근 중국의 책이라면, 가로로 늘어서 있을 터이지만, 하여튼'이라는 문장이 붙어 있다. 한국은 일반적으로 가로쓰기를 선택하므로, 본문을 '가로'라 고치고, 뒤 문장은 뺐다.

lóng zhǔn ér lóng yán

(룽 준 얼 룽 옌)

의 다섯 개 음절로 반사적으로 바뀐다. 모음 위에 붙은 부호가 보여
주듯, 음절 하나하나가 강한 억양을 가진 음성의 흐름으로 반사적으
로 바뀌는 것이다. 또한 예부터 내려오는 일본인 다수가 읽는 방식(훈
독)이라면,

류준니 시테 류간[26]

이라는 음성의 흐름으로 바뀔 것이다. 또한 소수의 일본인이 읽는 방
식(음독)으로는,

류·준·지·류·간('융준이 용안')

이라는 음성의 흐름도 불가능하지 않다.

어느 쪽으로 읽든 계기繼起하고 퇴적堆積하는 음절이 리듬을 만든
다. 특히 'lóng zhǔn ér lóng yán(룽 준 얼 룽 옌)'의 경우로 볼 때, 한
글자가 늘 하나의 음절을 이루는 중국어에서는 리듬감이 더욱 강해
진다. 그리고 '계기하고 퇴적하는' 각 음절의 음성은 한결같지 않다.
몇 개의 다른 모음의 교착交錯, 몇 개의 다른 자음의 교착, 더욱이 또

26 한국식으로 고치면, '융준하고 용안' 정도의 느낌일까 한다.

격렬하게 일렁이며 낮아졌다 높아지는 '사성四聲 인토네이션'의 교착이 리듬을 복잡하게 한다. 혹은 또 이 다섯 자의 경우는 '융준'과 '용안', 'lóng zhǔn(룽 준)'과 'lóng yán(룽 옌)'으로 '융'과 '용'(둘 다 lóng)이라는 음성의 되풀이가 리듬을 특수하게 만든다.

　또한 언어 음성의 리듬이 형성되는 데 중요하게 참여하는 것으로서는 두 가지를 빼놓을 수 없다.

　하나는 어떤 글자는 힘을 주어 읽고, 어떤 글자는 힘을 빼고 읽게 된다는 점이다.

　隆準而龍顔

에 대해서 말한다면, 다섯 자의 중간에 자리잡은 '이而' 자는 반드시 다른 네 자보다 '힘을 빼고' 가볍게 읽을 것이다.

　융준하고 용안

　'하고'는 다른 부분보다 낮고 약하게 읽힌다.

lóng zhǔn ér lóng yán
(룽 준 얼 룽 옌)

　'ér(얼)'도 마찬가지 관계에 있다.

　또 하나는 '휴지休止'다. 전후의 문장 원문은

高祖爲人隆準而龍顏美須髥左股有七十二黑子.

인데, 그것은 반드시

고조의 사람됨은/ 융준하고 용안/ 수염이 아름답고/ 좌고에 일흔
둘의 점이 있다.

혹은

gāo zǔ wèi rèn / lóng zhǔn ér lóng yán / měi xū rán / zuǒ gǔ
yǒu qīshíèr hēi zǐ
(까오 쭈 웨이 런/ 룽 준 얼 룽 옌/ 메이 쉬 란/ 쭤 구 유 치 스 얼 헤이
쯔)

하는 식으로, 휴지를 동반하여 읽힐 것이다.

隆準而龍顏

이라는 다섯 자 가운데 휴지를 구하는 것도 불가능하지 않다. 일본인
이 읽는 방식에서는,

류준니시테/ 류간(융준하고/ 용안)

으로 하는 것이 가능하고, 중국인이 읽는 방식에서는

lóng zhǔn / ér lóng yán
(룽 준 / 얼 룽 옌)

으로 하는 것이 가능하다. '隆準而龍顔'이라는 언어는 문자와 음성의
연결로서 추상抽象된 경우, 이미 '리듬'을 가진 존재다. 그것은 중국어
혹은 일본어를 전혀 알지 못하는 외국인이, '룽준 얼룽옌' 혹은 '류준
니시테 류간'이라는 음성을 들었을 때, 역시 얼마간 '리듬'을 느낄 것
이라는 점에서 증명된다.

거꾸로 우리가 전혀 알지 못하는 외국어를 들어도 거기서 느끼는
것은 리듬이다. 나는 미 대륙에서 사람들이 이야기하고 있는 어떠한
언어 음성도 귀로 들은 적이 없지만 만약 그 기회가 있다면, 거기서
느끼는 것은 역시 일종의 리듬일 것이다. 아니, 조금 더 비근한 경험
을 말한다면, 절에서 재齋를 올리는 자리에 있는 나에게 스님이 읽는
불경은, 첫머리의 그 음성,

일시불재사위국

그것만이 '一時佛在舍衛國'이라는 한자에 대응하는 것이라 파악
될 뿐, 그 뒤로는 그저 '음성의 흐름'이다. 다만 이따금 단편적으로 '선
남녀'를, 아 '善男女'구나라고 생각하는 외에는,

에 이르러 '불설무량수경 권상佛說無量壽經卷上'이 끝났다는 사실을 알 때까지는, 그저 음성, 음성, 음성이다. 그리고 내가 거기서 느낄 수 있는 것은 불경의 '음성의 흐름'이 지닌 리듬이다.

어쩌면 리듬뿐인 것은 아니다. 그 리듬이 분위기를 자아내는 것을 느낄 수 있다. 그러므로 독경은, 나 같은 '한 문장도 알아먹지 못하는一文不知' 선남선녀에게도 고마운 것이다. 스즈키 다이세쓰가 어느 글에서 "다라니라는 것은 본래 무의미한 음성의 연속이고, 그러므로 참으로 고마운 것이지만, 일본에서는 독경이 다라니의 역할을 맡고 있다"고 말한 것을 읽으며 탁월한 지적이라 생각했던 적이 있다.

그렇다면,

隆準而龍顔

이라는 언어의 음성

류준니시테 류간

또는

룽준 얼룽옌

도, 일본어, 중국어를 전혀 모르는 외국인에게 얼마간의 리듬감을 줄 것은 분명하다. 가령 그 리듬을 낳은 분위기까지 충분히 느끼기 어렵다 해도 말이다.

무슨 말이냐 하면, '일본어 및 중국어에 익숙하다'는 조건을 갖춘 사람들에게 그 음성이 확실히 리듬을 가진 존재, 혹은 리듬에 의한 분위기를 풍기는 존재라는 것이, 그 '조건'을 갖추지 못한 사람들에 의해 입증되리라는 것이다.

혹은 '隆, 準, 而, 龍, 顏'이라는 다섯 개의 한자 '계열'에 의해 생겨난 시각적인 리듬은 그것에 익숙한 사람들에게는 그다지 느껴지지 않을 것이라고 조금 전에 말했지만, 그렇다 해도 전혀 없지 않다는 사실 또한 한자에 어두운 외국인이 증인이 되어줄 것이다. 요즈음 서양인 중에는 중국인이나 일본인의 서예 작품을 수장하고 감상하는 이가 있다. 그런 이들이 반드시 한자를 읽을 수 있고, 히라가나를 읽을 수 있는 것은 아니다. 그러나 일본어로 '서도書道(서예)', 중국어로 이른바 '서법書法'에 대한 이해자로 자부하고 있다. 그들은 더 이상 19세기 말의 어떤 사람들이 범했던 엉뚱한 착각을 범하지 않는다. 에즈라 파운드Ezra Weston Loomis Pound였는지 어니스트 페놀로사Earnest Francisco Fenollosa[27]였는지, 가까이에 책이 없어서 기억이 확실치 않지만, '화花'라는 글자에 대해, 위쪽의 '艹'는 '등나무 시렁', 그 아래에 '亻' 형태로 한 사람이 서 있고, '匕' 형태로 한 사람이 무릎을 꿇고 있다,

---

27 어니스트 페놀로사(1853~1908)는 미국의 미술 연구가로, 동양 미술에 대한 조예가 깊었으며 보스턴 미술관 동양부 주관主管이 되어 동양 미술에 대한 연구에 매진했다.

아름답다, 따위의 말은 더 이상 하지 않는다. 또한 여류시인 에이미 로웰Amy Lowell의 협력자 에이스코프Florence Ayscough 여사가,[28] 이백의 「새하곡塞下曲」 다음 문장

준마사풍表駿馬似風飇

(준마는 회오리바람처럼)

를 번역하는데, '질풍'이라는 뜻인 '표飇' 자에 개犬 세 마리가 있는 것에 집착하여,

Horses!

Horses!

Swift as the three dogs' wind![29]

라고 한 것 같은, 기묘한 덥적거림은 더 이상 저지르지 않는다. 그러한 태도가 아니라, 황산곡黃山谷[30]이 쓴 작품에 늘어선 도형, 료칸旅

28　에이미 로웰(1874~1925)은 미국 시인으로, 에즈라 파운드와 함께 현대 영미시의 신시운동新詩運動인 이미지즘을 주창한 사람이며, 이백·두보를 비롯하여 중국시 100수 내외를 번역한 번역시집 『Fire-Flower Tablets』를 공역했다. 로웰은 중국어를 전혀 모르기 때문에 공역자 에이스코프가 한자 원문에서 축자역을 하고, 로웰이 영시 시형으로 정돈하여 번역했다고 한다. 서명 『Fire-Flower Tablets』은 '송화전松花箋'이라는 뜻이고, 그것은 당唐나라 여류시인 설도薛濤가 애용한 종이 이름이다(「에이미 로웰 생각」 『요시카와 고지로 전집19』, 지쿠마 서방, 1979, 208쪽).

29　"말들!/ 말들!/ 세 마리 개들의 바람처럼 재빠른." 저자는 이곳 말고도 몇 차례 영문을 인용하는데, 일본어역을 붙이지 않은 경우 한국어역을 각주로 처리하기로 한다.

30　황정견黃庭堅(1045~1105)이라고도 부른다. 북송北宋의 시인이자 서예가(송나라 4대가

館[31]이 쓴 작품에 늘어선 도형, 그것들이 낳은 리듬과 그 리듬이 낳은 분위기를, 도형 하나하나가 무엇을 의미하는지를 반드시 다 알지는 못하더라도 감득感得하고 있다. 혹은 실례를 무릅쓰고 또 다른 예를 말하자면, 왕희지王羲之의 「난정서蘭亭序」를 익히고 구양순歐陽詢의 「구성궁예천명九成宮醴泉銘」을 익힌 일본인 모두가 그 문장의 의미를 다 알고 있다는 확증은 없다.

그러나 이상과 같은 '형태에 나타난 언어의 리듬 혹은 분위기'를 말하는 것은 오히려 사태의 본질이 아니다. 그 증명을 '외국인이나 무학자無學者의 희미한 인식'이라는 특수한 사태에서 찾아야 하는 것에서 보이듯, 사태의 본질적인 부분이 아니다. 만약 그것만을 중시한다면 '언어 또한 음악'이라는 세인世人이 알기 쉬운 '속설俗說'로 향하게 될 것이다.

언어는 음악이 아니다.

1972년 8월 18일

의 한 사람)이다.

31   료칸(1758~1831)은 에도 후기의 승려, 가인, 서예가다.

15. 언어는 음악이 아니다(2)

심약의 논의는 '시의 아름다움'을 오로지 '음성의 물리'로 기울게 한 것이다. 동방 언어음악설의 대표선수라 해도 좋다. 또한 논의 과정에서 '계기하는 음성의 흐름'을 '다섯 가지 색채의 계기'로 비유한 것은 천몇백 년 뒤의 랭보와 호응하는지도 모른다.

'언어는 음악이 아니'라고 전고의 끝에서 말한 것은 '언어 또한 음악'이라는 설, 적어도 경솔한 사람들을 그 방향으로 끌어들일 것 같은 설이, 한편에는 존재한다는 사실을 알고 있기 때문이다.

그런 설이 서방에 존재한다는 것을 나는 그저 어슴푸레하게 들었다. 내가 희미하게 알고 있는 지식 중 하나는, 아마도 그 설 자체는 아니겠지만, 아르튀르 랭보의 「모음母音(Voyelles)」이라는 제목의 소네트다. 'A는 까망, E는 하양, I는 빨강, U는 초록, O는 남빛'이라고 그 14행 시는 시작된다. 'AEIOU'가 불어에서 그러하다는 것은 틀림이 없다 치고, 소네트 전체가 시사하는 것은 필시 매우 복잡할 터라 프랑스 시의 문외한인 내가 파악하기 어렵겠지만, 'AEIOU'라는 다섯 개의 모음을 다섯 색채에 연결짓는 부분만을 떼어내면, 언어음악설言語音樂說

의 논거가 될 수 있을 것이다. 왜냐하면 언어는 단어가 되고 나서 비로소 이미지와 연결된다. 'AEIOU'라는 모음은 단어가 아니라, 단어의 구성요소이고 단어 이전의 단계다. 그것이 이미 색채의 이미지와 연결된다는 것은 언어는 단순히 음성으로 추출된 경우에도, 애초에 그러한 추출이 가능한지 여부는 잠시 제쳐두기로 하고, 그 경우에도 이미 이미지를, 혹은 '미美'를 구성한다는 설을 유도하는 데는 충분하기 때문이다.

선무당 노릇은 이쯤에서 멈추기로 하고, 언어의 흐름에서 음성을 추출하여 거기에서 미의 존재를 주장하는 설은 동방에는 일찍부터 존재했다. 적어도 중국에는 일찍부터 있었다. 더구나 그것을 시가 지닌 미의 핵심으로 여기기도 했다.

가장 유명한 것은 5세기 말, 6세기 초 남조南朝 양梁나라 문단의 거두였던 심약沈約(441~513)의 「송서사영운전론宋書謝靈運傳論」이다.

심약은 미문의 대가이자 역사가다. 또한 양 무제梁武帝 소연蕭衍과 처음에 친구였고, 무제가 제齊 왕조를 찬탈하고 황제가 되자 재상이 되었다는 사실이 문단에서 차지하는 그의 지위에 무게감을 더했다. 또한 음운학자이기도 해서 하나하나의 한자가 각각 본래부터 지니고 있는 억양을 네 가지로 분류하여, 이른바 '사성四聲'의 구별을 확정한 것이 그였다고 한다. 그 사성이란 ā, ǎ, à, ak(ap, at)로, 이 네 가지 억양 어딘가에 모든 한자가 귀속된다고 보는 인식이다. 요즈음 중국 음운학사에 대해서는 여러 가지 자세한 연구가 진행되고 있어, 이러한 인식이 반드시 심약으로부터 시작되었다고 보지 않을지도 모른다. 그러나 그것을 시 이론에 적용하여 '사성팔병설四聲八病說'[32]을 주장한 이가 심약이었다는 사실은 바뀌지 않을 것이다.

「송서사영운전론宋書謝靈運傳論」도 '사성팔병설'을 주장한 글이다. 『송서宋書』는 역사가로서 그가 쓴 전 왕조 송宋의 정사正史이며, 그 가운데 「사영운전謝靈運傳」은 송 왕조의 대표적 시인인 사영운의 전기다. 이 책의 권말에는 사마천의 『사기』 이래로 정착된 '정사'의 습관에 따라, '사신왈史臣曰'로 시작되는 평론 문장이 있다. 다만 이 열전에 대한 '논論'의 문장은 다른 경우의 통례와 달리, 단순히 사영운이라는 개인이 시인으로서 이룬 업적에 대한 평론이 아니라 시문학에 대한 일반론이다.

전문全文 약 650자, 우선 그 전반은 중국시의 역사가 심약이 살았던 5세기까지, 이미 천 년 이상 퇴적되었음을 논한다. 인간은 '천지의 영靈을 품수稟受받은' 존재인 이상, 시를 생산할 가능성은 '생민生民의 처음', 즉 인류의 처음부터 존재했었으리라는 점에서 시작하여, 『시경』 『초사楚辭』 이래, 한漢·삼국三國·서진西晉·동진東晉을 거쳐 사영운에 이르기까지 '시의 변천'을 기술하고 논한다.

다음으로 그 후반은 시라는 것의 성질에 대한 일반론이다. 이 일반론은 '시의 언어가 지닌 음악적 아름다움이야말로 시의 핵심'이라는 견해를 확정한 것은 자신에게서 비롯된다는 자부自負를 견지하면서

---

32   중국어에 평平·상上·거去·입入의 4성조聲調가 있다는 것은 경험을 통하여 이미 알려졌으나, 제齊·양梁 무렵에 심약·주옹周顒 등이 이를 명확히 논하게 되었으며, 이에 따라 시의 한 구 안에서의 조화를 꾀하는 방법이 의식적으로 안출되었다. 심약은 팔병설을 내세워, 작시상 피해야 할 점들을 지적하였다. 팔병이란 평두平頭, 상미上尾, 봉요蜂腰, 학슬鶴膝, 대운大韻, 소운小韻, 방뉴旁紐, 정뉴正紐를 말한다. 제1구와 제2구의 첫머리가 평성(평두)이 되고, 1구 5자 중에서 제2자와 제5자가 동성同聲(蜂腰)이 되는 것 등은 시율詩律상으로 중요한 부분의 동성조同聲調 중복이며, 이를 피해야 한다는 주장이다.

전개된다.

우선 전반의 문학사적 논의를 총괄하면서, 후반의 논의로 넘어가기 위해 심약은 말한다.

> 만약 자리 펴고 마주 앉아 마음속에 느낀 바를 이야기하면서 앞 시대의 작품들을 토의해본다면 그 우열의 이치를 말할 수 있을 것도 같다.[33]
>
> 若夫敷衽論心, 商榷前藻, 工拙之數, 如有可言.

전대前代 시의 교졸巧拙, 그 분기점으로 지적할 수 있는 것이 있다고 생각된다. 그것은 무엇인가. 시구詩句를 구성하는 언어의 음조에 나타난 조화·부조화, 바로 그것이라고 아래에 기술하려고 하는데, 우선 심약은 그것을 직물에서 색채의 배열, 교향악에서 여러 악기의 조화, 그 두 가지에 견준다.

> 무릇 오색五色이 서로 어울리고 팔음八音이 함께 화음을 이루려면 색채와 음률이 각각 사물의 타당한 성질과 딱 맞아떨어져야 한다.
>
> 夫五色相宜, 八音協暢, 由乎玄黃律呂, 各適物宜.

---

33 「송서사영운전론」의 한국어 번역은 '김영문 외, 『문선역주8』, 소명출판, 2010, 353쪽'을 따랐다. 이하 『문선』 한국어역을 이용할 경우 권수와 쪽수만 표시하기로 한다. 다만 저자의 훈독문과 한국어역본이 두드러진 차이를 보일 경우에는 저자의 훈독문에 따라 번역하고, 각주에 한국어역본을 제시한 곳도 더러 있다.

시의 언어 흐름이, '청·황·적·백·흑靑黃赤白黑' 다섯 가지 색채가 계기繼起하는 것처럼 또는 '금·석·사·죽·혁·목·토·포金石絲竹革木土匏' 여덟 가지 소재로 만든 악기가 교향交響하는 것처럼 아름다운 조화를 지니는 것은 '현玄'과 '황黃'으로 대표되는 색들, '율律'과 '여呂'로 대표되는 음정이 '그때그때物'의 '마땅한 요구宜'에 '합치되기適' 때문이다.

이렇게 시의 언어 흐름을 색채의 흐름, 여러 악기가 내는 음의 흐름에 우선 비유하는데, 이어지는 문장에서는 더 이상 비유를 써서 돌려 말하지 않고 처음부터 시를 음악 그 자체로서 설명한다.

> 궁음宮音(평성平聲)과 우음羽音(측성仄聲)을 번갈아 서로 변화시키고
> 음의 높낮이를 절주節奏에 맞게 하기 위해서는
>
> 欲使宮羽相變, 低昂舛節.

'궁宮'은 가장 낮은 음 '도', '우羽'는 가장 높은 음 '라', 그것들에 의한 선율의 변화, 또한 음성의 억양에 의한 리듬節의 교착交錯을 시에서 바란다면, 음성을 다음과 같이 배열하라.

> 앞에 청음清音을 썼으면 뒤에는 반드시 탁음濁音을 써야 한다.
>
> 若前有浮聲, 則後須切響.

'부성浮聲' 즉 경쾌한 음성이란, '사성四聲' 가운데 '평성平聲' 즉 ā의 부류를 가리킨 것이리라. '절향切響' 즉 딱딱하고 다급한 음성이란, '상성上聲'(ǎ), '거성去聲'(à), '입성入聲'(ak, at, ap)을 가리킨 것이리라. 부성

뒤에는 반드시 절향을 두라. 그리고,

> 하나의 죽간詩行 안에서도 음운이 모두 달라야 하고 두 구절 가운데서도 음의 경중輕重(강약强弱)이 달라야 한다.
>
> 一簡之內, 音韻盡殊, 兩句之中, 輕重悉異.

'일간一簡'은 '일행一行' 혹은 '일구一句'로 의역할 수 있다. 일구 중에도 반드시 다른 음성을 교차시키고, 두 구가 이어지면 더욱 그렇게 해야 한다. 이 원칙에 숙달해야 비로소 문학을 말할 수 있다.

> 이러한 이치에 정묘하게 통달해야 비로소 문장을 이야기할 수 있다.
>
> 妙達此旨, 始可言文.

'문文'이라는 것은 널리 '문학'을 가리키는 말로, 시와 그가 살았던 시대에 유행한 문장의 문체였던 사륙변려문 문장을 포함한다.

심약이 그의 주장을 실천한 실례는 다른 데서 찾을 필요가 없다. 지금까지 다룬 문장의 원문이 이미 그러하다.

> 若夫敷衽論心, 商推前藻, 工拙之數, 如有可言, 夫五色相宜, 八音協暢, 由乎玄黃律呂, 各適物宜, 欲使宮羽相變, 低昂舛節, 若前有浮聲, 則後須切響, 一簡之內, 音韻盡殊, 兩句之中, 輕重悉異, 妙達此旨, 始可言文.

○는 평성(ā), ●은 상성(ǎ), △는 끝소리(音尾)가 k, t, p로 끝나는 입성을 가리킨다. 보다시피 '일간—簡' 안에 다른 음성들이 뒤섞여 있고, 상·하구에 있어서 음성배치 관계는 더욱 복잡하다.

그리고 심약은 "예부터 시의 명구名句로 일컬어진 것은 모두 이 법칙을 벗어나지 않는다. 다만 그것은 무의식적인 결과로 그렇게 된 것으로, '음운의 천성天成'이 '은연중에 이理와 합한' 것이었는데, 법칙의 비밀은 나 심약에 이르러 비로소 파악되었다"고 말한다.

차언비류, 여왈불연, 청대래철.

此言非謬, 如曰不然, 請待來哲.

"내 말이 거짓이라면 장래에 나올 지혜로운 이의 판정을 기다리겠다." 그렇게 자신감 넘치는 말로, 심약은 「송서사영운전론」을 끝맺는다. 문장은 『송서』에서 발췌하여 『문선』 '사론史論'에도 실려 있기 때문에 더욱 사람들에게 알려졌다.

심약의 논의는 '시의 아름다움'을 오로지 '음성의 물리物理'로 기울게 한 것이다. 동방 '언어음악설'의 대표선수라 해도 좋다. 또한 논의 과정에서 '계기繼起하는 음성의 흐름'을 '다섯 가지 색채의 계기'로 비유한 것은 천몇백 년 뒤의 랭보와 호응하는지도 모른다. 심약의 시대는 후한 이래, 즉 기원후 500년에 걸친 미문의 역사가 더할 나위 없이 난숙한 시기였다. 심약이 이렇듯 '완전히 한 쪽으로 기운 설'을 주장한 것은, 그가 그러한 '난숙'의 시기에 살며 역사를 회고하고 정리하는 입장에 처했기 때문이라 생각된다.

심약을 그러한 설로 이끌었을 보다 이른 시기의 논의가 없지는 않았다. 3세기, 시인 육기陸機(261~303)의 시론 「문부文賦」의 일부분에 그것이 보인다. 육기에 대해서는 다카하시 가즈미高橋和巳[34]의 「육기의 생애와 문학」(『중국문학논집』, 가와데 서방)을 참고하기 바란다. 「문부」는 육기가 문학 창조의 비밀을 여러 측면에서 읊은 작품이라는 것 역시 다카하시 가즈미의 「육조미문론六朝美文論」(『중국문학논집』, 가와데 서방)을 참고하기 바라는데, 「문부」 가운데 다음과 같은 행이 있다.

다양한 성률이 번갈아 바뀌는 건, 오색찬란한 무늬가 펼쳐진 것과 같다네.[35]

曁音聲之迭代 若五色之相宣.

역시 언어음성의 흐름을 다섯 가지 색채의 계기에 비유한다. 또한 몇 행 뒤에는 나쁜 시를 비평하여 말한다.

흑색·황색 차례가 뒤섞여 잘못되니, 색채가 더러워져 선명하지 않게 되네.

謬玄黃之秩叙 故淟涊而不鮮.

'전연淟涊'은 '혼탁混濁'이라는 뜻이다. 「문부」도 『문선』에 수록되어

---

34 다카하시 가즈미(1931~1971)는 소설가, 중국문학자다.
35 「문부」 인용문 한국어 번역은 『문선역주3』, 137쪽 참조.

있는데, 당나라 이선李善이 붙인 주는 이렇다. "본문은 이런 말이다. 음운의 마땅함을 잃으면, 수를 놓을 때 까만 것과 누런 것의 순서를 틀리는 것과 비슷하다. 그러므로 무질서하게 잡스러운 것이 섞여 선명하지 않다."

육기의 「문부」 전체는 미문이 최고조에 달한 시기에, 이 문체를 완성한 사람의 충실한 사색이고, 위에 예로 든 네 행은 복잡한 사색의 일단에 불과하다. 한쪽으로 치우친 심약의 언어음악론은 그 일방적인 연장으로 생각된다.

그리고 심약의 논의가 기울어간 쪽에 그럴듯한 이유가 전혀 없지는 않다. 그것은 전고에서 말한 것처럼, 다라니 소리, 독경 소리, 처음 듣는 외국어의 음성이 의미를 파악하지 못한 채, '리듬이 있다, 분위기가 있다'고 감득感得된다는 점을 통해 증명하였다.

또 심약이 그가 처음으로 '법칙'으로 발견했다고 일컬은 '부성浮聲'과 '절향切響'의 조화가 그것을 '법칙'이라고 의식하지 않은 예부터 내려오는 명구에도 '음운의 천성天成'으로 무자각적으로 작용했고 존재했었다는 사실도, 특별히 예부터 내려오는 명구에 국한된 사태는 아니다. 강한 악센트를 지닌 중국어에서는, 오늘날의 일상회화에도 이 현상이 음운의 천성으로 유력하게 작용하고 존재한다. '좋은 날씨'는 '天氣好tiānqì hǎo(톈치 하오)'이고, '오늘은 날씨가 좋네요'는 '今天天氣好jīntiān tiānqì hǎo(진톈 톈치 하오)'로, '일간一簡' 속에 '부성'과 '절향'이 교차하며 리듬을 만드는 점은, 중국어와 마찬가지로 강한 악센트를 지닌 영어가 'It's fine weather, today'인 것과 마찬가지다. 회화의 예를 좀 더 들면, '바깥으로 산책 가자'는 중국어 표현은 '外頭溜

達去罷wài tóu liūda qù ba(와이 터우 류다 취 바)'로 역시 부성과 절향이 교차하는 점, 'Let's go out, take a walk'와 마찬가지다. 아니, 오히려 부성과 절향의 조화·교차가 없으면 중국어는 구가 성립되지 않는 점이 영어의 구와 마찬가지다.

그러나 그것만으로 언어의 리듬을 논하는 것은 몹시 한쪽으로 치우친 감이 있다.

언어는 음악이 아니다.

1972년 9월 25일, 중국을 방문한 다나카 가쿠에이를

텔레비전으로 보면서.

16. 언어는 음악이 아니다, 그러나……

'세 번 얼룩고양이가 울었다'라는 번역을 검토하기 전에, 또한 brinded라는 나에게는 익숙지 않은 단어를 옥스퍼드 영어사전에서 찾아보기 전에, brin'did라는 기묘한 음성, myud라는 기분 나쁜 음성이 먼저 나를 떨게 만든다. 언어는 전혀 음악이 아닌 것일까.

언어는 음악이 아니다.

음악이 음표를 연속해서 늘어세워 표상하려는 것은 기분이다. 사실의 전달이 아니다. 교향악에 '전원' '영웅' '운명'이라는 이름이 붙여진 것은 음표를 연속해서 늘어세워 만들어내는 기분과 '전원' '영웅' '운명' 같은 사실이 지니는 기분이 서로 닮은 것에 지나지 않는다.

어쩌면 음악도 더욱 많이 사실에 접근하는 경우가 전혀 없지는 않은 듯하다. 〈전람회의 그림〉이라는 교향악이 같은 선율을 되풀이하여 그리는 것은 '감상하는 사람이 한 그림에서 다른 그림으로 옮기는 발걸음'이라는 설명을 들은 적이 있다. 설명을 듣고 나서는 그렇게 들린다. 설명을 듣지 않았을 때에는 그저 일종의 선율이었다.

언어에서 음성의 흐름은 그저 선율일 수는 없다. 반드시 사실과 연관된다. 물론 전고에서 말한 것처럼, 그 나라말을 알지 못하는 외국인에게는 그저 '남만격설南蠻鴃舌'[36]이라는 것, 또한 다라나나 주문 같은 것도 언어라고 본다면, 그것은 별개의 이야기다.

전고를 쓴 뒤, 아사히신문의 기사를 통해 도쿄대의 다카하시 야스나리의 글 「아무것도 의미하지 않는 음」이 『영어문학세계英語文學世界』 10월 호에 실렸음을 알고, 아는 이에게 부탁해서 사오게 했다. 무의미한 음성에 대한 관심이라는 점에서 나와 마찬가지였는데 한 구절을 인용해보면,

예를 들어 18세기 러시아의 편신교도[37] 오시포프의 기도는 이러했다. "렌트레 펜테 렌테/ 핀트리 훈트 노달 미세이트란트/ 포폰트로핀."

그러나 그런 것들을 제쳐두더라도 언어는 언어인 한, 인간이 아닌 존재의 언어조차도, 단순히 음성을 겹겹이 쌓는 것으로는 존재할 수 없다. 예를 들어 『맥베스』에 등장하는 마녀의 말을 보자.

영어를 잘 하지 못하는 내가 『맥베스』를 펼쳐본 것은, 다카하시의 논문이 제5막에서 주인공이 인생을 비유한 다음의 말,

---

36 남방의 미개한 민족의 말은 때까치의 소리와 같다는 뜻으로, 알아들을 수 없는 외국 사람의 말을 낮잡아 이르는 말이다.
37 편신파鞭身派 교인이라는 뜻이다. 편신파는 영적 그리스도교(Spiritual Christianity, 러시아에서 17세기부터 18세기에 걸쳐 일어났던, 원시 프로테스탄트 성격을 띤 교파. 확고한 조직이나 엄밀한 교의를 갖지 않는 특징이 있었다)의 일파다.

……it is a tale

Told by an idiot, full of sound and fury,

Signifying nothing.[38]

이것을 다카하시가 논문 첫머리의 경구로 인용한 것에 끌려서인데, 지금 내가 거론하려는 것은 이 구절이 아니라 제4막 '동굴의 장' 첫머리다.

1st Witch. Thrice the brinded cat hath mew'd.

2nd Witch. Thrice and once the hedge-pig whined.

3rd Witch. Harpier cries, 'tis time, 'tis time.

인간이 아닌 마녀가 낸 음성의 흐름은, 인간의 그것처럼, 그녀들이 의도하는 사실과 얼른 달라붙지 않는다. 적어도 이 3행의 단계에서는 그러하다. 나는 텍스트를 덮고, 영국인이 만든 레코드를 들어본다. θraisðə……라는 음성의 흐름도, 음악처럼 단순한 음의 흐름은 아니다. 나카노 요시오中野好夫의 번역에 따르면, 다음과 같은 사실을 전달한다.

첫 번째 마녀. 세 번 울었구나, 얼룩고양이가.

두 번째 마녀. 세 번째와 첫 번째는, 고습도치.

38 "백치가 지껄이는 이야기/ 소란스럽고 열에 들뜬/ 아무 의미도 없는."

세 번째 마녀. 도깨비 새도 울고 있다. "지금이다, 지금이다"라고.

우선 익숙지 않은 소재를 자료로 삼기보다는, 익숙한 중국 언어로 돌아가기로 하자. 이제까지 서술했듯 사마천이『사기』에서 '한 고조의 용모'라는 사실을 전달하는 언어는,

lóng zhǔn ér lóng yán
(룽 준 얼 룽 옌)

이라는 음성의 흐름이다. 한자 표기로는

隆準而龍顔

인 다섯 자가, 현대 중국인에게 요청하는 음성의 흐름은 그러하다.
우선 隆lóng(룽)이라고 거세게 올라가는 음성, 이어서 準zhǔn(준)이라고 구부러지는 음성, 매우 가볍게 발음되는 而ér(얼), 다시 거세게 올라가는 龍lóng(룽), 마지막은 부드럽게 올라가는 顔yán(옌). 그 기복은 오실로그래프oscillograph로 옮기면, 거센 굴절의 물결을 시각적으로 보여줄 것이다. 그것만을 떼어내면 음악과 비슷하다. 중국어를 모르는 사람들에게는 더욱 음악에 가깝게 들릴 것이다.
그러나 그것은 단순한 음성의 물결이 아니다. 고조 유방의 인상이 '우뚝한 콧날과 용과 같은 이마'였다는 사실을 전달하려는, 사실과 연관된 '음성의 기복'이다. 그렇기에 사실의 두 정점인 '隆準lóng

zhǔn(룽 준)'과 '龍顔lóng yán(룽 옌)'은 힘이 실린 음성이 되고, 가운데의 '而ér(얼)'은 힘을 뺀 음성이 되었다. 또한 '隆準'과 '龍顔'이 같은 무게의 음성이 되리라고 단정할 수는 없다. 영웅의 인상 가운데, 우뚝한 코 쪽에 흥미를 느끼는 독자는 '隆準'을 무거운 음성으로, 특이한 인상을 말하는 '龍顔' 쪽을 가벼운 음성으로 볼 것이다. 반대의 경우라면 경중이 뒤바뀔 것이다. 이렇게 향수자의 요구에 따라 다른 음성이 되는 것 또한 음악과 다르다. 교향악의 음의 흐름은 지휘자에 따라 달라진다. 그러나 악보가 지정한 것에서, 문자의 경우에서처럼 자유로울 수 있을는지.

이렇게 隆準而龍顔은,

LONG ZHUN er LONG YAN
(룽 준 얼 룽 옌)

이라는 기복을 그리는 음성의 흐름이 된다.

『맥베스』의 경우를 검증해보면, 마녀가 한 말의 첫 번째 행은,

Thri'ce the brin'ded ca't hath mew'd.

가 될 터이다. 연관될 법한 사실은 망막茫漠하다 하더라도, 사실의 정점을 이루는 부분이 음성적으로도 '기起'이고, 그렇지 않은 부분이 '복伏'이다.

게다가 중국어처럼 억양이 심하고 '하나의 음절이 한 단어가 되는

것'을 구성의 기초로 삼는 언어에서는 음성의 흐름을 구성하는 최소 요소인 각각의 음절이, 즉 각각의 단어가 이미 그것과 결부되는 것들의 형태 내지는 인상을 뒤따라, 음성이 의음적擬音的이고 의태적擬態的인 경우가 심심치 않게 나타난다. 단어가 결부되는 대상은 개개의 사실이 아니라 사실군事實群이지만, 그 사실군이 존재하는 모습과 이미 무연無緣하지 않다.

예를 들어 '隆'이라는 표기가 지시하는 'lóng(룽)'의 거세게 올라가는 소리는, 그 올라가는 소리에 융기隆起하는 것들의 인상이 묻어 있다고 느낄 수 있다. '準zhǔn(준)'이라는 강하고 딱딱한 음성은, 콧날이라는 사실군 외에 표준·준칙 같은 추상적인 사실군과도 결부되지만, 주장하는 성격을 띤 것이 지니는 완고함이 묻어 있고, 'zhǔn(준)'이라는 음성에서 무게감을 느낄 수 있다. '龍'의 lóng(룽)은 더욱 그러해서, 이상하고 의심스러운 동물에 대해 느끼는 의아함이 묻어 있는 듯하다. 모든 단어에 그러한 설명을 덧붙일 수 있는 것은 아니다. '而'로 표기된 단어의 음성이 'ér(얼)'이고 '顏'의 음성이 'yán(옌)'인 것을 무리하게 파고들어 얻을 결과는 어리석은 강변強辯에 불과할 것이다. 그러나 모든 것이 강변으로 떨어지는 것도 아니다.

중국어만 그런 것이 아니다. 마녀를 소개하는 얼룩고양이의 행위가 'mew'd'인 것은 고양이 울음을 직접적으로 모사한 음일 터이다. 'brinded'라는 음성도, 옥스퍼드 영어사전(OED)에 따르면, 'of a tawny or brownish colour; marked with bars or streaks of a different colour'[39]라 한다. 그러한 기묘한 사태와 'brinded'라는 음성 사이에 아무런 연관도 없다고 느껴지지는 않는다. 지금까지 논한 것에 대해서는 내가 전에 썼던 미완의 논문 「묘사의 소재로서의 언어」(『요시카와 고지로 전집 20권』, 66-98쪽)도 참조하기 바란다.

그리고 여기서 다시 언어는 음악과 비슷하지만 비슷하지 않은 면이 있음을 지적하고자 한다.

하나하나의 단어가 실어내는 음성이 쌓여 언어의 구를 이루는 것은 음표가 쌓여 음악의 절을 이루는 것과 닮았다. 그러나 음악의 경우, 분위기를 만들어내기 위해 쌓이는 음표 하나하나는 무색이다. 그에 비해 겹겹이 쌓여 언어를 이루는 단어 하나하나에는 이미 그 음성에 색상이 있다. '隆準而龍顔'이라는 다섯 자가 지시하는 음성을 구체적으로 제시하면, 다음과 같다.

隆 '수북한' 인상을 수반하는 lóng(룽)

準 '관철하는' 인상을 수반하는 zhǔn(준)

而 거의 색상이 없는 ér(얼)

龍 '기분 나쁜' 인상을 수반하는 lóng((룽)

顔 '반들반들' 따위의 인상을 수반하는 yán(옌)

이러한 음성이 쌓이는 것은 음악의 일절一節에 (그 자체로는 무색인) 음표가 쌓이는 것과 다르다. '隆lóng(룽)'에서 '수북하다는 느낌을 주는' 인상을 제거하고, 'lóng(룽)'이라는 소리만을 추출하는 것은 불가능하다. '準zhǔn(준)'에서 '허세를 부리는 느낌을 주는' 인상을 제거하

39 "황갈색의; 다른 색깔로 줄무늬가 쳐진, 즉 얼룩무늬의"

고, 그 소리만을 뽑아내는 것도 불가능하다.

또한 이전 원고에서 말한 심약의 이론을 적용시키면, 이 구에서도 '음운의 천성', 즉 중국어의 음률이 지닌 자연스럽고 보편적인 욕구로서, '절향(딱딱하고 다급한 음성)'과 '부성(경쾌한 음성)'이 '일간一簡(일구一句)' 안에 교차하고 있다. '隆準而龍顔lóng zhǔn ér lóng yán(룽 준 얼 룽 옌)'은 '평상평평평平上平平平'이다.

그러나 '準'은 단순한 절향이 아니다. '허세를 부리는 느낌을 주는' 인상을 동반한 절향, 혹은 그런 연유 때문에 절향이 되어 구의 위쪽에 있고, '顔'은 '매끄럽고 반들반들한 느낌을 주는' 인상을 동반한 부성으로 아래쪽에 위치한다. 그 교차가 이 구의 리듬을 만들어내는 것이고, 심약이 말한 '음악의 팔음八音이 교차해서 만들어내는 리듬'과 꼭 같지는 않다.

앞에서 구체적으로 보인 그런 형태로 소리가 쌓여 하나의 분위기를 만들어낸다.

고조되는 lóng(룽) + 허세를 부리는 zhǔn(준) + 아무런 색상도 없는 ér(얼) + 기분 나쁜 lóng(룽) + 평퍼짐한 yán(옌). 이렇게 겹겹이 쌓인 소리들은 마치 음악이 빚어내는 것과 같은 분위기를 자아낸다. 그리고 중요한 것은 우리가 이 구에 접하는 바로 그 순간에 분위기가 양성釀成된다는 점이다.

'구에 접하는 바로 그 순간에 분위기가 양성된다'는 것은, '隆準而龍顔'이라는 다섯 글자를 한 덩어리로 파악하고 '우뚝한 코에 용과 같은 이마'라는 사실을 전달한다는 인식에 도달하기 전에 이 단계가 존재한다는 말이다. 즉 고조 유방의 인상은 이러이러하다는 인식은

'隆+準+而+龍+顔'이라는 다섯 개의 단어를 다 읽고 그것들을 종합하고 분석한 뒤에 도달하는 인식인데, 그에 앞서 그러한 분위기를 느끼는 단계가 존재한다. 그것은 '龍顔(룽옌)'이라는 두 개의 음절이 아직 '용과 같은 얼굴'이라는 사실을 전달한다고 인식되지 않고, 그저 '기분 나쁜 룽'이라는 음성, '펑퍼짐한 옌'이라는 음성으로 귀에 울리는 단계다. 또한 다섯 개의 음성 가운데 가장 이상하게 느껴지는 '龍(룽)'이라는 음성이 다섯 개 음성의 중심이 되어, 이상한 색채를 확산시키고 다섯 개의 음성 전체를 그 색채로 물들이는 단계다. 그러한 단계의 존재는,

Thrice the brinded cat hath mew'd.

에 대해서도 말할 수 있으리라. '세 번 얼룩고양이가 울었다'라는 나카노의 번역을 검토하기 전에, 또한 brinded라는 나에게는 익숙지 않은 단어를 옥스퍼드 영어사전에서 찾아보기 전에, brin'did라는 기묘한 음성, myud라는 기분 나쁜 음성이 먼저 나를 떨게 만든다.

언어는 전혀 음악이 아닌 것일까.

1972년 10월 23일

17. 음독音讀의 미(1): 음성과 감성

'달도 옛 모습'. 먼저 첫 구 여섯 음절이 감성을 울리는 것을 비롯하여, 일수一首의 음성이 이미 '몸에 스미는' 형태를 취하고 있다. 이와 같은 감성의 감동 단계가 '이치를 듣기' 이전에 이미 존재한다고, 니조 요시모토는 그렇게 말하고 있다.

나는 전고에서 언어가 전달하려는 사실을 이성이 정리하고 파악하기 전에, 그 언어가 지닌 음성의 흐름이 감성을 자극하여 어떤 분위기를 만들어내는 단계가 앞서 존재한다고 말했다. 철학의 문외한이기 때문에 전고에서는 이성이나 감성이라는 단어를 사용하는 것을 꺼리고 피했다. 하지만 이번에는 시험 삼아 암중모색하면서 감히 그런 단어를 사용하여 말해보고자 한다. 앞선 글에서는 『사기』「고조본기」의 '隆準而龍顏'과 『맥베스』 제4막에 나오는 마녀의 대사 'Thrice the brinded cat hath mew'd'를 소재로 삼아 논했다.

같은 문제를 일본어로 이루어진 언어에 대해서 검증해보고 싶다고 생각하던 차에, 마침 전고를 다 쓴 뒤, 내 주문에 딱 들어맞는 논의를, 우연히도 14세기 이론을 다룬 시론서詩論書 『쓰쿠바 문답筑波問答』

에서 발견하는 행운이 찾아왔다. 지쿠마에서 간행된 『일본시인선日本詩人選』에 실린 메자키 도쿠에[40]의 「아리와라노 나리히라·오노노 고마치在原業平·小野小町」[41]를 읽고, 그런 논의가 존재한다는 사실을 알게 된 덕이다(『일본시인선日本詩人選』 63쪽).

『쓰쿠바 문답』은 북조北朝의 구게公家이자 렌가의 대가였던 니조 요시모토(1320~1388, 즉 원元 인종仁宗 연우延祐 7년~명明 태조 홍무洪武 21년)의 렌가론連歌論이다. 책의 전체 체재는 간토關東의 쓰쿠바 지역(야마토 다케루[42]가 읊은 노래에 렌가의 발상지로 등장하는 곳)에서 도읍에 올라온 노옹에게 렌가에 대해 묻는 형식을 취하는 점에서 마치 『문선』의 「양도부兩都賦」가 서도西都의 손님과 동도東都의 주인이 대화를 나누는 형식으로 서술하는 것과 비슷한데, 쓰쿠바의 노옹이 이런 말을 한다.

'달도 옛 모습 봄도 그때의' 하는 노래는 이치를 들려준다기보다, 소리 내어 읊조리면 몸에 스미는 느낌이 든다(『이와나미 일본고전문학대계66 렌가론집』, 80쪽).

'달도 옛 모습 봄도 그때의' 하는 노래, 라는 것은 말할 것도 없이

---

40 메자키 도쿠에(1921~2000)는 국문학자, 왕조王朝문화 연구자였으며, 전공은 일본문화사였다.
41 아리와라노 나리히라(825~880)는 일본 헤이안 시대의 귀족, 시인이고, 오노노 고마치 역시 9세기 헤이안 시대의 여류 가인歌人이다.
42 야마토 다케루는 『고사기古事記』 『일본서기日本書紀』 『풍토기風土記』 등에 다양한 전승이 전해지는 전설상의 영웅이다.

아리와라노 나리히라의 저 유명한 노래를 가리킨다.

달도 옛 모습/ 봄도 그때의 그 봄/ 아니건만은
이 내 몸 하나만은/ 옛날 그대로일세[43]

『고킨와카슈古今和歌集』 15권 「사랑노래戀歌 5」의 권두에,

오조황후가 사시던 저택의 서편 건물에 살던 사람에게,[44]

로 시작되는 긴 사서詞書[45]와 함께 수록되어 있고, 그 노래를 낳은 사건을 『고킨와카슈』보다 조금 더 상세하게 설명하는 대목이 『이세 모노가타리伊勢物語』 제4단에 보인다.[46]

---

43 번역은 구정호 옮김, 기노 쓰라유키 외 엮음, 『고킨와카슈 하』, 소명출판(2010), 147쪽을 따랐다. 와카和歌 한국어 번역문에 와카의 음수율('5.7.5.7.7')을 보이기 위해 편의상 '/'을 삽입하기로 한다.

44 앞의 책, 147쪽. 사서의 전문은 아래와 같다. "오조황후가 사시던 저택의 서편 건물에 살던 사람에게 처음부터 연모의 정을 갖지는 않았지만 계속해서 사랑을 구하였는데, 정월 열흘 즈음에 그녀는 다른 곳으로 자취를 감추고 말았다. 있는 곳은 들어서 알고 있지만, 연락도 못하고, 다음 해 봄, 매화가 한창일 때, 달이 훤하게 뜬 밤, 작년을 그리며 그 서편 건물에 가서 달이 기울 때까지, 어지럽혀진 마루 위에 엎드려서 읊은 노래(아리와라노 나리히라 조신)."

45 와카나 하이쿠의 머리말을 가리키는 말로, 그 작품의 동기·주제·성립한 사정 등을 기록한 글이다. 한문으로 쓴 것을 제사題詞라 하고 일본어로 쓴 것을 사서詞書라 한다.

46 "[이세 모노가타리 4단]옛날, 헤이안쿄 동쪽의 5조 거리에 황태후가 사시던 저택이 있었다. 그 저택의 서쪽 건물에 살던 여자가 있었다. 처음부터 연모의 정을 갖지는 않았지만 그녀에게 깊은 애정을 갖게 된 사람이 그녀를 찾아들곤 했는데, 정월 열흘 경에 그녀는 다른 곳으로 자취를 감추고 말았다. 있는 곳은 들어 알고 있지만, 아무나 오고 갈 수 있는 곳이 아니기에 그는 더욱 근심하며 지내고 있었다. 다음 해 정월, 매화가 한창일 즈음, 남자는 작년을 그리워하며 그곳에 가서 그 자리에 서보기도 앉아보기도 하지만, 작년 같은 감흥이 살아나지 않았다. 그는 흐느껴 울며 어지럽혀진 마루 위에서 달이 기울 때까지 엎드려서 작년을 생각하며 "달도 옛 모습/ 봄도 그때의 그 봄/ 아니건만은/ 이 내 몸 하나만은/ 옛날 그대로일세"라고 노래하고, 새벽이 어

『고킨와카슈』의 사서에 '오조황후'라 했고,[47] 『이세 모노가타리』에서 "옛날, 헤이안쿄 동쪽의 5조 거리에 황태후가 사시던 저택이 있었다"고 한 것은 닌묘 천황의 황후였던 후지와라노 준코이고, 준코의 조카이자 세이와 천황의 후궁이 된 후지와라노 다카이코藤原高子(842~910), 즉 니조二條의 기사키后(황후)를 가리킨다고 여러 주석은 말한다.

작년 음력 정월, 나리히라는 그 여성과 만났다. 달이 떴고 매화꽃이 피었다. 얼마 지나지 않아, 여성은 궁정에 들어가 만날 수 없는 사람이 되었다. 일 년 뒤, 남자는 옛적 밀회를 나누던 장소로 갔다. 역시 달이 떴고, 매화꽃이 피었다. 여성의 모습은 없었다. 그저 '이 내 몸 하나만은/ 옛날 그대로'였다. 『고킨와카슈』의 사서는 말한다. "다음 해 봄, 매화가 한창일 때 달이 훤하게 뜬 밤, 작년을 그리며 그 서편 건물에 가서 달이 기울 때까지, 어지럽혀진 마루 위에 엎드려서 읊은 노래."

"봄도 그때의 그 봄/ 아니건만은"에서 가리키는 '봄'은 이 노래의 경우 '매화꽃'을 의미한다고 여러 주석은 말한다. 무엇보다도, '매화꽃과 달빛' 즉 일 년이라는 '시간이 흘러간推移' 뒤에도 항상 다시 돌아오는 자연과, 일 년이라는 시간이 흘러가는 사이에 연애의 행복을 상실한 자신을 대비한 '추이推移의 비애'를 읊은 노래다. '추이의 비애'란 이러한 종류의 감정을 가리키는 내 용어인데, 그것은 조만간 활자화될 동

럼풋이 밝아올 때, 울며 울며 돌아갔다고 한다(『고킨와카슈 하』, 148쪽에서 재인용-)."
47 '오조황후'는 닌묘 천황의 비妃로, 친정이 교토의 동쪽 5조에 있었기 때문에 이렇게 불렸다고 한다(『고킨와카슈 하』, 147쪽 주해).

대출판회東大出版會『강좌 비교문학』졸고를 참조하기 바란다(『요시카와 고지로 전집』21권).

그런데 14세기 시론가 니조 요시모토二條良基의 설(내지는 쓰쿠바 지역에서 도읍에 올라온 노인의 입을 빌어 말한 설)은 말하기를, 이러한 노래는 "이치를 들려주기보다", 그 내용을 이성을 통해 파악하기에 앞서 "읊조리면", 그 언어를 발음하는 것만으로, 즉 감성이 먼저 그 음성을 받아들이는 단계에서, "먼저 몸에 스미는 정서가 있다"고, 즉 이미 커다란 감동을 낳는다고 지적한다.

니조 요시모토의 지적은 적어도 이 노래에 관한 한 진실이라 생각된다. '달도 옛 모습', 먼저 첫 구 여섯 음절이 감성을 울리는 것을 비롯하여 일수一首의 음성이 이미 '몸에 스미는' 형태를 취하고 있다는 것이 객관적인 사실이라고 생각된다는 점은 이어 다음 원고에서 서술할 터인데, 우선 당장 주목할 만한 지점은, 그러한 감성의 감동 단계가 '이치를 듣기' 이전에 존재한다고, 니조 요시모토가 말한 것이다. 그리고 또 이 노래에 대해서는 특히 그렇게 말해도 좋은 이유가 있다. 왜냐하면 이 노래는 후지와라노 슌제이藤原俊成[48]의 『고라이후테이쇼古來風体抄』[49]에,

'달도 옛 모습'이라 하고, '봄도 그때의' 등으로 이어질수록 더할 나

---

48 후지와라노 슌제이(1114~1204)는 헤이안 말기 최고의 와카 작자로 불린다. 불교 교의의 심원함과 훌륭함을 나타내는 유겐幽玄을 하나의 가론으로 정착시켜 그 당시 젊은 문인들의 지지를 받았다.

49 후지와라노 슌제이의 대표적인 가론서歌論書.

위 없이 훌륭하다.

라고 되어 있듯, 일찍부터 뛰어난 노래로 간주되었는데, 그 '이치理' 즉 내용을 포착하기 어려운 점으로도 유명한 노래였기 때문이다. 그래서 그 축자逐字적 해석에 대해서는 몇 가지 설이 분분했다. 중국식으로 말하자면, '취송聚訟의 부府'다. 사태는 14세기 니조 요시모토의 시대에 이미 그러했을 것이다.

이렇게 말을 하고는 있지만, 가학사歌學史의 전문가가 아닌 나는 니조 요시모토 시대에 어떤 해석이 어떤 형태로 존재했었는지 잘 알지 못한다. 내가 아는 것은 에도 시대에 보이는 해석의 분열이다.

우선 모토오리 노리나가의 말을 들어보기로 하자. 『다마카쓰마』 6권에 이런 말이 있다.

'달도 옛 모습/ 봄도 그때의 그 봄/ 아니건만은/ 이 내 몸 하나만은/ 옛날 그대로일세', 이 노래, 가지각색으로 해석되지만, 어느 것이나 그 뜻이 장황하여, 일수一首의 뜻趣이 통하지 않는다,

여러 설이 갈라진다는 점을 먼저 말한 뒤,

지금 내가 생각하는 뜻趣을 말하면,

자기의 설을 말한다. 그 요점은 이렇다. '달도 옛 모습'이라 하고, '봄도 그때의 그 봄/ 아니건만은'이라 한 것은 반어反語이고, 달과 매화는

작년 그대로 돌아와 있음을 말한 것이라 본다. 이어서 '이 내 몸 하나 만은/ 옛날 그대로일세'라 한 것은 충분치 않은 표현이고, 자연과는 달리 행복하게 회귀할 수 없는 '이 내 몸'이 외형만은 '옛날 그대로'이면서, 더구나 '이 내 몸'의 내용은 옛날과 같지는 않다는 뜻을 내포하는 것'이라고 말한다. 또한 결구가 충분치 않은 표현으로 괜찮은 이유로 『고킨와카슈』 '가나 서문'에, 나리히라의 노래는 일반적으로 "표현하고자 하는 정감은 풍부하나 그것을 표현하는 언어가 미숙하다"[50] 고들 하는데, 그것은 '이러한 것을 두고 한 말'이라 했다(지쿠마판 『모토오리 노리나가 전집』 제1권 176-177쪽).

모토오리 노리나가가 『고킨와카슈 원경古今和歌集遠鏡』에서 산문적으로 풀어쓴 것도 같은 해석이다.

오늘밤 이곳에 와 보니, 달은 작년의 달이 아닌가. 달은 역시 작년 그대로의 달이구나. 봄의 경치는 작년 봄의 경치가 아닌가. 봄의 경치도 매화꽃이 핀 모양도, 역시 작년 그대로이고, 어느 것 하나 작년과 다른 게 없는데, 오직 나 혼자만, 작년과 같은 몸인데도, 작년에 만난 사람에게 아아, 그때와 크게 다른 것이구나, 그래서 작년 봄이 그립다.

그리고 『고킨와카슈 원경』에서는 "『고킨요자이쇼古今余材抄』 『고킨

---

50 『고킨와카슈 상』, 32쪽. '가나 서문' 나리히라에 대한 비평 문장 전문은 아래와 같다. "아리와라노 나리히라는 표현하고자 하는 정감은 풍부하나 그것을 표현하는 언어가 미숙하다. 마치 시든 꽃이 색은 바랬으나 향기가 남아 있는 것과 같다."

와카슈 우치기키古今和歌集打聽』둘 다 좋지 않다"고 덧붙여, 선배들의 설을 부인한다(지쿠마판『모토오리 노리나가 전집』제3권 201쪽).

모토오리 노리나가가 '둘 다 좋지 않다'고 부인한 것은 게이추의 『고킨요자이쇼』, 마부치의『고킨와카슈 우치기키』인데, 그 두 사람은 모두 '쓰키야 아라누, 하루 나라누(달도 옛 모습, 그 봄 아니건만은)'를 모토오리 노리나가처럼 반어로는 보지 않았다. '아라누' '나라누'는 단순한 부정이고, 사랑을 잃은 사람의 눈에는 달도 작년의 달이 아닌 것으로 보이고, 매화도 작년의 매화로는 보이지 않는다. 그에 비해 "이 내 몸 하나만은/ 옛날 그대로일세"라고 한다.

먼저 마부치의『고킨와카슈 우치기키』를 보자.

달도 또한 보면서 옛날의 달이 아니구나 싶고, 매화도 또한 보면서 작년에 본 꽃이 아니구나 생각한다. 그렇다면 나 자신은 어떠한가 눈을 돌리니, 나만 예전 그대로 여기에 왔구나라고 말한다.

즉 객관적으로는 '회귀'가 본래의 성질인 자연을, 주관적으로 회귀하지 않았다고 보는 것이 전반 "달도 옛 모습/ 봄도 그때의 그 봄/ 아니건만은" 이고, '흘러가는 시간 속에 있는推移' 인간의 입장에서 추이하지 않는 요소를 억지로 끄집어낸 것이 후반 "이 내 몸 하나만은/ 옛날 그대로일세"라고 본다.

조금 거슬러올라가 아사리阿闍梨 게이추의『고킨요자이쇼』의 설도 이 점에 관해서는 마부치와 같아, 노리나가처럼 "달도 옛 모습/ 봄도 그때의 그 봄/ 아니건만은"을 반어로 보지 않는다.

희미한 달밤 매화꽃이 핀 것을 비롯하여, 작년과 다를 바 없는데, 달도 봄도 작년의 그것이 아니라 생각이 드니, 다만 달은 작년의 달이 아니고 봄은 작년의 봄이 아니며, 작년 사람을 만났을 때만 그리워 잊지 못하는, 이 내 몸 하나만은 옛날 그대로라고, 하구下句에서 상구上句로 바뀌어, 매우 경계해둘 만하다.

게이추의 해석 가운데 마지막 구절이 내게는 잘 읽히지 않는데, 하여튼 노리나가의 설과 같지 않다는 것은 마부치의 경우와 같다.

그러나 노리나가처럼 전반을 반어로 보는 견해도, 노리나가가 처음은 아닌 것 같다.『고킨와카슈』에 대한 마부치의 또 하나의 주석서『속만엽론續萬葉論』에 이런 말이 보인다.

내가 보기에 '쓰키야 아라누(달도 옛 모습)'는 되받아넘기는 말이 아니다.

이는 '되받아넘기는 말', 즉 반어로 보는 견해가 일찍부터 있었음을 보여준다. 필시 요시모토의 시기에도 전반을 반어로 보아야 하느냐 아니냐 두 설이 있었다고 생각된다. 또한 두 설은 현대의 여러 전문가가 붙인『고킨와카슈』및『이세 모노가타리』주석에서도 여전히 결론을 보지 못했다. 문외한인 내가 두 설의 시비를 판정하기는 어렵지만, 문외한 나름으로 생각하면 이렇다. 두 설 모두의 방향으로 연장될 수 있는 심리를, 어느 한쪽으로 남김없이 연장되지 않은 황홀미리恍惚迷離한 미분화 상태가 "달도 옛 모습 봄도 그때의 그 봄 아니건만은"이 아닐까. 만약 나 나름으로 『고킨와카슈 해설서』를 짓는다면 '달이여 어떠한가, 이 매화꽃은 작년의 매화꽃인가 아닌가, 그저 이 내 몸만은 예전 그대로인데'로 할 것이다.

그러나 나리히라의 노래를 해석하는 것이 이 원고의 목적은 아니다. 이 원고에서 말하고 싶은 것은, 그렇게 탐색하는 단계, 그것은 이 노래를 읽는 과정에서 빠져서는 안 될 단계이지만, 그 이전에,

쓰-키 야 아-라-누/ 하-루 야 무-카-시 노/ 하-루 나-라-누/ 와-가-미 히-토-쓰 와/ 모-토 노 미 니-시-테
(달도 옛 모습/ 봄도 그때의 그 봄/ 아니건만은/ 이 내 몸 하나만은/ 옛날 그대로일세)

라는 언어의 음성을 발음하는 것, 그것만으로 "몸에 스미는 느낌이 든다"고 『쓰쿠바 문답』에 등장하는 늙은이가 적절하게 말하고 있는 것이다.

이것은 『맥베스』에 나오는 마녀의 대사,

Thrice the brinded cat hath mew'd.

를 불길한 예언이라고 이성을 통해 파악하기 이전에

θrais ðə brindid kæt həθ mjuːd

라는 음성의 흐름이 기분 나쁜 인상을 감성에 주고, 사마천의 『사기』에

隆準而龍顔

이라는 문자가, '한나라 고조의 특이한 인상'이라는 사실을 전달하는 언어라고 이성이 파악하기 이전에,

lóng zhǔn ér lóng yán
(룽 준 얼 룽 옌)

이라는 음성의 흐름이 자아내는 느낌이 감성을 자극한다고, 전고에서 말한 것을 요시모토의 견해가 일본어에 대해서도 훌륭하게 검증해준다는 말을 하고 싶은 것이다.

다음 원고에서는 이 노래의 음성은 어째서 요시모토가 말한 것과 같이 '우리의 감성을 먼저 흔들었는지'를 나 스스로 살펴보고자 한다.

1972년 11월 14일

18. 음독의 미(2): 음성의 형체

'쓰키야 아라누', 이 노래는 5음절로 시작한다는 와카의 정격을 깨고 6음절 음률로 시작한다. 다섯 음절을 발음하면 거기에서 휴지를 얻을 수 있다는 습성에 젖은 기대가 배신당하고, 쉴 틈 없이 다시 1음절을 이어서 발음해야 하는 부담감에 습성이 당황한다.

쓰키야 아라누/ 하루야 무카시노/ 하루 나라누

와가미 히토쓰와/ 모토노 미니시테

(달도 옛 모습/ 봄도 그때의 그 봄/ 아니건만은

이 내 몸 하나만은/ 옛날 그대로일세)

이번 원고에서는 나리히라의 이 노래가 요시모토의 『쓰쿠바 문답』 에서 말하듯 '이치를 들려주기보다 몸에 스미는 느낌이 있는', 언어가 전달하려는 사실을 음미하기에 앞서 그것을 발음해보는 것만으로 이 미 감동적일 수 있는 이유를 내 나름으로 분석하려 한다.

이 노래가 이른 단계, 다시 말해 '이성이 그 의미를 분석하기'에 앞 선 단계에서 이미 감동을 주는 것은 첫 번째 구 '쓰키야 아라누'가 이미 그러하다. 이 노래에 대한 주석가의 설이 전고에서 말한 것처럼 예부터 여러 갈래로 갈리는 주된 요인은 이 첫머리의 '쓰키야 아라누'에 대해서, 이 구를 작년의 그 달이 아니라고 단순한 단정으로 읽을지, 아니면 '달은 예전의 달이 아니지 않을까'라는 반어로 보아 달은 작년 그대로의 달인데도 불구하고, 그러한 뜻으로 읽을지, 이 논쟁은 현재까지도 결론을 보지 못했다. 허나 그러한 '천착穿鑿의 이치'를 주석가에게서 듣는 일은 훨씬 나중 단계다. 최초의 단계는 그저 '쓰키야 아라누'라는 여섯 음절을 읽고 발음하는 것이다. 그 단계에서 이미 감동이 생겨날 수 있는 이유는 우선 첫 번째로 조사措辭가 이상하기 때문이다.

먼저 '쓰키야'의 '야', 이것은 자주 쓰이는 조사助辭가 아니다. 나는 국문법의 문외한이긴 하지만, 이 조사가 '은, 는, 이, 가'처럼 자주 쓰이지 않는다는 것은 상식적 판단이라 해도 좋으리라. 실제로 조사 '야'를 중심으로 이 구 전체를 반어로 볼지 말지 여러 설이 생겨난 것은, 방증이 될 만한 다른 용례가 적기 때문이다. 이렇게 범상치 않은 조사 '야'가 이 구의 중심에 자리잡은 것은, 그것과 대응될 만한 '사태' 내지 '심리'가 범상치 않음을 직관하게 한다. 적어도, '은, 는, 이, 가' 등이 매개하는 사태·심리와는 다르리라고 예상하기에 충분하다. 이렇게 이 구가 난해해지는 데 핵심적인 역할을 하게 되는 조사 '야'는 처음 읽는 단계에서, 이 구의 긴장을 이루는 핵심이다. 혹은 나중에 생겨날 '난해한 단계'에 대한 예견이 이미 어렴풋하게 새겨져 있다고 본다면, 긴장은 더욱 복잡해진다.

'야' 다음에 이어지는 '아라누', 나는 다른 데서의 사용 비율을 자세히 알지 못하지만, 이것 또한 평범한 조사措辭는 아닐 것이다. 긴장은 더욱 높아지지 않을 수 없다.

이상한 조사措辭가 자아내는 이러한 긴장, 게다가 그 안에 있는 이상한 사실에 대한 막연한 예상을 더한다면 긴장감은 더욱 고조되며, 그것이 우선 이 구를 처음으로 접했을 때의 감동을 낳는 것으로 존재한다. 또한 만약 '쓰키야 아라누'라는 조사措辭 전체가 최종 단계에서 마침내 갖게 되는 난해함, 그것과 일찍부터 연관되는 것으로, 안에 있는 사태를 끝내 궁구하여 알 수 없으리라는 불안이 일독一讀 단계에서 이미 감돈다고 본다면, 문학에서는 불안 또한 감동의 요인이다.

그런데 내가 말하고 싶은 것, 그리고 요시모토가 "읊조리면 몸에 스미는 느낌이 있다"고 말한 것에 대해 논증으로 삼고 싶은 것은 우선 그저 읊조리는 단계에서 생긴 감동은, 지금까지 말한 그러한 방향에서 생겨날 뿐만 아니라, 이 구의 '음성의 형체'가 그것에 참여하고 있다는 사실이다.

'음성의 형체'라는 표현은 다소 막연할지 모르겠다. 좀 더 정확하게 '음성이 연속되는 형체'라 해두고, 구체적으로 설명해보겠다.

첫째로 이 구가 '와카의 첫 번째 구는 5음절로 시작한다'는 정격定格을 깨고 '쓰키야 아라누', 6음절이라는 이상한 음률로 시작한다는 점을 들 수 있다. 즉 한 글자가 더 많은 것이다. 다섯 음절을 발음하면 거기에서 휴지를 얻을 수 있다는 습성에 젖은 기대가 배신당하고, 쉴 틈 없이 다시 1음절을 이어서 발음해야 하는 부담감에 습성이 당황한다. 이렇게 이상한 음률이 이상한 조사措辭와 융합되어 구의 긴장에 중요하게 참여하고 있다는 점을 우선 지적할 수 있다.

그다음으로 6음절 속에서 이루어지는 음성의 연결방식이다. 즉 '쓰-키-야·아·라-누', 동일한 a를 모음으로 하는 음절 세 개가 연이어 등장하는 것이다. 그 점에서도, 이상하다고까지는 말할 수 없다 해도 특이한 점이 있다. 시인이 고의적으로 한 것은 아니리라. 그러나 결과적으로 효과가 없지는 않다.

나에게 익숙한 분야인 중국시에서는 같은 모음의 단어 내지는 같은 어미의 단어를 겹쳐서 쓰는 것을 '첩운疊韻'이라 부르는데, 그것은 시적 효과를 겨냥한 자각적인 행위로서 두보가 특히 애용했다. 예를 들어「등고登高」라는 시의 "艱難苦恨繁霜鬢, 潦倒新停濁酒盃." 읽으면 '간난'고한번상빈, '료도'신정탁주배(jiān nán〔젠 난〕……, lǎo dǎo〔라오 다오〕……)가 있다. 다른 많은 사례는 졸저『두보Ⅰ』『두보Ⅱ』,『세계 고전문학전집 28·29』에서 시마다 붙인 주기注記를 참조하기 바란다.

일본시에서 같은 모음이 겹치는 것은 중국시와 달리 자각적이지도 의식적이지도 않다. 시인의 자각에도, 독자의 의식에도 반드시 떠오르지는 않을 것이다. 도리어 그렇기 때문에 의식 아래에 미치는 작용은 미묘하게 존재할 수 있다.

우선 일반론으로 보면 같은 모음의 반복은 같은 작업을 반복함으로써 어떤 경우에 음성을 유창하게 하고, 경쾌하게 만드는 요소가 있다. '쓰-키-야·아·라-누'에 대해서 말한다면, '야'에서 '아'로 변화하는 것이 그 경우일 것이다. 특히 '쓰키야'의 '야ya'는 이 구의 의미가 품은 긴장의 중심이 되는 조사助辭이고, 따라서 무거운 '야ya'로 읽히는 자리에 있다. 이는 '隆準而龍顔'에서 '이而'가 가볍게 읽힐 수밖에 없는 것과 똑같은 이유로 인해 발생하는 정 반대의 현상이자 'Thrice the brinded cat hath mew'd'의 'brinded'가 역시 이상한 느낌의 중심에 자리잡아 무겁게 읽히는 것과 똑같은 이유로 발생하는 똑같은 현상으로, '쓰키야'의 '야'도 무겁게 읽는다. 그리고 '야아' 하고 늘어진 잔음殘音이 다음에 이어지는 '아라누'의 '아'에 그대로 흘러들어간다고 보면, 이 전이轉移는 더욱 유창하고 경쾌하다.

그러나 '아→라-누'로 '아'에서 '라'로 전이되는 것은 사정이 다르다. 같은 모음의 반복은 또 다른 일반론에 비추어보건대, 반드시 유창하거나 경쾌하지는 않다. 반복되기 때문에, 이는 확인이고 둔중하다. 이 구에 대해서 말한다면, '야ya→아a'로 두 번 겹칠 때까지 그런 느낌이 없다 해도, '야ya→아a→라ra'로 세 번 겹치고, 또한 자음 'r'이 중간에 끼어들면 무겁고 답답하다. 달리 말하면 답답함에서 해방되고 싶기 때문에, 애가 탄다. 그러한 애 타는 모습을 띤 음성의 연결이, 이 구가 지닌 이상한 느낌, 불안한 느낌을 증폭하는 것이라고 나는 생각한다.

또한 '야ya→아a→라ra'로 세 개의 'a'음이 연속된 뒤, 구의 마지막에 오는 '누nu'에 대해서도 주의를 기울일 필요가 있다. 단가短歌의 약속으로, 그 뒤에는 휴지가 온다. 6음절의 부담을 견뎌온 음성은 거기에서 휴지하고, 뒤에는 음성이 없는 공허의 시간이 약속된다. 가령 물리적인 시간으로서는 그렇지 않더라도, 심리적인 시간으로서는 그러하다. 그리고 음성의 공허는 심리의 공허는 아니며, 거기까지 증류蒸溜되어온 심리가 음성의 공허를 타고 활동한다. 시인은 다음 구를 창출하려 고민하고, 독자는 그때까지 증류된 다음에 무엇이 이어질지 불안을 안은 채 기대한다. 그러한 순간을 낳는 말뚝으로, '누nu'는 생각건대 매우 적절한 음성일 것이다. 일본어 음계 가운데 노력을 요하는 발음의 하나일 거라고, 일본음운학의 문외한인 내게는 그렇게 느껴진다. 그렇다면 '아라누'의 '누' 역시 이 구의 감동에 크게 참여하고 있다.

이제까지 설명한 형태로 각 음절의 음성이 이어지는 방식 말고도, 또 하나 중요한 것은 이어져가는 음성의 속도. 즉 그 지속遲速의 변화다. 6음절의 전반 '쓰키야', 이 세 음은 좀 더 속도를 빨리 내어 읽는 게 좋다. 그러나 속도는 세 번째 음절에 이상한 조사 '야ya'가 있는 데에 이르러 느슨하게 떨어지기 시작할 것이다. 그리고 후반 '아-라-누'에 이르러 속도는 더욱 떨어진다. 왜냐하면 그곳이 한 구의 끝이고, 한 구의 사상 내지 감정이 끝나고 정리되리라는 예상 때문에 본래부터 그러하다. 그러나 또한 '아a→라ra'라는 답답해서 애타게 만드는 '같은 모음의 겹침', '누nu'라는 저항이 많은 음성의 말뚝이 속도를 더욱 떨어지게 만든다고 나는 생각한다.

다만 앞에서도 되풀이 말했듯이, 언어는 음악이 아니다. '쓰키야 아라누'는 일본어를 모르는 외국인의 귀에 울리듯, 단순한

tsu ki ya a ra nu
(쓰 키 야 아 라 누)

가 아니다. 설령

tsuu ki yaa aa raa nu

(쓰으 키 야아 아아 라아 누)

라 읽는다 해도, 외국 사람들의 귀에 그저 그런 음성으로 들리는
어떤 것과는 다르다. '쓰키, 야, 아라누' 각각의 단어가 (어떠한 경우
에 사용되느냐는) '역사적·사회적 조건'과 결부됨으로써 착색된 '쓰
키tsuki'이고, '야ya'이고, '아라누aranu'다. 또한 바로 그렇기에 '야ya'는
'brinded'와 마찬가지로 강조되어 읽히고, '아라누aranu'는 속도를 떨
어뜨린다. 그러나 '야ya→아a→라ra'라는 관계, 그것에 이어지는 '누
nu', 어느 것이든 음성만을 조건으로 삼는다 해도 '쓰키야 아라누'라
는 언어의 감동에 참여하고 있음을, 나는 이제 주장해도 좋다고 생각
한다.

　분석할 대목을 두 번째, 세 번째 구로 옮겨보자.

　하루야 무카시노 하루 나라누

　첫 번째 구의 '누'로 인한 휴지 뒤에 다른 어떤 것이 나오리라고 독
자가 예상했다면, 그 예상은 배반당하고 첫 번째 구와 같은 발상이
언어의 형태 면에서도 같은, 그러나 좀 더 복잡한 형태로 두 번째 구
에서 이어진다. 다시 한번 '야ya'가 읽는 이를 놀래키고, 두 번째 '나라
누'가 읽는 이의 애를 태운다. 앞 구의 이상함과 불안함을 되풀이함으
로써 증폭시키는 것이다. 두 번째에 끼어든 구의 처음에 각각 반복적
으로 '하루'라는 단어가 놓여 있는 것은 두 개의 봄이 어떤 관계인지

를 설명해주려는 친절한 조사措辭겠지만, 시인의 의도는 여전히 명료하지 않고, 조사가 친절한 데 비례하여 불명료한 것에 대한 불안 또한 더욱 확대되고 증폭된다.

음성이 이어지는 방식도,

하루-야-무카시-노-하루-나라누

로, 앞의 구가 지닌 조건을 더욱 복잡하게 다른 조건도 집어넣어 뒤섞으면서 반복하고 확대한다.

새롭게 들어와 섞인 조건 중에서 주목해야 할 것은 '무카시'라는 단어다. 이 단어는 인위적으로 낭송하는 경우가 아니라면, 무mu/ 카ka/ 시shi 라고 끊어서 읽는 것은 불가능하다. 무카시mukashi라고 한번에 이어서 속도감 있게 읽힌다.

일반적으로 일본어에서 3음절 단어는 속도를 낳는다. 물론 많은 단어가 '쓰키, 하루, 야마, 카와, 히토, 나리, 케리' 하는 식으로 완만한 2음절이고, 그것이 일본어 리듬의 기본을 만드는 가운데 3음절어는 특수한 속도감으로 기세를 올리는 물마루 역할을 한다, 고 내가 예전에 「타산석어他山石語」라는 글에서 제창한 적이 있다(『요시카와 고지로 전집 18권』 혹은 『타산석어』라는 제목으로 최근 마이니치 신문사에서 간행된 수상집). 그 설은 여기서 다루고 있는 '무카시'에 적용해도 좋을 것 같은데, 시는 그 단어로 인해 액셀을 밟는 느낌이 든다. 사태는 다음 구 '와가미 히토쓰와'의 '와가미' 및 '히토쓰'에 대해서도 마찬가지인데, 후반에 대한 논의는 모두 다음 원고에서 다루기로 하고, 『사기』에서 고조의 인상을 말한 '용안'이라는 말에 대해, 덴리 대학의 구와야마 류헤이의 교시敎示가 있었으므로 보충하고자 한다.

용안이라는 말은 천자가 될 만한 인물의 인상을 말하는 것으로, 다른 책에도 보이고, 태고의 삼황三皇 가운데 한 사람이었던 신농神農도 '인면용안人面龍顔'이었다고『춘추원명포春秋元命包』에 나온다. 그 책은 한대 위서緯書(경서에 덧붙이는 곁다리로 발생한 신비적 성격을 띤 책)의 일종이고, 책 전체는 전해지지 않지만, 다른 책에 인용된 단편에 보인다. 구와야마는 가이바라 에키켄貝原益軒의『한코토하지메漢事始』에서 재인용된 것을 알게 되었고, 에키켄은 '인면용안人面龍顔'을 '사람의 거죽, 용의 얼굴'이라는 뜻으로 풀었다. 또『춘추원명포』의 일문逸文을 집록한 책에는 주나라 문왕도 '용안유견망양龍顔柔肩望羊'이라는 대목이 나와 있다. 아울러 이것도 일서逸書인데,『상서정의尚書正義』에 인용된 진나라 황보밀皇甫謐의『제왕세기帝王世紀』에는 오제五帝의 한 사람인 황제黃帝도 '일각용안日角龍顔'이라고 적혀 있다. 어느 것이나 전설의 완성은『사기』이후일 터인데, 용안이라는 말 자체는 아마도『사기』이전부터 고귀한 이의 특이한 인상을 말하는 관상가의 술어로서 존재했던 것 같다.

1972년 12월 18일

19. 음독의 미(3): 음성의 연속

음성의 효과에 대한 감각은 각각의 '국어'라는 커다란 연속체, 그 속에서 성립되는 존재다. 따라서 각각의 국어가 지닌 역사적·사회적 조건에 따라, 하나의 음성이 갖는 느낌은 달라진다. 어느 국어에나 통하는 보편적이고 절대적인 것은 존재하지 않는다고 생각한다.

다시 나리히라의 노래,

쓰키야 아라누/ 하루야 무카시노/ 하루 나라누

와가미 히토쓰와/ 모토노 미니시테

(달도 옛 모습/ 봄도 그때의 그 봄/ 아니건만은

이 내 몸 하나만은/ 옛날 그대로일세)

이 32음절의 노래가, 니조 요시모토의 『쓰쿠바 문답』에 '읊는 것만으로 몸에 스미는 느낌이 있다'고 한 것처럼, 처음에 읽었을 때 우리에게 주는 느낌은 노래 후반에서 검토하기로 하자.

대강의 윤곽으로 먼저 말할 수 있는 것은, 후반 '와가미 히토쓰와' 운운은 전반 '쓰키야 아라누' 운운보다 신속한 반응을, 한 번 읽을 때에도 얻을 수 있을 거라는 점이다.

왜냐하면 '와가미 히토쓰와 모토노 미니시테', 그 부분에는 복잡하고 이상한 조사措辭가 없다. 전반의 '쓰키야' '하루야', 두 개의 '야'가 주는 이상함, 또한 두 개의 '아라누'가 던지는 복잡함. 이처럼 한 번 읽을 때 감성을 놀라게 하는 그러한 조건은 여기에 없다. 이번의 두 구는 자기를 둘러싼 무언가로부터 떨어져나간 자신만이 고독하게 과거 그대로 존재하는 서글픔을 단순하고 솔직하게 호소하는 언어라는 점이, 처음 읽을 때 단순하고 솔직하게 파악된다. 혹은 처음 일독할 때야말로 가장 단순하고 솔직하게 파악되고, 단순하고 솔직한 감동을 낳는다. 이 단순하고 솔직한 후반이 전반과 어떻게 얽혀들어 노래 전체의 감정을 어떻게 구성하는 어떠한 부분이 될 것인가. '자기'란 육체를 의식의 중심에 올려놓은 자기인가, 아니면 막연한 자기인가. 자기가 그것으로부터 떨어져나와 뭐가 뭔지, 어떻게 해서 그것으로부터 떨어져나와 있는 것인가. 그러한 걱정이 어렴풋이 떠오른다 해도 모든 것은 나중 단계의 일로 미뤄두고, 걱정은 뒷일로 밀어붙여 맡겨둔 채 그저 고독의 비애만을 받아들이면 충분한 형태로 존재한다. 이상하고 복잡한 조사措辭를 포함한 전반부가 일독할 때 이미 전달하려는 사실이 복잡하리라 예상하게 만드는 요소를 내포한 것과는 다르다.

요컨대 전반 '쓰키야 아라누' 운운이 난해한 언어였던 데 비해, 후반 '와가미 히토쓰' 운운은 이해하기 쉬운 언어다. 어디에도 얽매임 없이 술술 읽을 수 있는 언어인 것이다. 이는 곧 그것을 읽는 속도를 빠르게 할 수 있음을 가리킨다. 가령 물리적으로는 그렇지 않더라도, 심리적으로 그렇다. 전반에서 '야' 또는 '아라누'가 풍기는 이상함에서 오는 의심스러운 느낌이 구를 읽는 속도를 느리게 만들어 답답하며, 또한 전고에서 말했듯이 '야ya→아a→라ra'라는 음성의 연속이 속도를 이완시키는 데 가담한 것과는 차이가 있다.

'와가미 히토쓰'로 시작되는 후반은, 의미의 요청이라는 면에서 말한다면 빠르게 술술 읽을 수 있는 조건 속에 있다. 그런데 그 음성의 모습, 좀 더 엄밀하게 말하자면 '음성이 이어지는 방식의 모습'은 어떠한가. 속도를 좀 더 빠르게 할 만한 부분과 속도를 저지하는 부분이 미묘하게 교차한다.

속도를 빠르게 할 만한 부분은 전반 '와가미 히토쓰와'다. 거기에는 '와가미' '히토쓰', 두 개의 3음절어가 들어 있다. '쓰키' '하루' 같은 2음절 단어가 중첩되는 것을 기본 리듬으로 하는 일본어에서 3음절 단어는 '특수한 속도를 낳고 리듬에 물보라를 치는 물마루'라고 나는 전고에서 말했다. 그리고 두 번째 구의 '무카시'도 여기에 해당되는 경우라 보았다. 지금 다루고 있는 '와가미' '히토쓰' 역시 해당된다고 생각한다. 그중에 '와가미'는 '히토쓰' 만큼 무르익은(익숙한) 단어가 아니므로, 아직 충분한 속도를 갖지는 않을 것이다. 그러나 '히토쓰'는 완전하게 3음절이 이어지므로, 최고의 속도로 리듬의 물마루를 이룰 수 있다. 이렇게 '와가미 히토쓰와'라는 7음절은 한층 속도감 있게 읽을 수 있는 형태로, 그 음성도 존재한다.

그러나 사정은 마지막 구 '모토노 미니시테'에 이르러 달라진다. 이해하기 쉬운 구라는 조건은 앞의 구에 이어 여기서도 계속되고 있다. 그 점에서는 빠르게 읽어내려도 좋다. 그러나 그 음성의 모습은 속도를 방해할 수 있다.

먼저 있는 것은 '모토노motono'로 세 개의 'o'음의 연속이다. 이어서 '미니시minishi'로 세 개의 'i'음의 연속이다. 같은 모음이 연속해서 중첩되는 것은 때로 경쾌하고 유창하며, 때로 무겁고 답답하고 애가 탄다고 전고에서 말했는데, 여기에서는 후자의 경우일 것이다. 그렇다면 의미의 요청 면에서는, 속도감 있게 읽어내릴 만한 7음절 '모토노 미니시테'가 'mo→to→no' 또는 'mi→ni→shi' 때문에 속도상의 방해를 받는다. 그러한 복잡 미묘한 효과를 그 음성의 연속은 갖게 된다.

혹은 노래 전체의 마지막에 자리잡은 이 구에서 모든 감정의 결산이 되리라는 예상이 이 구를 읽는 속도를 떨어뜨리기 위한 다른 방향에서 나온 요구로서 존재한다고 보면, 같은 모음의 중첩인 '모토노, 미니시'는 이 요구에도 적합한 음성의 모습이다. 혹은 또한 일견 이상한 조사措辭를 포함하지 않은 것처럼 보이는 후반에서도, 마지막에 놓인 '니시테', 이것이 실은 반드시 평범한 조사는 아니어서, 마침내 모토오리 노리나가는 그것에 대해 장광설을 늘어놓게 된다. 만약 일독할 때에도 '니시테'에 대해 막연히 이상함을 느꼈던 독자라면, 이런 의심스러움이 속도를 떨어뜨리는데, 여기에 'mi→ni→shi-te'라는 음성의 연속 역시 기여하는 것이리라.

지금까지 살펴본 것이,

쓰 키 야 아 라 누 tsu ki ya a ra nu
하 루 야 무 카 시 노 ha ru ya mu ka shi no

하 루 나 라 누 ha ru na ra nu

와 가 미 히 토 쓰 와 wa ga mi hi to tsu wa

모 토 노 미 니 시 테 mo to no mi ni shi te

나리히라의 이 노래를 일독했을 때 얻을 수 있는 반응, 즉 요시모토의 『쓰쿠바 문답』이 "읊조리면 몸에 스미는 느낌이 있다"고 한 것에 이어 내 나름으로 느끼고 생각한 것, 그리고 기회 있을 때마다 되풀이해서 말한 것처럼, 언어는 어디까지나 음악이 아니지만, 언어가 주는 반응에는 음성의 연속이 낳는 효과가 참여할 것이라는 점을 아울러 서술했다.

그러나 언어는 본래부터 한 번 읽고 끝나는 것이 아니다. 두 번 세 번 읽어서 전달하려는 사실을 완전히 파악하기를 우리에게 요청한다. 따라서 내가 가장 말하고 싶은 것도 지금까지 서술해온 그런 것이 아니다. 가장 말하고 싶은 것은 실은 앞으로 말할 내용에 있다. 점점 그것에 다가가고 있다고 느끼기는 하지만, 지금까지 말해온 것은 아직 '가장 말하고 싶은 것'의 발단일 뿐이다.

시마다 겐지 군에게 받은 연하장에 다음과 같은 말이 적혀 있다. "『지쿠마』에 연재하신 글은 가경佳境에 들어갈 듯 말 듯하여 읽는 이를 매우 초조하게 만듭니다. 때로는 밀교의 철학을 연상시킵니다."

꼭 읽어주었으면 하는 사람 중 한 명이 그렇게 정성들여 읽어주고 있다니, 어떻게 감사를 드려야 할지 모르겠으나 내가 정말로 말하고 싶은 것은 잠시 뒤로 돌리고, 여기서는 다시 다른 이야기를 하기로 한다.

나는 앞의 두세 차례 원고에서 '언어의 음성이 지닌 모습'이라고 말하는 것은 엄밀하지 않으며, '음성이 연속되는 방식의 모습'이라고, 엄밀하게는 그렇게 말해야 한다는 취지를 이곳저곳에서 은근하게 드러내면서 재차 말해왔다. 그것은 다음과 같은 생각에서 나온 말이다.

'a'라면 'a'라는 단독의 음성, 'o'라면 'o'라는 단독의 음성들이 이미 낳는 효과로서 일정한 어떤 절대치를 갖는다는 생각, 예를 들어 'a'는 늘 쾌활하고, 'o'는 늘 음울하다는 식의 생각이 없는 것은 아니다. 15고에서 언급했듯이, 랭보가 'A는 검정, E는 하양, I는 빨강, U는 초록, O는 남빛'이라 한 것도 이를 주장하는 일파에 속하는 논자에게 용기를 주는 사례인지 모른다. 나 자신도 실은 그러한 생각에 기운 시기가 없지 않다. 그 시기에 쓴 옛글에 대한 변명을 겸해 굳이 말하자면, 그것도 완전히 부정할 수 없는 의견이리라. 단독의 음성이 효과를 지니는 것처럼 보이는 것도 완전히 부정할 수 없다는 점은 나중에 다시 언급하기로 한다.

그러나 이 방향만으로 언어에서 차지하는 음성의 효과를 생각하는 것은 위험하다고 생각한다. 왜냐하면 효과는 개개의 음에서 생겨나는 것이 아니라, 몇 개의 음이 연속되는 방식, 조합되는 방식을 통해 비로소 생겨나기 때문이다. 적어도 더욱 많은 경우에 그러하기 때문이다. '쓰'라는 음, '키'라는 음, '야'라는 음, '아'라는 음, '라'라는 음, '누'라는 음, 모두 한 음만으로는 아무 것도 아니다. 쓰키야→아→라-누, 로 묶여야 음성적으로도 비로소 효과를 낳는 것이다. 본래 언어의 음성은 흐름이다. 흐름의 모습이 효과를 낳는 것이다. 예전에 아이버 리처즈Ivor Armstrong Richards[51]의 『문학비평의 원리Principles of

Literary Criticism』(1924)에서 문학이란 기대와 배반의 연속이고, 음성이 연속되어 생기는 효과도, 다음에 올 음이 독자의 기대를 어떻게 따르고 어떻게 배반하는지에 따라 생겨난다고 말하는 걸 읽고, 과연 노선배의 설, 나보다 앞서 뜻을 얻었다고 감탄한 적이 있다. 1954년 여름, 미국에 놀러 가 어느 맑은 날 하버드대 페어뱅크John Fairbank 교수 댁 오찬에 리처즈 부부와 함께 초대되어, 그 이야기를 화제에 올리고 싶었지만, 노선배는 그때 오로지 기초 영어에 열중하고 있어 안타깝게도 그 이야기는 꺼내지 못했다.

그런데 앞에서 보류한 것처럼, 단독의 음이 고정된 인상을 갖는 것처럼 느껴지는 일이 없지는 않다. 예를 들어 일본어에서 '하ha' 음은 그것만으로 쾌활하게 느껴지는 것도 사실이다. 그러나 이 경우도 실은 보이지 않는 연속이 주변에 있다고 나는 생각한다. '하루春' '하나花' 그러한 단어에 대한 연상이 '하'에서 쾌활함을 느끼게 한다고 생각한다.

무슨 말이냐 하면, 음성의 효과에 대한 감각은 각 나라의 '국어'라는 커다란 연속체, 그 속에서 성립되는 존재라는 말이다. 따라서 각각의 국어가 지닌 역사적·사회적 조건의 차이에 따라, 그 속에서 차지하는 비율이 달라진다. 'A' 음의 인상, 'O' 음의 인상으로서, 어느 나라 말에나 통하는 보편적이고 절대적인 것은 존재하지 않는다고 생각한다.

51　아이버 리처즈(1893~1979)는 영국의 문예비평가다. 시와 비평의 문제를 심리학적인 면에서 깊이 있게 다뤄 비평가의 면밀하고도 냉정한 태도의 필요성을 주장하였으며, 850개의 기본어로 표현의 자유를 도모하자는 이른바 기본영어의 실천을 제창하기도 했다.

예를 들어 '하ha' 음이 중국어에서 차지하는 비율은 일본어의 그것처럼 유쾌하지 않다. 껄껄 웃는 것을 '哈哈笑hāhāxiào(하 하 샤오)'라고 하기는 한다. 그러나 '蛤蟆hámá(하마)'는 두꺼비이고, '哈喇hāla(하라)'는 살인을 의미하는 몽고어로 무대에서 만인蠻人의 언어이며, '哈爾賓hāěrbīn(하얼빈)'은 외국인이 붙인 지명으로, 모두 유쾌한 연상과는 거리가 멀다. 또한 본래부터 'ha(하)'라는 음은 앞에서 든 사례 외에 중국어에는 그다지 등장하지 않는 기묘하고 특별한 음이다. 일본어에서처럼 유쾌하게 느껴질 수가 없다.

예전에 불문학을 전공하는 친구에게 "프랑스 시에서 é음은 늘 우울한 심리를 띤다"는 말을 들은 적이 있다. 프랑스어 음운체계 속에서는 참으로 그러하리라. 중국어는 안타깝게도 이 모음이 원칙적으로 결여되어 있다. 그러나 중국에 우울함이 존재하지 않는 것은 물론 아니다.

별은 단 하나로도 아름답게 느껴질 수 있다. 밤에 밝게 빛나는 태백성을 보라. 그러나 몇 개의 별이 모여 있는 성좌는 좀 더 쉽게 아름답게 느껴진다. 또한 별 하나의 경우는 물론이고 몇 개의 별이 뭉쳐서 생긴 성좌 형태로 아름다움을 느끼는 경우에도, 의식의 아래에는 하늘을 가득 메운 성상星象이 있어, 그 비율 속에서 생기는 아름다움을 느끼는 것이 아닐까. 장미의 아름다움을 느끼는 것은 장미가 아닌 다른 꽃들의 인상에 대한 기억이 장미 주변에 명멸하기 때문이 아닐까. 언어의 음성이 주는 아름다움도 그것과 다르지 않으리라. 단독의 음성일 때도 그러하겠지만, 음성의 연속에서 무언가를 느끼는 경우에도 그러할 것이다.

그리고 그것은 음성의 경우만이 아니라, 미학 일반의 문제일 것이다.

1973년, 즉 왕희지가 난정蘭亭에서 수계修稧한 뒤
스물일곱 번째 되는 계축癸丑년 1월 26일 쓰다.

20. 일독一讀과 재독再讀

이제 '쓰키야 아라누'는 첫 번째로 읽었을 때와 더 이상 같지 않다. 사실이 충전됨으로써 '쓰키야 아라누'는 중량을 더하고, 중량은 되풀이 읽음에 따라 늘어난다. 어느 설에 따른 '사실'을 취하든, 작자의 비애라는 사실은 독자의 노력에 따라 더욱 충전되기 때문이다.

나는 내가 가장 말하고 싶은 것, 정말로 말하고 싶은 것에 여전히 도달하지 못했지만 그곳으로 향하는 생각을, 혹은 붓을 움직이려 한다.

쓰키야 아라누/ 하루야 무카시노/ 하루 나라누

와가미 히토쓰와/ 모토노 미니시테

(달도 옛 모습/ 봄도 그때의 그 봄/ 아니건만은

이 내 몸 하나만은/ 옛날 그대로일세)

여태까지 나리히라의 이 노래에 대한 서술은 이를 첫 번째로 읽을 때, 즉 이 노래가 전달하려는 사실을 세밀하게 추구하지 않고 우선 다만 그 음성만을 발음해보는 단계에서 받으리라 짐작되는 감동을,

그 음성이 연속되는 모습을 통해 생겨날 것도 포함하여 논했다. 그런 데 이는 그다음에 말하고 싶은 이야기가 있어 그것을 전제로 서술한 것이다.

우리는 언어에 대해 일독一讀만으로는 만족하지 않는 태도를 취한다. 신문의 언어, 주간지의 언어에 대해서는 다를지 몰라도 신문이나 주간지 같은 성격을 띠지 않는 언어에 대해서는 일독만으로 만족하지 않는다. 나리히라의 노래에 대해서도 그 노래가 전달하려는 사실은 어떠한 상황에서 실연한 이의 비애이고, 따라서 어떠한 성질의 감정인지를 추구하고 확인함으로써, 감동을 심화하려는 단계가 필연적으로 따라온다.

추구의 결과는 실연한 이가 놓인 상황에 대해, (가) 눈앞에 있는 달, 눈앞에 있는 봄과 작년의 달·봄과의 관계를 비연속적인 것으로 파악하고, 그렇기 때문에 생겨난 비애라고 보는 결론으로 기우는 경우, (나) 양자의 관계를 비연속적인 것으로 간주하면서, 동시에 그것을 의심하고 부정하며 연속적 관계라고 간주하는 비애로 보는 결론으로 기우는 경우, 이 두 경우에 대한 선인들의 설이 있다는 사실은 이미 서술했다. 혹은 (다) 양자의 관계가 연속이냐 비연속이냐 하는 문제에 작자가 관심을 기울이지 않은 것은 아니지만, 작자는 문제의 해답을 포기하고 그저 황홀미한 마음의 상태에서 '쓰키야 아라누'라고 노래했고, '하루야 무카시노/ 하루 나라누'라고 노래했다고 보는 것 또한 추구의 한 결과일 수 있다.

하여튼 이 노래가 전달하려는 내적 사실, 혹은 내적 사실을 낳은 전제를 이루는 외적 사실은, 그러한 사실의 전모를 파악함으로써 이 노래에서 받을 수 있는 감동에 더욱 완전하게 접근하려는 단계로 반드시 존재한다. 이 노래에 대해서 정확히 파악하는 일은 결국 곤란하며, 그 곤란함이 실은 이 노래의 매력이겠지만, 그렇게 파악하는 작업에 노력을 기울이는 단계가 온다. 독자는 (가) (나) 중 하나든, 아니면 (다)이든, 각각 좋은 쪽을 따르는 것으로 일단 해두자. 나 자신은 (다) 근처에서 헤매고 있다.

그런데 내가 여기에서 말하고 싶은 바는 이렇게 언어가 전달하는 사실, 바꾸어 말하면 언어를 낳은 것으로서 언어 배후에 존재하는 사실에 가능한 한 깊이 파고들고 그럼으로써 감동을 증대하려는 단계에서도, 첫 번째로 읽을 때에 감동을 낳는 조건이 된 것은 효과를 잃지 않는다. 단순히 효과를 잃지 않을 뿐만 아니라, 오히려 효과를 심화시키고 감동을 증대하는 데 참여한다. 앞에서 '첫 번째로 읽을 때 감동의 조건'이 되었던 '음성이 연속하는 모습', 그것도 그러하다. 혹은 특히 그러하다.

(가) 쓰키야 아라누! **(나)** 쓰키야 아라누? **(다)** 쓰키야 아라누-, 어느 설을 취하든, 혹은 (가)의 성격을 띤 사실, 혹은 (나)의 성격을 띤 사실, 혹은 (다)의 성격을 띤 사실을 장전한 뒤의 '쓰키야 아라누'는 첫 번째로 읽었을 때의 '쓰키야 아라누'와 더 이상 같지 않다. 사실이 충전됨으로써 중량을 더한 '쓰키야 아라누'인 것이다. 중량은 되풀이 읽음에 따라 늘어난다. '작자의 비애라는 사실'이 어느 설에 따른 사실이든, 더욱 많은 사실의 전모에 다가가려는 독자의 노력에 따라 더욱 충전되기 때문이다.

그런데 이렇게 중량을 더한 '쓰키야 아라누'에서도, 이 구에 담긴 비애라는 '사실'은 'tsu-ki-ya-a-ra-nu'로, 계단을 올라가는 발걸음처럼 'a'음이 연속되고, 그럼으로써 더욱 강조된다고 느껴지지 않는가. (가) (나) (다) 어느 독법을 따른다 해도 말이다. 혹은 또 'mo→to→no-mi→ni→shi-te'로, 거꾸로 터벅터벅 계단을 내려가는 듯한 음성의 모습은, 인간과 자연 모두에게 배신당한 고독한 사내의 비애를, 그 음성이 연속되는 모습에서도 강조한다고 느껴지지 않는가. 또한 이 노래를 되풀이하여 읽어 사실의 장전을 심화하면 할수록, 음성의 모습이 감동을 더욱 강화한다고 느껴지지 않는가.

사태를 확인하기 위해, 다른 예를 들어보자.

기쿠노 가야, 나라니와 후루키, 호토케타치

(국화 향 나는, 나라에는 오래된, 여러 부처님)

첫 구의 5음절이, '기ki→쿠ku' 그리고 '가ka'로, 딱딱한 자음 'k'를 셋 포함한 것(중국시의 기법에서 '쌍성雙聲'이라 부르는 것), '쌍성'이 'k'이고, 딱딱하기 때문에 깨끗한 느낌을 음성 면에서도 제시하고 있다. 또한 그 5음절의 끝부분 '가ka→야ya' 두 개의 'a'음이 연속되어 속도를 떨어뜨리는 기능을 하고, 기레지(하이쿠에서 한 구를 단락짓는 말)인 '야'가 요구하는 속도의 정지를, 정지하기 바로 직전에 조성한다. 둘째 구의 시작 '나na→라ra'가 윗구 'ka→ya'를 받아 다시 'a' 음이 완만하게 연속되는데, 역사에 대한 연상을 불러일으켜 사고를 복잡하게 만들 이 지명이 원래 요구하는 완만한 속도에 적절하게 대응한다. 구의 끝 '후fu→루ru-키ki'는 3음절 단어이기 때문에 속도감이 있고, 또한 셋째 구의 명사 '호ho→토to-케ke'에 걸려야 할 형용사로, 이 구 끝에 자리한 점에서 '아직 완료되지 않았음未了'을 뜻하는 단어다. '미료未了의 어語'는 연결될 대상을 빨리 얻으려 고민하고 고민은 속도를 더욱 높이는데, 그럼에도 속도는 구의 끝이라, 그 뒤에는 반드시 휴지가 있어야 하므로 차단당한다. 고민으로 인한 '후루키'가 속도를 요구하고, 그 요구가 차단당함으로써 더욱 속도가 올라가고, 올라가지만 차단당하면서, 둘째 구는 끝난다. 그렇게 차단당한 뒤에 오는 것이 셋째 구 'ho→to-ke(부처)'이고, 반사적으로 품게 되는 것은 숭고한 것에 대한 이미지다. 따라서 3음절이기는 하지만 더욱 느린 속도여야 할 이 단어는, 'o'음의 연속, 더구나 'ho→to'로 속도를 내기 어려운 연속이라는 형태로 그 요구에 따른다. 또한 복수의 '호토케佛'를 '호토케타치'로 표현하는 선례를 무학無學인 나는 잘 모르지만, 신선한 표현이라 느낀다. 그렇다면 더욱, 또한 그렇지 않다 하더라도, '타ta-치chi'는 빠른 속도를 지닐 수 있는 단어라는 사실로 인해 더욱 신선하고, 속도를 떨어뜨리는 단어 'ho→to-ke'를 교묘하게 받으면서 구를 맺는다.

이상과 같은 효과는 처음에 읽을 때 작동하고, 되풀이해서 읽음에 따라 증대되는 것이 아닐까.

바쇼의 구를 또 하나 예로 들어보자.

구타비레테, 야도카루 고로야, 후지노 하나

(지친 나그네, 숙소에서 쉴 무렵, 꽃 핀 등나무)

이는 야마토 지방 단바 시에서 지은 구라고 한다. 늦봄에서 초여름 무렵 권태로운 가운데 하루의 여행을 마치고 휴식을 취하려는 와중에, 숙소 정원에 보이는 등나무 꽃, 땅거미가 지는 가운데 겹겹이 매달린 꽃을 권태로운 여행 뒤의 휴식과 연결시킨 것은 청결한 국화 향기를 오래된 부처들과 연결시킨 것과 마찬가지다. 그런데 나른한 피로감에 젖은 뒤 취하는 휴식에서 오는 위로는, '고ko→로ro'라는 완만한 음성 덕에, 땅거미가 지는 가운데 역시 나른하다. 그러나 오직 그곳에만 밝음을 머금고 매달린 꽃을 발견한 기쁨은 역시 완만한 속도로 연속되는 음성 '하ha→나na'에 의해 강조되지 않을까. 이것 또한 첫 번째 읽는 단계에서 이미 느껴지고 읽음에 따라 그 느낌이 증폭되는 효과가 아닐까.

이는 시에서만 벌어지는 일이 아니다. 산문에서도 그런 일이 있다. 어쩌면 시처럼 정형定型에 기대는 일이 없는 만큼, 산문에서는 더욱 그러하다고 나는 느낀다.

이야기를 저 앞으로 되돌려, 다시 사마천 『사기』의 「고조본기」를 예로 들어보자.

고조의 사람됨은, 융준(융졸)하고 용안이었으며, 수염이 아름다웠다. 왼쪽 발에 72개의 흑자가 있었다. 어질고 사람을 아꼈으며, 베풀기를 좋아했고 도량이 넓었다.

高祖爲人, 隆準而龍顏, 美須髥, 左股有七十二黑子, 仁而愛人, 喜施, 意豁如也.

'隆準而龍顏'에 대해서는 앞에서 제법 자세히 풀이했다. '隆準' 두

자가 '우뚝한 콧날'이든 '툭 불거진 광대뼈'이든, 아무튼 '훤칠하고 출중한魁偉傑特' 인상을 말하는 것은 분명하니 일단 '우뚝한 콧날'로 보기로 하고, 지금 문제 삼고 싶은 것은 그 뒤의 문장이다. 인상이 특별함을 말하는 '隆準而龍顏lóng zhǔn ér lóng yán(룽 준 얼 룽 옌)' 뒤에 이어지는 것은 '美須髯měi xū-rán(메이 쉬 란)' 3음절 구다. '수須'는 '수鬚'와 같은 자로 콧수염, '염髯'은 턱수염, 구별하자면 그렇다. 아무튼 수북하고 아름답게 난 수염, 이는 앞 구에서 '우뚝한 콧날 용의 이마'라고 한 괴이한 인상을 강조하기보다 오히려 완화하여, 이 영웅의 남성다움, 사내다움, 나아가서는 그것들을 커다랗게 감싸며 존재하는 관대함을 드러낸다. 즉 앞의 '隆準而龍顏'이 보통 사람과 매우 다름을 강조하는 것인 데 비해 이것은 보통 사람들이 의지할 만한 인물임을 드러내는 표상이 될 터인데, 그 사실이 '미수염(메이 쉬 란)' 3음절에 응축되어 있다. 응축됨으로써 검게 빛나는 그의 수염은 더욱 아름다움을 더하는 것처럼, 나는 느낀다.

그러나 역시 이 사내는 범상한 사람이 아니다.

zuǒ gǔ yǒu qī shí èr hēi zǐ
左股有七十二黑子

(쭤 구 유 치 스 얼 헤이 쯔)

'좌고左股'는 왼쪽 넓적다리가 아니라, 왼발이다. '흑자黑子'는 사마귀나 점을 말한다. 사마귀든 점이든 그것이 '72'라는 정연한 수, 천구天球의 열두 구분, 1년의 12개월, 그 배수이기 때문에 질서 있는 수인 72, 그 수만큼 왼발에 하늘의 별자리처럼 늘어서 있다는 신비를, 이 영웅은 태어날 때부터 지니고 있다.

그러한 사실을 전달하는 문장으로,

zuǒ gǔ yǒu qī shí èr hēi zǐ
左股有七十二黑子

(쭤 구 유 치 스 얼 헤이 쯔)

라는 8음절이 제시되어 있다. 이 '범상치 않은奇態' 사실을 전달하려면, 이만큼 긴 언어가 필요한 것이다. 그러나 필요해서 생겨난 이 8음절은 다른 효과도 낳는다. 바로 앞에 있는 것은 '미수염' 3음절, 다시 그 앞에 있는 '융준이용안'을 받아서, '좌고유칠십이흑자左股有七十二黑子' 8음절이 죽 여기에 늘어선 것은, 72개의 사마귀가 주르르 왼발에 늘어서 있다는 신비를 음성의 모습으로도 강조한다고 느껴지지 않는가.

1973년 2월 25일

21. 음성의 리듬을 조절하는 독서

중국인의 책이라면, 어제그제 읽고 그 속에서 만난 회심의 구를 떠올려 그대로 암송할 수 있다. 그런데 소라이의 경우는 그렇지 않다. 소라이쯤 되는 이라도 역시 외국인이 쓴 한문이므로, 리듬이 어딘가 정돈되지 않아 그 언어 그대로를 기억하기 곤란한 게 아닐까.

내가 말하고 싶은 것, 그 종점에 더욱 가까이 다가가 말한다면, 언어는 반드시 음성의 흐름으로 존재한다. 흐름이므로 그 안에 높낮이와 기복이 있다. 따라서 반드시 리듬을 만든다. 모든 언어는 그러한 것으로 존재한다. 그렇지 않은 언어는 존재하지 않는다.

그러므로 인간의 언어는 우선 음성의 흐름 안에서 리듬을 조절하고자 한다. 무언가 조금씩, 좀 더 좋은 리듬을 얻으려 음성의 흐름을 조절한다.

그런 작업을 의식적으로 진행하는 것은 시다. 시가 종종 정형을 찾는 것은 리듬의 기초를 안정되게 하는 데 편리하고 적합하기 때문이다. '편리하고 적합한' 데 머무르지 않는 시인은 자유시로 달려가, 더욱 세심하게 리듬을 조절한다. 산문은 원칙적으로 시와 같은 형태로 그런 작업을 진행하지 않는다. 반드시 의식의 차원에서 리듬을 조절하지도 않는다. 일상의 구두언어라면 더욱 그러하다.

그러나 리듬을 조절하려는 욕구는 의식에 오르지 않더라도 일상의 구두언어에서도 작용하고 있다. '구지 고주욘푼(9시 54분).' 나는 지금 그 시각 교토로 가는 신칸센을 타고 있다. 전차는 준법투쟁 탓인지, 그 시각에 오지 않았고, 그것이 내 사고를 다시금 샛길로 유도했다. 가령 전차가 늦지 않고 정시에 출발했다 하더라도, 도대체 '구지 고주욘푼(9시 54분)'이란 무엇인가. 자연의 사실로서 그것은 분명 존재한다. 태양이 그 시점을 나타내는 공간에 다다랐다는 사실은 확실히 존재한다. 그러나 인간의 인식 차원에서 그것을 완전히 오차 없이 파악하는 일이 가능할까. 불가능할 거라는 생각이 든다. 그렇다면 '9시 54분'이란 인간이 인식하는 데 '편리하고 적합하기' 때문에 생긴 언어이고, 자연의 사실 그 자체를 전달하는 것은 아니다. 그런 생각을 해봤지만 내가 지금 다룰 문제는 아니다. 내가 지금 다루는 문제는 '구지 고주욘푼'이라는 음성의 흐름이다. '넷'이라는 사실에 대응하는 일본어로는 '시四'라는 단어가 있다. 왜 '구지 고주시훈(9시 54분)'이라 하지 않고, '욘푼'이라고 하는 것일까. 일본어의 습관상 그러한 것인데, 그런 습관이 성립한 이유는 '욘푼'이 일종의 각운을 밟아 리듬을 이루고 있기 때문이라 생각된다. 특히 이 경우는 '구지'라는 절박한 음성 뒤에 '고주-'로 음성이 늘어지는 것을 받아, '욘푼'은 더욱 리듬을 이루기 쉽다. 즉 의식되지 않는 리듬의 조절은 구두 일본어에서도 진행되고 있다.

이른바 '사성四聲' 현상으로 인해, 일본어보다 높낮이·기복이 훨씬 많은 중국어에서는 구두언어에서 리듬을 조절하는 일을 더욱 자주 볼 수 있다. nǐ chīle fànle ma(니 츠 러 판 러 마), 한자로 표기하면 你 吃了飯了吗, 직역하면 '당신은 밥을 드셨습니까.' 그러나 그러한 무거운 의미가 아니라, 원래 한 마을 사람이 길에서 만났을 때의 가벼운 인사말이고, 혹은 인사말이었다. 그런데 문제는 사태의 완료를 나타내는 조자助字 '了러'가 왜 두 번이나 들어 있느냐는 것이다. 你(당신) 는 飯(밥)을 吃(먹다)하고 了하여 了하였는가? 단지 사실을 전달하기 위해서라면, '了' 하나로 충분할 터이다.

실제로 '你吃了飯了吗'라는 표현 외에, 앞쪽의 了를 생략하고 '你吃飯了吗'라고 말하는 형태도 존재한다. 그러나 '了'를 두 번 거듭하는 '你吃了飯了吗'가 '了'가 하나만 있는 '你吃飯了吗'와 병존하며 제 존재를 주장한다. 왜 이런 일이 생겼을까. '了'를 두 번 되풀이하는 쪽이 리듬을 얻기 쉽기 때문이라고 설명하는 것이 가능하다고 생각한다. 덧붙이자면 '了' 하나를 생략한 언어인 경우에도, '你吃了飯吗'라고 말하는 방식은 그다지 없는 모양이다. 리듬이 나쁘기 때문일 것이다.

기재어記載語(사실을 기록하는 언어) 문장인 산문은 구두언어보다 주의 깊은 언어다. 리듬을 조절하는 데 더 주의를 기울였다고 보아야 한다. 물론 시의 경우만큼 주의 깊게 의식적으로 진행되는 것은 아니다. 그러나 의식에 오르지 않았다고 해서 그것이 진행되지 않았다는 말은 아니다. 산문에서 의식적으로 진행되는 일이 없는 것도 아니다.

의식적으로 리듬을 조절한 산문의 극단적 사례는 앞에서도 언급한 것처럼, 중국 중세의 지배적 문체였던 '사륙변려문'이다. 한 구의 자수, 즉 음절수를 '넷 혹은 여섯'으로 정돈하는 것이 원칙이었다. 당나

라 이백의 「봄날 밤 종제從弟의 복숭아꽃 정원에서 잔치하며 지은 시
서詩序春夜園桃李園序」에서 그 예를 들면, '옥玉처럼 아름다운 자리를 펴
고 아름답게 핀 꽃 아래 앉아, 참새처럼 생긴 잔을 주고받으며 달빛
아래 취한다. 아름다운 작품이 있지 않다면 어떻게 아름다운 회포를
펴겠는가'라는 사실을, '개경연이좌화開瓊筵而坐花, 비우상이취월飛羽觴
而醉月(kāi qióng yán yǐ zuò huā(카이 츙 옌 이 쭤 화), fēi yǔ shāng ér zuì
yuè(페이 위 상 얼 쭈이 웨))', 두 구 모두 6음절, 그리고 '불유가영不有佳
詠, 하신아회何伸雅懷(bù yǒu jiā yǒng(부 유 자 융), hé shēn yǎ huái(허 선
야 화이))', 두 구 모두 4음절로 정돈되어 있다. 한 단어는 반드시 1음
절인 점, 즉 번역문을 예로 들어 말하면 '쓰키(달)' '하나(꽃)'가 2음절
이고, '무시로(대자리)'가 3음절이고, '사카즈키(잔)'가 4음절인 일본어
와 달리, 月yuè(웨) 花huā(화) 筵yán(옌) 觴shāng(상), 중국어에서는
어느 것이든 모두 똑같이 1음절이라는 사실이 이렇게 정돈하는 것을
가능케 했다.

사륙변려문체는 중국 문체 중에서도 기형畸形이고, 그 유행은 중세
의 몇 세기에 그쳤다. 그 외의 시기에 중국 산문 문체는 그렇게까지
정형이지 않았다. 사마천의 『사기』가 한나라 고조의 육체 조건, '융준
(융졸)하고 용안이었으며, 수염이 아름다웠다. 왼쪽 발에 72개의 흑자
가 있었다'는 사실을 '隆準而龍顏, 美須髥, 左股有七十二黑子'라고 표
현한 것처럼, 길고 짧은 구를 자유롭게 뒤섞어 구사했다.

그러나 사마천은 사마천 나름으로, 길고 짧은 구를 이렇게 뒤섞어
구사함으로써 리듬을 만들어내려 했다. 또한 '융준이용안'이라는 5음
절, '미수염'이라는 3음절, '좌고유칠십이흑자'라는 8음절, 각 음성의

흐름 속에 나타나는 높낮이와 기복이 각각 리듬을 만드는 것에 대해서는 이미 전고에서 설명했다. 내가 설명한 그 모든 것을 사마천이 의식적으로 조절했다고는 말할 수 없다. 의식하지 않은 채 진행된 것이 더욱 많았을 것이다. 그러나 그런 만큼 효과가 더욱 미묘해질 수 있다.

　사정은 영어의 산문에서도 마찬가지인 것 같다는 사실을 나에게 가르쳐준 것은, 20년 전에 읽은 허버트 리드 경Sir Herbert Read의 『영어 산문 문체English Prose Style』(1982)라는 책이었다. 영문학에서 인용한 방대한 사례는 대개 내가 이해하기 어려웠고, 어려운 것들은 건너뛰는 식으로 게으르게 읽긴 했지만, 영어의 산문 리듬에 대한 대강의 요지를 어렴풋하게 이해했으며, 중국 문장의 리듬을 생각하는 데 많은 참고가 되었다. 특히 주목한 대목으로는 「문장The Sentence」이라는 장에서, 외국인이 쓴 영어 문장은 아무래도 리듬이 이상하고 폴란드인인 조지프 콘래드Joseph Conrad나 스페인인인 조지 산타야나George Santayana[52]도 예외가 아니라고 말하는 대목이다. 그 장은 리듬의 조절을 작은 부분에 대해서가 아니라, 커다란 범위에서 말하고 있었는데, 아무튼 산문에서 리듬 조절은 그 나라말 속에서 자란 사람에게만 가능하다는 견해였다. 왜냐하면 산문에서 리듬 조절은 무의식적으로 진행되는 부분이 많기 때문에, 의식적으로 조작하려 드는 외국인에게는 궁극적으로 불가하다는 것이다.[53]

52　조지 산타야나(1863~1952)는 스페인 태생의 미국 철학자, 시인 그리고 평론가다. 자연주의적 입장을 발전시켜 비판적 실재론을 주장하였으며, 미학 연구에 있어서도 중요한 공헌을 하였다.

53　원서에 인용된 리드 경의 본문은 다음과 같다. "In the case of Santayana in particular the individual sentences may be rhythmical enough, but they do not form part of a

당시 나는 꽤 호기심이 생겨 산타야나의 책을 몇 권인가 사서 그 중『아름다움의 의미The Sense of Beauty』(1907)를 조금 읽어보았다. 영어 전문가가 아닌 나는 이 스페인 철학자가 쓴 영어 문장의 리듬이 과연 리드가 말한 것처럼 '비슷하지만 아닌 것似而非'으로 판단해야 하는지의 여부를 물론 알 수 없었다. 다만 그의 영문은 기분 탓인지 모르겠지만 반드시 순조롭게 그의 사고를 실어서 내 머리에 들여보내지는 못하는 듯하다고 느꼈다.

비슷한 경험을 최근에도 했다. 오규 소라이의 한문이다. 그는 자타가 공인하는 '고문사古文辭'체 한문의 명인이다. 또한 그는 문장의 리듬에 매우 민감해서, 동시대 다른 유자들이 모두 한문을 '허물이어든 고침을 꺼리지 말지니라' 하는 식으로 훈독하는 것에 만족하는 가운데, '과즉물탄개過則勿憚改' 하는 식으로 '당음唐音'으로 읽을 것을 주장하고 실천했다(최근 내가 쓴 「소라이 학안」, 『일본사상대계 오규 소라이』 또는『진사이·소라이·노리나가』, 또는 나의『전집』 23권 참조).

그런데 나는 그 문장을 쓰기 위해, 요 2년간 소라이가 한문으로 쓴 저서를『소라이집』을 중심으로 되풀이해서 읽었다. 그리고 그의 주장에 대해 어느 부분에는 감심感心하고 어느 부분에는 감심하지 못했는데, 어찌되었든 그가 논하는 요점은 대강 파악했음에도 불구하고, 소라이가 쓴 한문의 언어를 그대로 기억하는 일은 어려웠다. 소라

more sustained rhythm; they follow in a minute percussions; they are like stepping-stones that finally weary the strained attention of the reader; ……(특히 산타야나의 경우 문장 하나하나는 리듬을 잘 타고 있지만, 전체적으로는 지속적인 리듬을 만들어내지 못한다. 즉 각각의 문장이 미세한 울림을 만들긴 하지만, 독자들은 징검다리를 건너는 것과 비슷하게 긴장을 유지하며 그 문장들을 읽다 끝내 지치고 만다.)"

이가 내세운 슬로건의 하나인 '世載言以遷shì zài yán yǐ qiān(스 짜이 옌 이 첸)'만은 기억하지만, 그것과 대구를 이루는 아랫구 '言載道以遷yán zài dào yǐ qiān(옌 짜이 다오 이 첸)'은 금방 완전하게 기억해내지 못한다. 실제로 이 원고를 쓰는데도, 서고에 가서 「학칙學則」을 펴서 확인했다. 이것은 물론 내가 늙으면서 기억력이 쇠퇴했기 때문이기도 할 것이다. 그러나 그것만이 이유는 아닌 듯하다. 중국인의 책이라면, 어제그제 읽고 그 속에서 만난 회심의 구 내지는 세련된 구를 떠올려 그대로 암송하는 일이 여전히 가능하다. 소라이의 경우는 그렇지 않다. 소라이쯤 되는 이라도 역시 외국인이 쓴 한문이므로, 리듬이 어딘가 정돈되지 않아 그가 쓴 언어 그대로 기억하기 곤란한 게 아닐까. 나 자신의 늙음보다 대선배의 한문에 더 많은 책임을 돌려서 미안하긴 하지만, '세재언이천, 언재도이천' 두 개의 구가 똑같이 '천' 자로 끝나는 것. 이것도 기분 탓일지 모르겠지만 우선 그것이 중국인의 문장에서는 그다지 없는 일이라고 느낀다.

이렇듯 언어는 음성의 흐름이기 때문에 늘 리듬을 조절하는 작업이 진행된다. 시에서만 그런 것이 아니다. 산문에서도, 혹은 일상언어에서도 그러하다. 그것은 반드시 의식적인 행위는 아니다. 그러나 의식적으로 진행되지 않는 것 또한 주목해야 한다. 그런 내용을 이제까지 몇 가지 자료를 들어 서술하면서, 실은 그다음에 말하고 싶은 것에 대해서도 얼마간 발을 들여놓았다. 그것은 다음 원고에 넘기기로 하고, 영어 산문의 리듬이 외국인에게는 어렵다는 점을 떠올리게 하는 에피소드를 한 가지 덧붙여둔다.

20년쯤 전, 처음으로 미국에 여행 간 날 밤, (모두 중국사 전문가인)

중국 교수 세 사람 중 한 사람의 집이 하버드대 근처에 있어 응접실에서 그들과 함께 술을 마시고 있었다. 어느 교수가 말했다. "요즘 미국인들은 제멋대로란 말이야. 내가 영문으로 잡지에 기고한 논문이 인쇄물로 나온 걸 보니, 고유명사 앞에까지 'the'를 붙였더라구人名前頭, 也加上the, 是何道理." 그이는 언제나 강개慷慨하는 스타일이라, 그때도 얼굴이 잔뜩 붉어져서는 강개하는 중국어 리듬으로 그렇게 말했다. 다른 중국인 교수가 위로했다. "중국 연구는 우리 몫이고, 영어는 그네들 몫이지 않나英文是他們的. 'the'를 붙이는 따위는 그네들에게 맡겨 두시게由他罷."

1973년 3월 29일

22. 언어의 리듬 속 화자의 인상

화자가 존재한다는 것은 전달하려는 사실에 반드시 화자의 인상이 따라붙는다는 말이다. 언어가 음성의 흐름이기에 반드시 지니는 리듬 역시 사실에 대한 화자의 인상을 유력하게 반영하고 있다. 이 반영을 읽어내지 못하는 한, 진정한 독서가 아니다.

전고에서 언어는 음성의 흐름이기 때문에 반드시 리듬이 있거나 리듬을 만든다고 말했다. 되풀이해서 말했듯 그것은 음악처럼 무의미한 음성의 연결이 만드는 리듬이 아니다. 단어(이미 어떠한 사실의 방향과 결부된 것)를 통해 착색된 음성이 거듭됨으로써 생겨나는 리듬이다. 모든 언어에는 리듬이 있다.

그 사실을 먼저 말한 것은 전제에 불과하다. 이렇게 언어가 지닌 혹은 만들어낸 리듬이 언어가 전하려는 사실을 전달하는 데 중요하게 참여한다는 점이야말로 내가 '독서의 학'의 핵심으로 여기는 문제다. 그것을 말하고 싶었기 때문에 전제로서 이야기한 것이다.

사실을 전달하는 첫 번째 기초가 단어에 있다는 사실은 의심할수 없다. 그러나 단어에만 주의를 집중해서는 진짜로 책을 읽었다고 할 수 없다. 단어가 거듭 쌓여 음성의 흐름이 되고, 음성의 흐름이 낳은 리듬에 반영된 사실의 모습을 읽어내지 않는 한, 진정으로 책을 읽었다고 할 수 없다. 그것이 내가 주장하고 싶은 핵심이다.

그것을 말하려면 언어를 통해 사실을 전달한다는 것이 무엇인지를, 나는 소박하게 다시 생각해야 한다고 본다.

화자가 언어를 발하는 것은 전달해야 할 사실이 있기 때문이다. 전달해야 할 사실이 없는 곳에 언어는 없다. 그러나 그와 동시에, 거기에는 사실을 전달하려는 화자가 존재한다.

화자가 존재한다는 것은 전달하려는 사실에 반드시 화자의 인상이 따라붙는다는 말이다. 화자가 전달한 사실은 화자의 인상을 통해 착색되고 여과된 사실이며, 만약 사실 그 자체가 존재한다면, 그것이 아니다. 착색과 여과를 의식적으로 진행하는 것은 시다. 일상 언어는 의식적으로 그것을 진행하지 않는다. 그러나 일상언어라 하더라도 의식 아래에서는 반드시 늘 착색과 여과가 작용하고 있다. 산문은 양자의 중간에 자리잡을 것이다.

그러나 언어가 사실을 전달하기 위해 존재한다는 커다란 전제는, 그러한 착색과 여과 작용에 대해서도 커다란 바깥 틀로 작용한다. 화자의 언어는 화자가 사실에 대해서 지닌 인상(즉 사실을 전달하려 할 때에 반드시 따라붙는 것)을 포함한 충실한 전달일 것이다. 인상을 전달하는 데 효과를 낳는 요소는 물론 선택된 단어에도 있다. 그러나 오히려 인상을 전달하는 데 더욱 많이 참여하는 것은 단어가 겹겹이 쌓여서 생겨난 '음성의 흐름이 지닌 리듬'에 있다고 생각한다.

바꾸어 말하면, 언어가 음성의 흐름이기에 반드시 지니는 리듬은 사실에 대한 화자의 인상을 유력하게 반영하고 있다는 말이다. 이 반영을 읽어내지 못하는 한, 진정한 독서가 아니다. 그것이 내가 주장하고 싶은 바다.

이는 일상 언어에서도 지적할 수 있다. '구지 고주욘푼(9시 54분)', 매우 간단하고 실용적이고 기계적인 이 언어에서도 지적하려들면 지적할 수 있다.

전고에서는 왜 '구지 고주시훈'이라 하지 않고, '욘푼'이라 하느냐에 대해, 후자가 리듬이 좋기 때문이라고만 지적했다. 도대체 우리가 일상언어에서도 좋은 리듬을 요구하는 것은 무엇 때문일까. 아름다움은 동시에 보편성이고, 보편적이기 때문에 설득력이 있다는 '심정의 작용'은 더욱 잘 전달하고자 좀 더 리듬이 좋은 음성을 요구한다. 그러한 것이 사태의 바깥 틀로 무의식의 세계 속에 있기 때문이다.

그런데 사태는 거기에서 그치지 않는다. '구지 니주욘푼', 즉 9시 24분. 이것 또한 물리적인 시간을 전달한다는 조건은 '구지 고주욘푼'과 똑같다. 그러나 두 언어가 지닌 음성의 리듬은 완전히 같을까. 적어도 내게는 똑같지 않다. 특히 기차 시간표에 놓여 있을 경우에는 그러하다.

'구지 니주욘푼(9시 24분)'의 경우, 그 리듬은 좀 더 경쾌하고, '구지 고주욘푼(9시 54분)'의 리듬은 좀 더 무겁다. 적어도 그러할 수 있다. 전자가 '9시'라는 좌표에서 멀리 떨어져 있지 않다는 인상, 적어도 '54분의 경우만큼 멀지 않은 사실'이라는 인상을 낳을 수 있는 데 비해, 후자는 9시라는 좌표가 나타내는 범위의 시간, 그것이 금방이라도 끝날 것 같은 인상은 리듬을 전자보다 무겁게 만드는 것이다.

그러나 나는 이제 일상언어에 대한 사고에서 떠나도 좋을 지점까지 왔을 터이다. 한나라 고조의 육체적 조건을 전달하려는 화자 사마천 앞에 놓인 것은 '늠름한 얼굴, 풍성한 수염, 왼발에 죽 늘어선 사마귀'라는 사실이었다. 그 사실들을 전달하기 위해 사마천이 우선 고른 것은 '융준(준)隆準'이라는 단어, '이而'라는 단어, '용안龍顏'이라는 단어였다. 또한 '미美'라는 단어, '수염須髯'이라는 단어였다. 그리고 '좌고左股'라는 단어, '유有'라는 단어, '칠십이七十二'라는 단어, '흑자黑子'라는 단어였다. 그런 단어들이 전달해야 할 사실을 전달하는 기초라는 점은 의심의 여지가 없다. 그런 단어를 선택하지 않으면 근본적으로 사실을 전달할 수 없다.

그와 동시에 '隆準而龍顏'이라는 단어를 겹겹이 쌓음으로써 생겨난 음성의 리듬 lóng zhǔn ér lóng yán(룽 준 얼 룽 옌), 이 음성의 리듬이 사실, 혹은 사실에 대한 사마천의 인상에 따라붙지 않을까. '隆準'이 '우뚝한 콧날이냐 툭 불거진 광대뼈냐', 이러한 설명은 이제 제쳐두어도 좋다. Lóng Zhǔn(룽 준) 또는 Lóng Yán(룽 옌)으로 힘주어 발음하지 않을 수 없는 두 음절의 반복이, 중간에 약하게 발음되는 ér(얼)을 끼고 이어지는 리듬은 일종의 반복에 의한 강조 리듬이다. 일본어로 치면, '의외야 의외'라 할 때와 비슷한 리듬으로, 고조의 특이한 인상을 더욱더 강조한다. 즉 고조의 인상에 대한 사마천의 경이를 다섯 자의 리듬이 반영하고 있다. 이 리듬에 귀 기울이지 않는 한 이 구를 진정으로 읽었다고 할 수 없다.

다음은 '美須髯' 즉 Měi xūrán(메이 쉬 란)이다. 이 구의 리듬은 앞 구만큼 무겁지 않고 절박하지 않다. 짧지만 오히려 평온한 리듬이다.

풍성하게 뺨을 메워, 홀딱 반할 만한 수염, 이것은 범인들 또한 지닐 수 있는 사실이다. 사람들이 친애하고 신뢰하는 인상을 받을 수 있는 사실인 것이다. 그러므로 화자 사마천 또한 평온한 리듬으로 그것을 말한다. 그러나 그 평온함이 짧은 3음절로 응축되어 있는 것은 '隆準 而龍顔'이라는 특이한 인상을 중화 혹은 증폭시킬 이 사실, 그리고 '너그럽고 인자하며 그릇이 큰 인물'임을 상징할 이 사실에 독자의 주의를 응집시키려 한다. 그러나 일단 응집된 주의가 그 수염과 마찬가지로 풍성한 리듬에 얹혀 친애하는 방향으로 확산되는 것도 자유다. 그 지점을 읽어내지 못하면, 이 구를 완전히 읽은 독자라고 할 수 없다.

그 뒤 얼마간 휴지를 두었다 이어지는 것은, 이 단락의 끝부분, '左 股有七十二黑子zuǒgǔ yǒu qīshíér hēi zǐ(줘 구 유 치 스 얼 헤이 쯔)'로 8음절의 긴 리듬이다. 그것이 긴 리듬을 이루는 데는 '왼발에 72개의 사마귀가 있다'는 이상한 사실을 전달하려면 본래 이만큼 많은 단어가 필요하다는 점과 더불어, 이 긴 리듬이 이 기괴한 사실에 대한 화자 사마천의 인상과 상즉相卽하는 부분이 없지 않다. 하늘의 성좌처럼 왼발에 죽 늘어선 사마귀들은 가장 비일상적인 기괴한 사실이다. '아름다운 수염'을 지닌 인간이 많은 것과 같지 않음은 물론, '우뚝한 콧날과 용과 같은 이마' 또한 다른 제왕 역시 공통적으로 지닐 수 있는 인상인 것과도 달리, 가장 독자적으로 기괴하다. 이 기괴한 사실, 내지는 사실로 전달될 것에 대해 사람들이 받는 인상은 우선은 경탄이겠지만, 경탄은 이윽고 사그라들어, 이상한 느낌이 든다. 그것은 이윽고 반신반의하는 경시輕視로 바뀐다. '이상異常'은 요컨대 평상平常에 딸린 부록인 것이다. 고조의 육체에 대해서도, '왼발에 난 사마귀들'

이라는 이상함은 '융준, 용안, 미수염' 따위에 비하면 부록이다. '부록 성격을 띤 것들에 대한 경시'와 상즉하는 리듬은 이완되어도 괜찮다. 쬐 구 유 치 스 얼 헤이 쯔(왼발에 72개의 사마귀가 있다), 그 리듬은 앞의 두 구, 룽 준 얼 룽 옌(우뚝한 콧날과 용과 같은 이마)이 강조의 긴장, 메이 쉬 란(아름다운 수염)이 집중의 긴장이었던 것과는 다르다.

그리고 이 8음절의 긴 리듬은 앞 두 구의 긴장을 해소하고, 이 한 단락의 문장을 종결하는 것으로서도 적절하다. 『예기』에서 공자가 문왕·무왕이 편 정치의 도道라고 제자 자공에게 말했다는 '한 번 긴장했다 한 번 이완되는 것―張―弛'은 정치뿐만 아니라 널리 만사에 걸쳐 있는 인간의 요구다. 따라서 문장의 방법이기도 하다. 긴박한 리듬 뒤에는 이완의 리듬이 리듬의 미를 완성한다. 특히 한 단락의 끝은 그러하다.

이렇게 말하는 것은 언어의 리듬, 또한 리듬 그 자체가 독립된 아름다움을 만드는 면이 있음을 시인하는 일이 될 터이다. 즉 언어에 음악 같은 요소가 있음을 시인하는 일이 될 터이다. 그러나 그것은 '구지 고주시훈(9시 54분)'이 아니라, '구지 고주욘푼(9시 54분)'의 형태를 취하는 것과 마찬가지로, 좀 더 설득력을 얻기 위해 보다 좋은 리듬을 모색하는 면이 언어의 리듬에서 바깥 틀로 존재하기 때문이다.

그러나 바깥 틀 속에서 이루어지는 리듬의 작용은 더 이상 음악과 같지 않다. 전달하려는 사실과 연관되어 생긴 리듬의 아름다움이고 적확함이다. 그것은 반드시 사실의 형태, 특히 화자가 취한 태도로 인해 인상지워진 사실의 형태와 연관되어 있다. 사실은 단어를 통해서만 전달되는 것이 아니다, 내가 주장하려는 것은 그것이다.

도이 고치土居光知[54] 선생이 이 연재를 읽고 편지를 보내셨는데, 나리히라의 노래에 대해 다음과 같은 가르침을 주셨다.

이 노래를 느끼는 방식으로는,

쓰키 야 아라 누tsuki ya ara nu
하루 야 무카 시노haru ya muka shino
하루 나라 누haru nara nu

와

와가 미 히토 쓰와waga mi hito tsuwa
모토 노 미니 시테moto no mini shite

로 '와가미'와 '쓰키'와 '하루' 어느 것이 현재이고, 어느 것이 과거냐, 가인歌人의 심중에서 한쪽이 현재이고, 다른 쪽이 과거인가 싶으면 또한 뒤집혀서 다른 쪽이 현재가 되고 한쪽이 과거가 되며 빙글빙글 돌고 돌아 모두가 현재가 되어, 엘리엇T. S. Eliot이 네 개의 사중주에서,

---

54　도이 고치(1886~1979)는 일본의 영문학자, 고전학자다. 전공은 영국 낭만주의고, 제임스 조이스, D. H. 로렌스, 올더스 헉슬리 등을 일본에 소개했다. 대표적인 저서로『문학서설文學序說』등이 있다.

Time present and time past

Are both perhaps present in time future,

And time future contained in time past.[55]

(……)

Ridiculous the waste sad time

Stretching before and after.[56]

라고 노래한 것을 떠올리게 합니다.

또한 랭보의 시 「모음」에 대해서는,

랭보의 유년 시절에 아동용 책이 대문자를 'A는 검정색, E는 하양색……'으로 장식했었기 때문에, 거기에서 생겨난 연상일 거라고 말하는 사람이 있다고 합니다. 음성과 색깔을 부자유스럽게 결부짓는 일은 무리라고 말씀하신 그대로라고 생각합니다.

노선배의 가르침에 어떻게 감사드려야 할지 모르겠다.

1973년 4월 25일

---

55 "지금 시간과 지난 시간은/ 아마도 모두 다가올 시간 안에 존재하고/ 다가올 시간은 지난 시간 안에 담겨 있다"
56 "어처구니없구나, 낭비되어 서글픈 시간들/ 과거와 미래에 널브러진"

23. 저자의 마음을 읽다

고대의 합리주의자 사마천은 인간의 용모란 우연히 부여받은 것으로 인격과 그다지 관계가 없다고 생각했던 것 같다. 즉 용모는 인간의 전기傳記에서 그렇게 중하지 않다. 그러므로 기록하지 않는 것을 원칙으로 삼는다. 그러한 주관이 있지 않았을까.

내가 말하고 싶은 것을 달리 표현하면, '저자를 읽으려는 것'이라고 앞에서 말했다. 이야기는 다시 그 지점으로 돌아간다.

이미 되풀이해서 말한 것처럼, 언어는 반드시 사실을 전달하는 것으로서 존재한다. 전달하려는 사실이 있고서야 비로소 언어가 존재하고, 책이 존재하며, 저자가 존재한다. 독자가 저자를 건너뛰고, 저자가 전달하려는 사실에 우선 주의를 기울이려 하는 것은 당연한 일이다.

그와 동시에 저자가 없는 책은 존재하지 않는다. 물론 고대의 책들 대부분은 저자의 이름을 확인하기 어렵다. 예를 들어 중국에서 저자의 이름을 확인할 수 있는 최초의 책은 다름 아닌 기원전 1세기에 나온 사마천의 『사기』다. 그 이전에 발생한 책은 『오경』『논어』『맹자』

『노자』『장자』『초사』, 모두 저자 혹은 필록자筆錄者의 이름을 확인하기 힘들다. 그러나 그것은 저자의 이름이 알려지지 않았다는 말일 뿐이다. 이름이 알려지지 않았다는 형태로, 역시 저자는 존재하고 있다.

이렇게 책에는 반드시 저자가 존재한다는 것은 언어가 사실을 전달하는 과정에 반드시 저자의 태도가 참여하고 작용함을 말해준다. 저자의 태도 또한 인간의 사실이다. 저자가 전달하려는 사실과 함께 인간의 커다란 사실인 것이다. 책을 읽으려면 그것에도 예민하게 주의해야 한다. 적어도 인간을 알기 위한 자료로 책을 읽으려면, 이 커다란 사실에 냉담해서는 안 된다. 무엇을 말하고 있는지를 읽을 뿐만 아니라, 저자가 '전하려는 무엇'을 '어떻게 말하고 있는지'를 읽어내야 한다.

저자의 태도를 표현하는 것은 언어의 양상, 특히 그 음성의 양상이다. 그것을 통해 저자의 태도, 바꾸어 말하면 '거기에 드러난 저자의 인물이라는 사실'을 알 수 있다. 그것을 아는 것이 저자가 전달하는 사실을 아는 것과 함께 인간을 연구하는 자료가 되어야 한다.

중국 학문의 전통, 또는 일본 학문의 전통은 이것에 매우 민감했다. 필시 서양 학문보다 이르게 민감했으리라 본다. 그러나 현재 그 전통은 쇠퇴했다. 나는 그 전통의 복권을 주장하려는 것이다.

사마천의 『사기』가 한 제국 창업자의 인상을 '우뚝한 콧날 혹은 툭 불거진 광대뼈, 용과 같은 이마, 왼발에는 72개의 사마귀'라고 기록, 전달하려 한 것 자체는 반드시 중요한 사실이라고 할 수는 없다.

또한 애초에 사마천이 기록한 한 고조의 인상이 역사적 사실로 존재했었는지 의문이다. 사마천은 고조보다 백 년 뒤에 살았던 인물이니, 옛 기록이나 전문傳聞을 근거로 기술한 데 지나지 않는다. 혹은 당시에도 초상화는 상당히 발달했었다. 고조의 세 공신 가운데 한 명인 장량張良(자字는 자방子房)의 전기 『유후세가留侯世家』 권말에 있는 논찬論贊(부론附論)에서 사마천은 말했다. "장량은 고조가 '계책籌策을 군막帷帳 안에서 운용하여, 승리를 천 리 바깥에서 결정짓는 데는 내가 자방만 못하다'고 상찬한 인물이다. 외모도 체구가 우람하고 기이하며魁梧奇偉 눈부시게 늠름하리라 예상했던 바, 그 초상화를 보니 모습狀貌이 여인네처럼 고왔다婦人好女."

유후留侯 장량의 초상화가 전해지고 있으니, 당연히 고조 유방의 초상화도 존재했다. 그리고 유방의 초상화는 사마천이 품었을 예상에 어울리게, '융준(졸)이융안, 미수염'인 형태로 그려져 있었을 것이고, 사마천은 그것도 기록의 근거로 삼았을 것이다. 그러나 '왼발에 72개의 사마귀가 있었다'는 초상화의 범위에 들어가지 않는다. 오로지 전문이라고 보아야 한다. 또한 본래부터 이 건은 그것에 가까운 사실이 있다 하더라도, 아주 가까운 측근이 아닌 한 혹은 색을 즐겼다는 이 영웅과 잠자리를 같이 한 여성이 아닌 한, 알 도리가 없는 사실이다. 물론 패의 풍읍 중양리의 실력자에서 벼락출세한 오만한 영웅은 종종 알몸으로 신료들을 인견引見했다는 기록이 있기는 하지만.

요컨대 고조라는 인물이 '융준(졸)이융안'이고, '미수염'이며, '좌고유칠십이흑자'였는지, 역사적 사실 여부는 분명치 않다. 또한 고대의 합리주의자였던 사마천이 '좌고유칠십이자'라는 기묘한 전승을 그대로 믿었다고는 보지 않는다.

그런데 사마천 자신도 확신하지 못할 사실을 「고조본기」 편을 시작하는 중요한 부분의 하나로 삼았다는 것 자체에 이미 저자의 태도가 있다. 또한 이 경우 그 태도는 의식적이었다는 생각이 든다.

'의식적'이라고 말하는 이유는 사마천은 「십이본기十二本紀」「삼십세가三十世家」「칠십열전七十列傳」을 통해 수백 명의 인물 전기를 지었는데, 이렇게 인물의 육체적 조건을 언급하는 일은 그렇게 잦지 않아, 여기에서는 평소의 태도를 깨고 있기 때문이다. 평소에 그것에 관해 냉담한 태도를 유지했던 저자가 여기에서는 그렇지 않다.

물론 인간의 육체, 적어도 용모에 대한 언급이 전혀 없지는 않다. 유후 장량의 용모가 '부인호녀'와 닮았다는 기록이 있는 것은 앞서 언급했다. 진시황에 대해서는, 책사 위료尉繚가 처음 알현했을 때 "진왕秦王의 인물 됨됨이는 벌처럼 우뚝한 콧날, 길게 찢어진 눈, 굳센 가슴, 승냥이 같은 목소리, 은혜가 적고 범과 이리처럼 마음이 사나운秦王爲人, 蜂準長目, 摯鳥膺, 豺聲, 少恩而虎狼心" 무서운 분, 이라고 평한 것을 「진시황본기」에 한 에피소드로 기록했고 또한 전국 시대의 관상가 당거唐擧가 책사 채택蔡澤에 대해 "선생의 코는 전갈처럼 납작하고 어깨는 우뚝하게 높으니先生曷鼻巨肩" 운운한 것이 「범저채택열전范雎蔡澤列傳」에 보이는 것, 모두 13고에서 언급한 대로다.

또한 「항우본기(고조와 천하를 두고 다투다 패한 항우의 전기를 제왕과 나란히 취급한 편)」에서는 끄트머리 논찬에서, 실의에 찬 영웅의 눈은 '중동자重瞳子'였다는 전설을 언급한다. '중동자'가 무슨 뜻인지 나는 알지 못하지만, 하여튼 평범한 눈동자는 아닐 것이다.[57] 그리고, 옛

57　참고로 국내학자 이성규의 「항우본기」해당 부분 번역을 소개한다. "주생周生에게 들은 바

성왕聖王 순舜도 '중동자'였다고 하는데 항우는 그 후예일지 모르고, 그가 급격히 세력을 키운 것도 그런 생각이 들게 하는 면이 없지 않은데, 이것은 주생周生이라는 사람에게 전해들었다고 씀으로써 책임을 주생에게 돌리면서 권말의 부론附論에서 다루고 있다.

그러나 진시황의 벌 같은 콧날蜂準이나 채택의 전갈 같은 코曷鼻 운운은 모두 권 안에 하나의 에피소드로 언급했고, 항우의 중동重瞳은 권말의 논찬에서 다룬 부론이다. 「고조본기」의 언급처럼 권의 첫머리에 가까운 단락은 아니다.

용모에 대해 이렇게 냉담한 형태로만 언급한 것은, 고대의 합리주의자 사마천이 인간의 용모란 우연히 부여받은 것이며 인격과 그다지 관계가 없다고 생각했기 때문일 것이다. 사마천보다 앞선 시대의 철학자 순자가 「비상非相」, 즉 관상학의 어리석음을 다룬 논문에서 서술한 것과 같은 태도를 취했으리라 생각한다. 즉 용모는 인간의 전기傳記에서 그렇게 크고 중요하지 않다, 그러므로 가볍게 보아 기록하지 않는 것을 원칙으로 삼는다, 그러한 주관이 있지 않았을까. 다만 여성의 경우는 다를지도 모른다. '이색사인以色事人', 용모의 아름다움으로 사내에게 봉사한다. 그것이 당시 일반적인 여성관이었다. 주周 왕조의 관제官制를 기록한 『주례周禮』가 궁중여성의 교양으로 든 네 가지도 '부덕婦德' '부언婦言' '부공婦功', 또 하나는 '부용婦容'이었다. 그러나 사마천의 경우 후궁들의 전기 「외척세가外戚世家」에서도 후비의 용모에

에 의하면 순舜의 눈은 동자가 2개라고 한다. 사람들은 항우項羽도 그렇다고 하는데, 우羽는 순舜의 후예가 아닐까?(이성규 편역, 『사기-중국고대사회의 형성』, 서울대학교출판부, 1987, 326쪽)"

대한 언급은 없다.

어쩌면 합리주의자 사마천은 인간의 용모를 취급하는 것에 또 다른 반발심리가 있었을 수도 있다. 군주, 특히 고대의 성왕은 모두 용모가 특별하고 범상치 않았다는 설에 대한 반발이다.

예를 들어, 18고 중 구와야마 류헤이의 가르침에서 알 수 있듯, 신농神農은 '인면용안人面龍顏'이었다고 『춘추원명포春秋元命包』에 나온다. 『춘추원명포』라는 문헌은 한대에 오경에 덧붙이는 곁다리로 발생한 신비적 성격을 띤 위서의 일종이고, 보통 사마천보다 백 년 뒤인 전한 말, 애제哀帝·평제平帝 시대에 발생한 것이라 본다. 그렇다면『춘추원명포』자체는 사마천 시대에 없었으나 그 책에서 말하는 그러한 설은 오히려 이미 있었다고 보아도 좋다.

그러한 경향은 후한 이후 수세기 동안 더욱 발전하여, 3세기 학자 황보밀皇甫謐이 쓴 고대사『제왕세기帝王世紀』에 따르면, 삼황三皇의 처음인 태호 복희씨太昊伏羲氏는 '사신인수蛇身人首'이고, 이어서 신농씨神農氏는 '인신우수人身牛首', 황제 유웅씨黃帝有熊氏는 '일각용안日角龍顏'에 '사목四目'이다. 또한 오제 시대에서 요堯는 '조정하승鳥庭荷勝', 눈썹에 '팔채八采'가 있고, '풍하예상豐下銳上'의 인상人相이며, 순舜은 '용안龍顏, 대구大口, 흑색黑色, 신장身長 육척일촌六尺一寸' 그리고 눈은 '중동重瞳'이었다. 또한 삼왕三王, 즉 역사시대에 좀 더 가까운 세습왕조 시대가 되어도, 그 처음인 하 왕조의 시조 우禹는 "호비虎鼻에 대구大口, 두 귀는 삼루參鏤, 목에는 구鉤를 둘렀고, 가슴에는 옥두玉斗가 있으며, 족문足文은 이기履己, 신장 구척 이촌"이다. 은 왕조의 시조 성탕成湯은 "풍하예상, 석晳하고 염髥이 있고, 거신倨身에 양성揚聲, 신장 구척, 팔은 사주四肢, 손가락에 변胼이 있다." 또한 성탕의 중신重臣 이윤伊尹은 "풍하 예상, 색色은 검고 짧으며, 몸은 곱사등이에 성聲을 하下한다." 주왕조의 시조 문왕은 "용안호견龍顔虎肩, 신장 십 척, 가슴에 네 개의 젖이 있다."[58]

황보밀의 『제왕세기』도 현재는 완본完本이 없고, 앞의 내용은 19세기 학자 송상봉宋翔鳳의 중집본重集本에 의거한 것인데, 황보밀의 시대인 3세기 위진魏晉 무렵까지 발생했던 여러 전설을 여기저기에서 가능한 데까지 긁어모은 것이라 생각된다. 그러므로 위진보다 500년 전인 사마천 시기에 그 전부가 이미 존재했었다고는 말하기 어렵다. 다만 그 전부가 존재하지 않았다고 말하기도 힘들다.

그리고 순자의 「비상非相」 편이 벌써 배격한 것처럼, 관상술은 사마천 이전부터 세상에 성행했다. 또한 앞서 12고·13고에서 언급했듯이, '상相'을 보는 것이 제후를 위해 미인을 찾아 돌아다니는 여현女衒에게도 필요한 기술이었다면, 관상술은 더더욱 성행했을 것이다. 관상가들은 제 기술에 전거를 마련하고자 사마천의 시대에 이미 앞다투어 고대 성왕들에게 '이상異相'을 부여했으리라는 점 또한 충분히 할 수 있는 예상이다.

사마천은 그것이 어리석은 짓이라 느꼈다. 그러므로 육체적 조건에 대한 언급, 특히 제왕의 기서奇瑞(좋은 징조) 구실을 하는 것에 대해 원칙적으로 언급하기를 거부했던 것은 아닐까.

널리 알려진 대로 사마천의 『사기』는, 황제黃帝 이하 요·순에 이르

---

58 이 문단에 나오는 용어들은 저자의 훈독문을 직역해두었다.

는 다섯 명의 제왕에 대한 전기를 「오제본기」에 서술한 것이 제1권이다. 그러나 오제 가운데 그 육체적 조건을 언급한 경우는 단 한 사람도 없다. 황보밀이 말한 것과 같은 '기이하고 상서로운奇瑞 이상異相'을 부여하지 않은 것이고, 순舜의 '중동자重瞳子'도 「오제본기」에 보이지 않으며 「항우본기」의 부록으로, 게다가 확실하지 않은 전설로 언급했을 뿐이다. 「오제본기」의 논찬에서 말하기를, 예부터 내려온 전승 가운데 여기에 선택하여 기재한 것은 '그 말이 매우 바른 것'뿐이고, 특히 황제에 대해서는 예부터 내려온 백가百家에 이런저런 설이 있지만, "그 문장은 전아雅馴하지 않고" 기재는 상식을 벗어나 "천신선생薦紳先生59은 그것을 말하기 꺼리니", 교양 있는 이가 입에 올릴 만한 것이 아니므로 모두 배제했다고 한다. 그 합리주의적 태도를 책 첫머리 1권의 논찬에서 선언한 것은 널리 알려진 바인데, 사신인수蛇身人首, 인신우수人身牛首 같은 터무니없고 근거 없는 것荒誕不稽은 애초에 가장 먼저 버릴 대상이었다.

「오제본기」뿐만 아니다. 그 뒤에 이어지는 「하본기」「은본기」「주본기」「진본기」 어디에도 제왕의 용모를 언급한 곳은 없다. 「진시황본기」가 '봉준장목蜂準長目'을 삽화로 언급하고, 「항우본기」가 '중동자重瞳子'를 언급한 것은 예외다.

그런데 「고조본기」는 사마천의 주관으로 보이는 몇 가지 '태도'에서 벗어나 있다. 왜일까. 만약 '몹시 세세한 데까지 신경질적으로 음미

---

59   '천신薦紳'은 '관위官位에 있는 사람, 고귀한 사람, 혹은 유자儒者'를 말한다. 진신搢紳 또는 진신縉紳과 같다.

하는 태도', 중국 학문에서 말하는 '천착'에 빠지는 것을 무릅쓰고 말하자면, 사마천이 봉사했던 한 왕조에 대한 존경과 혐오가 뒤섞인 '모순·상반되는ambivalence' 심리, 저자 사마천이 늘 품고 있었던 심리가 여기에서도 머리를 내밀고 있는 것이 아닐까.

1973년 6월 1일

24. 역사 쓰기에 대하여

「태사공자서」는 말한다. 치욕을 당하면 노예조차 자살한다, 어째서 나는 자살하지 않았을까. 인간이 이룬 인간의 역사를 인간을 위해 쓴다. 그 일을 아직 완성하지 못했기 때문이다. 고금의 문장에서 이처럼 비통한 글을 나는 알지 못한다.

『사기』의 저자 사마천이 자신이 섬기는 한 왕조에 대해, 존경과 혐오가 뒤섞인 '모순·상반되는' 심리상태에 있었다고 한 것은 특별히 내 발견이 아니다. 본래 나는 그런 발견을 할 만큼 『사기』를 숙독한 사람이 아니다. 그것은 대개의 비평가가 동의하는 견해다.

사마천은 한 왕조가 역사상 전에 없던 대제국이라는 점에 존경을 표했다. 특히 사마천이 벼슬살이를 한 무제 시대는 고조가 왕조를 세운 뒤 거의 백 년이 되어 대제국의 능력이 여러 사상에서 찬란하게 드러나고 있었다. 사마천이 그러한 객관적 사실을 그저 냉담하게만 바라보지는 않았다.

『사기』 130권의 마지막은 「태사공자서」로, 책을 쓴 저자의 입장을 드러내 밝히고 있다. 전고에서도 언급했듯이 저자를 확정할 수 있는 중국 최초의 책이 다름 아닌 『사기』라는 획기적인 사실은 저자의 주장을 담은 「태사공자서」가 존재함으로써 더욱 분명해진다.

　사마천의 주장은 호수壺遂라는 인물의 질문에 대답하는 형태로 기술되어 있다. 호수는 묻는다. "일찍이 공자가 『춘추』를 쓴 것은, 위로는 명군明君이 없고 아래로는 현자가 등용되지 않는 난세에서 그것에 반발하여 새로운 윤리 질서를 확립하기 위해서다. 지금 당신은 현명한 치자 무제 시대에 사는 인간이고, 만사는 이제 질서를 얻고 있다. 무엇을 목표로 삼아 책을 쓴 것인가."

　사마천은 대답한다.

　유유唯唯, 부부否否, 불연不然.

　'예예, 아니아니, 그렇지 않다.' 내가 쓴 이 책은 공자의 『춘추』와 같지 않고, 그것과는 달리 길고 복잡한 논의를 전개한다. 그 가운데 동시대에 대한 비평 부분을 뽑아서 적어보면,

　한이 일어난 이래
　　漢興以來

　고조다.

　현명한 천자에 이르러
　　至明天子

현재의 황제 무제다.

부서符瑞를 얻어 봉선封禪을 올리고, 달력正朔을 개정하였으며, 복색服色을 바꾸었다. 천명을 받은 것, 아아 부드럽고도 맑았다.

獲符瑞, 封禪, 改正朔, 易服色, 受命, 於穆淸.

보정寶鼎, 영수靈獸, 기타 기서奇瑞를 얻은 일, 태산에서 천지에 올린 '봉선封禪'의 성대한 의식 그리고 역법·복식服飾 모두 타당하게 개혁했다. 이렇게 천명의 위탁을 받아서 이루어진 정치는 길이 이어질 평화의 실현이다.

은택은 끝 모르게 흘러, 풍속을 달리하는 해외 민족도 여러 차례 통역을 거듭하며 변경으로 찾아와서 진상품을 바치고 알현하기를 청하는 일도 이루 헤아릴 수 없이 많았다.

澤流罔極, 海外殊俗, 重譯款塞, 請來獻見者, 不可勝道.

흉노가 항복하고 서역에서 와서 진상한 일이다. 그런데 유사 이래의 이러한 성황盛況에 대해,

뭇 신하들이 힘써 성덕을 칭송하나, 여전히 그 뜻을 남김없이 진술할 수 없었다.

臣下百官力誦聖德, 猶不能宣盡其意.

사마상여를 비롯한 궁정시인이 「봉선문封禪文」 등의 미문을 지어 문명의 주재자인 거룩한 천자가 이룩한 일을 제각기 상찬하기에 여념이 없지만, 그러한 미문은 인간이 이룩한 문명의 역사에서 현 시대의 의미를 남김없이 분석했다고 할 수 없다, 그러한 내용으로 읽을 수 있다. 그렇다면 그것을 완전하게 서술하는 일이야말로 역사가인 내 임무다, 라고.

본래 역사가의 임무는 범용한 상식이 간과하는 것을 발견·발굴하고, 현창顯彰하는 데 있다. 왜냐하면 인간은 반드시 재능에 따른 지위를 얻지는 못하기 때문이다. 많은 이들은 종종 불우한 가운데 그 일생이 묻힌다. 묻히는 원인은 임명권자인 정부 책임자가 상식에 매몰되어, 인물을 감식하는 눈이 없는 데 있다. 그 위정자는 이를 치욕으로 여겨야 한다.

> 또한 선비가 현명하고 능력이 있는데도 쓰이지 않는 것은 나라를 다스리는 이의 수치다.
>
> 且士賢能而不用, 有國者之恥.

이 논리는 『사기』에서 늘 주장하는 것이다. 그리고 이렇게 생전에 불우했던 인물, '불우不遇'란 세상이나 위정자, 즉 『사기』의 표현으로 하자면 '나라를 다스리는 이'를 조우하지 못한 상태를 말하는데, 사마천이 그러한 묻혀버린 인물을 발굴하고 구제하여 그 명예를 죽은 뒤에 회복시키는 것이야말로 역사가의 임무라고 여긴 것은 열전 제1권 「백이열전」에 이미 나온다. 심지어 『사기』라는 저술 전체가 이 임무를 수행하는 것을 커다란 주제로 삼고 있다고 생각한다는 것을, 나는 예전에 쓴 글 「상식에 대한 반항」(부제 '사마천 『사기』의 입장')에서 다음과 같이 말했다.

그러나 사마천은 종국적으로 운명론자가 아니었다고 나는 생각한다. 개인을 좌절하게 만드는 요소로, 그는 운명이 아닌 다른 것을 예민하게 생각하고 있다. 그것은 내 언어로 말하자면 '상식의 폭력'이라 부를 만한 것이다. 집단을 이룬다는 것에 힘입어 진보를 낳은 인간이 집단을 이루었기 때문에 무반성적으로 지니는 공통된 생각을 상식이라 부른다면, 상식은 그것에서 벗어난 개인을 압박하고 좌절시킨다(『요시카와 고지로 전집』 6권 232쪽).

그렇게 좌절한 이에 대해 시대는 다르지만 벗이 되어주려는 의식이 여기에서도 머리를 내밀고 있다. 제국의 번영을 축복하는 것을 주제로 삼은 이 문장에서는 같은 논리가 솜씨 좋게 전용轉用되어, 황제의 빛나는 정책이 빚어낸 효과가 만약 기록되지 않고 끝난다면 황제를 불우한 상황에 빠뜨리는 처사일 것이라고 논리를 정돈한다.

주상이 영명하고 성스러운데도 그 덕이 널리 알려지지 않는 것은 유사의 잘못이다.

主上明聖而德不布聞, 有司之過也.

기록하고 홍보하는 일을 게을리하는 것은 그 일을 맡은 관리의 과실이 아닐 수 없다.

더구나 그는 일찍이 그 일을 관장하는 자리에 있었다. '일찍이'라고 과거형으로 말한 것은 다음에 서술할 불행한 원인 때문에 관직에서 떠나야 했음을 말하기 위함이다.

또한 나는 일찍이 그 관직을 맡았으나, 영명하고 성스러운 풍성한 덕을 방기하고 기록하지 않았으며,

且余嘗掌其官, 廢明聖盛德不載

거룩한 천자의 크낙한 공적을 묻어버리고 기록하지 않았고

공신, 세가와 현대부의 공적을 멸하여 저술하지 않았으니,

滅功臣世家賢大夫之業不述

현대부賢大夫(훌륭한 중신) 가운데에는 그 인격과 공적이 타당한 평가를 받지 못한 인물 역시 포함될 것이다. 만약 그것들을 묻어버린다면, 나는 공적인 책임뿐만 아니라 사적인 책임도 완수하지 못한 것이니,

선인이 말씀하신 바를 저버린 것이다. 죄가 이것보다 큰 것은 없다.

墮先人所言, 罪莫大焉.

'선인先人'은 돌아간 부친 사마담司馬談이다. 당시 궁정에서 사관 직

책은 기술자의 일종으로 간주되어 세습되었다. 부친 사마담도 명주明主, 현군賢君, 충신, 의를 위해 목숨을 바친 선비를 포함한 광범한 기록을 지으려 했지만 무제에게 냉대를 받아 완성을 보지 못했으며, '완성하는 일은 너의 책임'이라고 임종의 자리에서 눈물을 흘리며 손을 꼭 쥐며 유언했다고, 「태사공자서」 앞부분에 적혀 있다.

호수壺遂여, 내 저술은 그러한 형태로 공적 혹은 사적인 책임을 완수하는 것이다, 공자가 지은 『춘추』처럼 비판서가 아니다, 라는 말로 사마천은 이 단락을 마무리짓는다. 제국의 체제가 품고 있는 모순에 대한 비판이 이미 머리를 들고 있기는 하나, 제국을 통일한 체제에 대해 상찬하는 부분을 모두 '단순한 미사여구'라 보는 것은 복잡하다고 해서 위대한 저자에게서 그 복잡함을 빼앗는 일이 될 터이다.

그러나 이윽고 저자는 체제의 중심이 된 황제의 독재, 그 변덕스러운 방자함을 혐오하고 저주하는 입장으로 빠져들어간다. 널리 알려진 대로 사마천은 패전 장군 이릉李陵을 변호하다 무제의 분노를 사서 거세형去勢刑을 받는다. 저술 작업을 시작하고 나서 7년째 되는 해의 일이다. 「태사공자서」는 말한다.

7년 뒤 태사공은 '이릉의 화'를 만나 감옥에 간다.
七年而太史公遭李陵之禍, 幽於縲絏.

여기서도 '만날 조遭'자를 쓴 것에서, 인간의 행과 불행이 모두 어떠한 외부의 힘과 조우하느냐에 따라 결정된다는 사마천의 생각을 읽을 수 있다.

그때 구슬피 탄식하며 말했다. "이는 내 죄인가. 이는 내 죄인가."

乃喟然而嘆曰, 是余之罪也夫. 是余之罪也夫.

'죄야부罪也夫'라고 두 번 되풀이된 감탄사 '부夫'는 긍정으로도 부정으로도 읽을 수 있다.

몸이 훼손되었으니 등용되지 못하겠구나.

身毀不用矣.

이제 완전한 인간이 아니다.

물러나 깊이 생각하고 말했다. "『시』『서』가 은약隱約한 것은 (작자들이) 제 뜻을 표현하고자 하였기 때문이다.

退而深惟曰, 夫詩書隱約者, 欲遂其志之思也.

고전의 언어에 '은약隱約', 즉 애매한 부분이 있는 것은 그 애매함이 바로 마음속 안타까움과 답답함의 표현이라고 말한 뒤, 저 유명한 '발분저서설發憤著書說', 명저는 모두 고민의 산물임을 역사의 실례를 열거하여 증명한다.

옛날 서백은 유리에 구금되어 『주역』을 확충했고, 공자는 진나라와 채나라 사이에서 곤경에 처하여 『춘추』를 지었으며, 굴원은 자리에서 쫓겨나 『이소』를 지었다. 또한 좌구는 실명하고 『국어』를 지었으며, 손자는 다리를 절단하는 형벌을 받고 병법을 논했고, 여불위는 촉에 유배되어 세상에 『여람(여씨춘추)』을 전했으며, 한비는 진나라에 수감되어 「세난」과 「고분」을 지었다.

昔西伯拘羑里演周易, 孔子戹陳蔡作春秋, 屈原放逐著離騷, 左丘失明厥有國語, 孫子臏脚 而論兵法, 不韋遷蜀世傳呂覽, 韓非囚秦說難孤憤.

『시경』의 여러 편도 예외가 아니다.

시 300편도 대개는 성현이 발분하여 지은 것이다. 이들은 모두 마음에 꽉 막힌 바가 있었으나 그것을 뚫을 길을 얻지 못했다.

詩三百篇, 大抵賢聖發憤之所爲作也. 此人皆意有所鬱結, 不得通其道也.

참고로 말하자면, 중국문학론에는 '여유'야말로 문학을 낳는다고 보는 견해와, '고민'이야말로 문학의 어머니라 보는 견해가 있다. 전자의 대표는 유협劉勰의 『문심조룡文心雕龍』, 특히 「양기養氣」 편(고젠 히로시 역, 409쪽 이하). 후자의 대표는 사마천이다. 「평원군우경열전平原君虞卿列傳」에서도 말한다. "그렇지만 우경은 빈궁과 우수에 처하지 않았다면, 또한 책을 지어 제 뜻을 후세에 보일 수 없었을 것이다然虞卿非窮愁, 亦不能著書以自見於後世云." 후대에서는 송나라 구양수의 「매성유묘지명梅聖兪墓誌銘」이 그 계통에 속한다. "시에 능한 이를 궁하게 만드는 게 아니다. 대부분 궁한 이가 나중에 솜씨가 좋아지는 것이다." 또한 「설간숙공문집서薛簡肅公文集序」에 "궁한 이의 말은 솜씨가 좋아지기 쉽다"는 말이 있다.

그리고 사마천은 결론적으로 말한다.

그러므로 지나간 일을 서술하여, 다가올 일을 생각한다.
故述往事, 思來者.

과거 인간의 사적事蹟을 쓴 것은 미래의 인간을 생각하기 때문이다. 즉 인간의 사실을 인간을 위해 쓴다. 그것이 내 저술의 취지다.

「태사공자서」의 이 문장은 매우 침통하다. 그러나 더욱 침통한 것은 저자가 벗 임안任安에게 보낸 편지다. 『한서』 「사마천전」 또는 『문선』에 있다.

이릉이라는 군인과 나는 함께 술을 마신 적도 없다. 그저 겸손하고 청결하며 부하의 신망이 두터운 군인이라 생각하고 있었다. 그가 우연히 중과부적衆寡不敵의 상황에 처해 흉노의 포로가 되었는데, 사리사욕으로 똘똘 뭉친 무리들이 비난하고 조롱했다. 나는 가만히 있을 수 없었다. 또한 패전 보고를 받고 폐하께서는 풀이 죽으셨다. 나는 폐하를 위로할 요량으로 이릉을 변호했다. 그것이 역린逆鱗을 건드려 나는 감옥에 갇혔다. 사람들은 나를 외면했고, 사면운동을 벌일 돈도 없었다. 옥중에서 당한 고문은, 임안군, 이제는 죄인의 몸이 된 그대도 아는 대로다. 그리하여 나는 사내에게 더할 나위 없이 굴욕적인 형벌을 선고받았다. 치욕을 당하면 노예조차 자살한다. 어째서 나는 자살하지 않았을까. 인간이 이룬 인간의 역사를 인간을 위해 쓴다, 그 일을 아직 완성하지 못했기 때문이다. 옥중에 있는 그대에게 만일의 사태가 생기면 어쩌나 싶어, 지금 내 마음을 전해둔다.

고금의 문장에서 이처럼 비통한 글을 나는 알지 못한다.

현대 역사가 나이토 고난(1866~1934)은 메이지(1868~1912), 다이쇼(1912~1926), 쇼와 시대(1926~1989)를 산 사람이었기 때문에, 기원전 1세기를 산 태사공 사마천과 같은 일을 겪은 적은 없었다. 특히 만년에는 제국대 교수여서 언행에 신중을 기했다. 그러나 최근 간행된 『나이토 고난 전집』 1권, 2권에 실린 초년의 문장에는 메이지 초년의 천황제에 대해 존경을 표하는 말과 함께, '지금 황척皇戚 눈부시게 아름다울 따름으로' 운운하는 대목이 있다.

그런데 내가 말하고 싶은 것은 「고조본기」 첫머리에 나온 '고조위인高祖爲人, 융준이용안隆準而龍顏, 미수염美須髯, 좌고유칠십이흑자左股有七十二黑子', 그 대목에도 독재 왕조에 대한, 따라서 왕조의 창시자에 대한 사마천의 '모순·상반되는 심리'가 희미하긴 하지만 반영되지 않았나 하는 점이었다. 어디에 어떻게 반영되어 있는지는 이미 전고에서 대강을 말했으니 반복하지 않겠다.

1973년 6월 28일

25. 내 독서의 계보

전 60권에 이르는 『문선』을 이렇게 자유자재로 인용하는 것은 자구의 표면만을 이해하고 기억한다고 할 수 있는 일이 아니다. 현재 중국문학 전문가는 구름처럼 많지만, 이런 능력이 있을 법한 사람은 떠오르지 않는다.

해찰궂게 이리저리 돌아다니며 연재를 한 지도 2년이 지나, 점점 내가 말하고 싶은 핵심에 다가가고 있는 것 같다. 나는 역사가가 자료로 삼고 존중하는 사실을 역사가들과 함께 존중한다. 그러나 그와 동시에, 사실을 전달하는 언어 또한 인간의 사실 가운데 하나라는 관계, 이 관계가 동시대 학자, 특히 역사학자들에게 잊히고 있는 사태를 불만스럽게 여겼고, 나 자신은 이 관계를 중시하는 연구자이고 싶다는 것이 말하고 싶은 핵심이다. 되돌아보면 나는 비교적 정리된 문장으로 이미 이런 주장을 한 적이 없지 않다. 나의 『전집』 1권 자발自拔이 그것이다(1968년 8월).

이제 연재의 방향을 바꾸어 이러한 내 태도를 낳은, 따라서 내가 조술祖述하고 싶은 과거의 학자에 대해 서술하고자 한다. 앞에서 말한 그러한 연구자의 태도를 고집하는 내가 조술하고 싶은 것은 역사 사실만을 추구하는 데 바빴던 금세기(메이지·다이쇼 시대)의 학자가 아니다. 되풀이 말하지만, 나는 그 사람들의 업적에도 경의를 표한다. 그러나 내가 조술하려는 것은 그 사람들이 아니다. 오히려 시대를 거슬러올라가, 18세기의 학자다. 일본 학자에 대해서도 그러하고, 중국 학자에 대해서도 그러하다. 구체적으로 말하면 단옥재段玉裁·왕염손 王念孫이고, 모토오리 노리나가다. 또는 더욱 위로 거슬러올라가면, 그러한 사람들을 인도했던 17세기 학자다. 이토 진사이·게이추 같은 이들이 그렇다. 시대를 내려와 19세기 학자에게는 그다지 흥미가 생기지 않는다. 일본이라면 히라타 아쓰타네平田篤胤,[60] 중국이라면 도광제 道光帝(재위 1820~1850)·함풍제咸豐帝(재위 1850~1861) 이후의 경학經 學, 모두 이미 18세기만큼 순수한 '언어의 학문'이 아니며 금세기에 성행한 '사실의 학문'으로 향한 것 같다.

18세기 학자 가운데 가장 이르게 20대에 읽고 감심感心한 이는 단옥재, 특히 그의 『고문상서찬이古文尚書撰異』다. 왕염손의 작품으로는 그 무렵 『경의술문經義述聞』 『독서잡지讀書雜志』 일부분을 읽었다. 첫인상이 좋지 않았던 『광아소증廣雅疏證』은 최근 들어서야 조금씩 읽는데, 언어가 음성으로서 내는 효과에 대해 민감하기가 단옥재 이상이 아닐까 생각하기 시작했다.

18세기 일본의 '독서의 학'에 접하기 시작한 것은 중국의 독서의

60　히라타 아쓰타네(1776~1843)는 에도 후기의 국학자로, 모토오리 노리나가의 고도정신古 道精神을 확대·강화했고 복고신도復古神道를 고취하여, 막부 말기의 존왕양이尊王攘夷 운동 에 영향을 주었다.

학에 접한 것보다 늦은, 30대가 되고 나서다. 신간이 부족한 전시戰時 중 수해를 당한 모친을 뵙고 돌아오는 길에, 모토오리 노리나가의 『우히야마부미』를 전차 안에서 읽을 요량으로 역 앞의 책방에서 산 것이 계기가 되었다는 사실은 두세 차례 다른 글에서 쓴 적이 있다. 이어서 이토 진사이를 읽고, 이토 도가이를 읽었다. 오규 소라이는 당시 얼마간 읽은 것을 이번에 이와나미에서 간행하는 『사상대계』에 들어갈 해설을 쓰기 위해 집중적으로 읽고, 예전에 생각했던 것과 조금 다른 듯한 느낌을 받았다. 게이추는 가장 등한시했었는데, 『만엽 다이쇼키』를 여기저기 띄엄띄엄 읽고 말았다가 최근 이와나미에서 새로운 전집이 나오고 나서 왕염손의 『광아소증』과 아울러 틈틈이 조금씩 읽고 있다. '틈틈이'라고 말하는 이유는, 지금 내가 힘을 기울이고 있는 것은 나 자신의 '독서의 학'인 두보 시의 주석 작업이고, 선인들의 업적을 따라잡으려고 한창 애쓰고 있기 때문이다. 그 작업을 하는 틈틈이 왕염손과 게이추를 조금씩 읽는 것이고, 또한 관련된 연재도 쓰고 있는데, 게이추는 새로운 독서로 신선한 인상을 받았다. 지금은 『만엽 다이쇼키』에서 이야기를 시작해보자.

『만엽 다이쇼키』에 대해 감탄스러운 점은 여러 가지가 있는데, 우선 내가 감탄한 계기는 대개의 노래에 대해 발상이 같은 중국문학을 자유자재로 인용한 점이다.

시험 삼아 지금 내가 읽기 시작한 권3 첫머리에서 예를 들어보자.

나가노 미코長皇子가 가리지獵路의 연못에 사냥하러 나갔을 때 가키노모토노 아소미 히토마로柿本朝臣人麿가 지은 노래 1수와 단가

短歌·61

그 '장가의 끝에 붙인 단가反歌' 한 수는

히사카타노/ 하늘 떠가는 달을/ 그물로 잡아/ 우리 왕자는/ 천개

天蓋로 하고 있네62

로, 요즈음 학자가 240이라 번호를 붙인 노래다. 『다이쇼키』 정찬본

精撰本에는

"달을 그물로 잡아 천개로 하고 있다"는 것은 형태를 생각하면 그

럴듯하고, 황자의 개蓋라면 닮아서 기묘하다.

라고 먼저 통석通釋한 뒤, 『화명초和名抄』의 「조도부調度部」 「복완구服玩

具」를 인용하여 말한다.

『화명초』에 이런 말이 있다. "『검명원』 주에 이르기를 '화개(일본에

서 부르는 이름은 기누가사)는 황제가 치우를 정벌할 때, 황제의 머

리 위에 오색구름이 서렸는데, 그 형태를 본떠 만든 것'이라 하

61   번역은 이연숙, 『한국어역 만엽집2』, 박이정, 27쪽을 따랐다.
62   앞의 책, 27쪽. 참고로 번역본 해설을 소개한다. "아득히 먼 하늘을 떠가고 있는 달을 그물
로 잡아서 우리 왕자는 천개天蓋로 하고 있네라는 내용이다. 가리지 연못에 사냥하러 갔는데
그 연못을 왕자가 만든 것이라고 노래하였다."

였다."

和名云. 籣名苑注云, 華蓋(和名岐奴加散) 黃帝征蚩尤時, 當帝頭上有五色雲, 因其形所造也.

이것은 수레 위의 일산日傘을, 천상天象과 유사한 관계로 본 발상이 중국의 옛 설화에도 존재하는 점에 주의한 것이다. 이어서 본조本朝의 제도를 다룬 책『영令』을 인용하여,

『영』제6 「의제령」에 이르기를 "대저 기누가사(자루가 긴 비단 양산)는 친왕의 경우 보랏빛이 나는 커다란 문양의 홀치기 염색한 것을 썼다"고 했다.

令第六儀制令云. 凡蓋, 親王紫大纈云.

이것은 노래의 내용이 친왕親王의 수레 위에 있는 대개大蓋이기 때문이다.

이렇게 고증한 뒤, 이 히토마로의 노래와 발상이 비슷하게 통하는 문학을 두 가지 들었다. 우선 중국 것으로,

『초사』「가의석서」에 '해와 달을 세워 개蓋를 삼고'라 하였다.

楚辭, 賈誼惜誓曰. 建日月以爲蓋兮.

즉 왕일본王逸本『초사』권11, 한나라의 불우한 현인 가의의 작품으로 추정되는, 이소체離騷體의 미문 「석서」에 나오는 구다. 미문은 굴원

이 천상으로 여행한 것을 읊으며 시작한다.

안타깝게도 나는 나이 들어 날로 쇠약해지고, 세월은 어느덧 돌아오지 않는다. 푸른 하늘에 올라 높이 떠서, 많은 산을 지나 날로 멀어진다.

惜余年老而日衰兮, 歲忽忽而不反, 登蒼天而高擧兮, 歷衆山而日遠.

그리고 이윽고 말한다.

창룡은 왼쪽 참마로 꿈틀거리고, 백호는 달려 오른쪽 곁마로 삼는다. 일월을 세워 개로 삼고, 옥녀를 뒤 수레에 태운다.

蒼龍蜿虵於左驂兮, 白虎騁而爲右騑, 建日月以爲蓋兮, 載玉女於後車.

이렇게 우선 한인漢人의 문학을 들고, 이어서 본조의 노래를 든다.

『관가만엽菅家萬葉』에 이런 노래가 있다. "봄 아지랑이/ 그물로 잡아 두면/ 꽃잎 지면은/ 떠나가기 마련인/ 휘파람새 머물까"

위 문장은 정찬본精撰本 『다이쇼키』에 의거했다. 이와나미판 전집이 병렬하여 수록한 초고본 『다이쇼키』에는 이동異同이 있다. 『화명초』와 「의제령儀制令」을 인용한 것은 같지만, 유사한 발상으로서 『초사』와 『관가만엽菅家萬葉』은 아직 인용되지 않고, 그 대신에 다음 대목이 있다.

『후찬집後撰集』[63]에 실린 가와라노 사다이진의 노래 "비추는 달을/ 마삭나무 덩굴로/ 붙잡아 매어/ 싫증내 떠나가는/ 그대를 잡아볼 까", 혹시 이 '그물로 잡아'를 인용한 것이 아닐까.

이처럼 전후 시대의 일본 노래에서 유사한 발상을 거론하는 것은 이번에 나온 전집 권8『고킨요자이쇼古今余材抄』에서는 더욱 왕성하고 주도周到하다. 적어도 이 점에 관한 한 수많은 고금의『고킨와카슈』 주석 어느 것도 게이추를 당해내지 못할 거라고 국문학의 문외한인 나는 생각할 정도인데, 같은 노력이『만엽집 다이쇼키』에서는 일본문학뿐만 아니라 중국문학에 대해서도 왕성하게 작용하고 있다.

인용한 부분 근처에서 예를 하나 더 든다면, 같은 일련一連의 노래, 어떤 책의 단가 1수

우리 왕자는/ 신이신 까닭으로/ 회목 우거진/ 험한 산속에까지/ 연못 만들 수 있네[64]

이 노래에 이어 '정찬본'과 '초고본' 둘 다가 인용한 것은 중국문학 두 가지다. 하나는

---

63 『후찬집』은『후찬 와카슈』의 약칭인데, 문자 그대로『고킨와카슈』 '후後'에 '찬撰'한 가집 歌集이라는 뜻이다.『고킨와카슈』를 보완할 목적으로 편찬된 가집으로 볼 수 있다.
64 『한국어역 만엽집2』, 29쪽. '연못海'은 '사냥 길의 연못'을 말한다고 한다(같은 책, 28쪽 주 석).

양자운 「우렵부」 서문에 이런 말이 있다.

무제武帝께서는 상림원上林苑을 넓게 개척하여, 그 안에 곤명지昆明池를 파서 전하滇河를 상징하여 수전水戰을 익히게 했다. 건장궁建章宮·봉궐궁鳳闕宮·신명대神明臺·삽사전駛娑殿을 건축하였고 점대漸臺가 있으며 태액지泰液池는 바닷물이 방장方丈·영주瀛洲·봉래蓬萊 세 선산仙山을 돌아 흐르는 것을 본떴다.[65]

揚子雲羽獵賦序云, 武帝廣開上林, 穿昆明池象滇河, 營建章鳳闕神明駛娑漸臺大液象海水周流方丈瀛洲蓬萊.

또 하나는,

『문선』에 실린 포명원 「대군자유소사代君子有所思」라는 시에 "쌓아놓은 산은 봉호蓬壺전설 속의 선산인 듯하고, 파놓은 연못은 명발溟渤(명해溟海와 발해渤海)과 비슷하다"[66]는 구절이 있다.

文選, 鮑明遠代君子有所思詩. 築山擬蓬壺, 穿池類溟渤.

두 편 모두 6세기 초 양 무제梁武帝의 황태자 소명태자昭明太子 소통

65 『문선역주2』, 106쪽 참조. 참고삼아, 104쪽의 '천곤명지穿昆明池 이하 2구'에 대한 주석 일부를 옮겨둔다. "한 무제가 견독국(身毒國: 지금의 인도인 천축天竺)과 통하고자 했는데, 곤명국昆明國에 가로막히게 되었다. 곤명국에 사방 300리가 되는 전지滇池가 있기 때문이었다. 이에 무제는 곤명국을 치고자 하여 원수元狩 3년에 죄를 지은 관리들을 시켜 땅을 파게 해, 장안長安 인근에다 곤명지昆明池를 만들어서 전지를 본떠 그 안에서 수전水戰을 익히게 했다."
66 『문선역주5』, 462-463쪽.

蕭統이 편집한 사화집詞華集인 『문선』에 실려 있다. 전자는 현재 우리가 보통 독본으로 삼는 이선주李善注 『문선』, 또한 게이추 시절에 그 독본이었다고 생각되는 육신주六臣注 『문선』, 두 판본 모두 권8 '부賦'의 「전렵중畋獵中」 권에 실려 있고, 후자는 권31, '시詩'의 「잡의하雜擬下」 권에 실려 있다. 전자 「우렵부羽獵賦」는 한나라 성제成帝의 문학시종신文學侍從臣이었던 양웅揚雄이 '천자가 수렵하는 이상적인 형태는 옛날 무제武帝처럼 지나치게 사치스럽게 하지 않는 것'이라는 내용으로 주상한 미문인데, 그 서문의 일부분이다. 또한 후자는 남조 송나라 문사 포조鮑照가 고가古歌인 「군자유소사君子有所思」를 모방하여 지은 가운데 귀족들의 사치를 비판적으로 노래한 구절이다. 둘 다 중국문학이 늘 그러하듯 체제 안의 비판할 만한 요소를 비판하는 언어여서, 히토마로의 노래는 소박한 찬미라는, 적어도 『만엽집』의 문외한인 내게는 그렇게 보인다. 그리고 언어를 낳은 배경은 같지 않지만 바다가 없는 곳에 대해를 만든다는 발상은 확실히 비슷한 데가 있다.

이상은 지금 내가 읽고 있는 권3에서 편의상 그저 두 사례를 든 것에 불과하다. 『만엽 다이쇼키』 전권의 사정도 그러할 것이다. '표범의 반점 하나一斑'를 근거로 '표범 전체全豹'를 미루어 추측·예상해도 좋을 것이다.

내가 이런 예상을 품게 된 것은 이번이 처음이 아니다. 예전에 일본문학과 중국문학에 나타난 꿈의 비율에 대해 쓴 졸문 「사몽思夢과 악몽惡夢」(『전집』 18권 17쪽 이하)에서도, 오토모노 야카모치가 사카노우에노 오이라쓰메에게 보낸 몇 편의 노래, 그것에 대한 게이추의 설에 고개를 숙인 적이 있다.

꿈에서 만남은/ 괴롭기만 하네요/ 눈이 떠져서/ 더듬어 찾았는데/ 손에 닿지 않으니[67]

이 노래는 당인唐人의 소설『유선굴遊仙窟』(7세기의 단편소설)에서 영향을 받은 것이 확실하다고 우선 지적한 뒤,『문선』에서 비슷한 발상을 보이는 작품을 자유자재로 인용한다. 사마상여司馬相如의「장문부長門賦」「고악부古樂府」「음마장성굴행飮馬長城窟行」 또는 반악潘岳의「과부부寡婦賦」까지, 마치 주머니 속의 물건을 꺼내는 것 같다. 그때 경탄하기 시작해서 이제는 마침내 확신하게 되었다 해도 좋다.

머지않아 서술할 테지만, 내가 놀란 것은 그의 박람강기博覽强記만이 아니다.

물론 우선 그의 박람과 강기에 놀란 것은 분명하다. 전 60권에 이르는『문선』을 이렇게 자유자재로 인용하는 것은 자구의 표면만을 이해하고 기억한다고 할 수 있는 일이 아니다. 발상의 내용까지 기억하지 않는 한, 즉 이 방대한 사화집을 구석구석까지 암송하고 있든지 아니면 적어도 그에 가깝게 숙달하지 않는 한 불가능하다. 현재 중국문학 전문가는 구름처럼 많지만, 이런 능력이 있을 법한 사람은 떠오르지 않는다. 적어도 나는 그런 능력이 없다. 망우亡友 시바 로쿠로斯波六浪라면 어쩌면 가능했을지 모른다. 그는 당대의『문선』 대가이고, 그의 유업遺業『문선색인』(교토대 인문과학연구소)은『문선』의 글자 하나하나에 대한 용어색인으로 우리 동학同學에게 무한한 편익을 제공

67 『한국어역 만엽집3』, 267쪽.

하지만, 발상의 색인이 되기는 어렵다.

　게이추는 이렇게 『문선』에 특히 정통하다고 느껴지지만, 그 외에도 『오경』『논어』『장자』『열자』『사기』『한서』 그리고 당시唐詩도 종종 인용한다. 344번, 여행자旅人의 찬주가讚酒歌 중 하나,

　밉살스럽네/ 대단한 척하면서/ 술 안 마시는/ 사람을 잘 보면은요/ 원숭이와 닮았네[68]

에 대하여,

　이 노래에는 이백의 '단득취중취但得醉中趣, 물위성자전勿謂醒者傳(그 저 취중에 얻은 정취이니, 깨어 있는 이에게 말하여 전하지 말라)'이라 할 만한 마음이 있다.

고 한 것은 「월하독작月下獨酌」 일수一首의 결구로 알려진 대목이다. 또 한 257번, 가모노키미노 다리히토鴨君足人의 가구야먀香具山의 노래

　벗나무 꽂은/ 그림자 짙게 피고[69]

에 대해,

68　『한국어역 만엽집2』, 137쪽.
69　앞의 책, 45쪽.

'그림자 짙게 피고'란 푸른 잎이 무성하여 나무가 어두운 것이다. 당唐 이가우李嘉祐의 시에 '강화포천수江花鋪淺水, 산목암잔춘山木暗殘春'이라는 구절이 있다.

라고 한 것은 오언율시 「송번병조送樊兵曹」의 첫 연이고, 『삼체시三體詩』에 수록되어 있긴 하지만 사람들이 널리 기억하는 구절이라 할 수는 없다.

1973년 7월 29일

26. 게이추契沖를 공부하며(1)

게이추의 이 논의는 에도 유학사에서 일대 사건이라 할 수 있다. 왜냐하면 오규 소라이가 『논어징』에서 내놓은 견해를 그에 앞서 제시했고, 이토 진사이의 『논어고의』와 결론을 달리하면서도, 이토 진사이와 마찬가지로 맹자에 주의를 기울였기 때문이다.

전고를 쓴 뒤, 실은 게이추에 대한 공부가 그다지 진행되지 못했다. 일과로 삼고 있는 두보 시 주석은 폭염에 맞서 요 한 달 사이 크게 진척되었지만, 이와나미판으로 나온 『고킨 다이쇼키』 가운데 두 권은 책상 주변에 놓여 있을 뿐 열어보지 못했다.

그러나 나는 매우 주목할 만한, 나에게는 경탄스럽기까지 한 대목 하나를 이미 권3에서 발견하고 새삼 이 학자를 존경하게 되었다. 그것은 『만엽집』의 노래 자체가 아니라 『논어』의 어느 구절에 대한 해석에 관한 것이다. 지금의 학자들이 번호 264를 붙여놓은 히토마로의 노래 항목에 그것이 보인다.

가키노모토노 아소미 히토마로가 아후미국에서 올라올 때 우지

강가에 도착했을 때 지은 노래 1수

모노노후노/ 야소 우지 강 속의/ 어살 말뚝에/ 멈칫한 물결 같이/
앞길 알기 힘드네[70]

이 노래에 대한 『만엽 다이쇼키』도, 다른 노래와 마찬가지로, 좀
더 이르게 성립된 초고본, 좀 더 늦게 정리된 정찬본이 이와나미판에
는 함께 실려 있다.

우선 정찬본을 보면, '모모노후노 야소'가 '우지 강'의 마쿠라코토
바(枕詞, 와카에서 특정 어구 앞에 붙이는 수식어)인 것에 대해서는 그저
간단하게 '모모노후노 야소 우지', 그리고 오른쪽에 '신 고킨 잡중新古
今雜中'이라고 방주旁注한 표기만 있는 것은, 권두 총석惣釋 마쿠라코토
바 하권, 이와나미판 제1권 152쪽에 상론詳論이 있기 때문이다. 해설
은 '아지로기網代木'[71]부터 시작된다.

아지로網代(어살)는 빙어氷魚를 잡는 것이다. 네 귀퉁이에 세운 기둥
이 아지로기網代木다.

이어서 '이사요우(멈칫한)'에 대해,

'이사요우(머뭇거리다, 일렁대다)'는 배회徘徊라고 쓴다. '야스라우(망

---

70 『한국어역 만엽집2』, 53쪽.
71 앞의 책 52쪽에서는 아지로기를 '그물처럼 나무나 대나무를 엮어서 강에 쳐놓고 물고기를
잡는 장치. 우지 강의 대표적인 풍물'이라 풀이해놓았다.

설이다, 주저하다)'라고도 읽는다. 아지로기에 부딪쳤다 흘러가는 곳부터는 조금 망설이는 마음이 있다.

'아지로기'가 있는 곳에 잠시 머물렀던 물이 결국은 역시 흘러간다. 그렇게까지 섬세한 의식이 '이사요우' 내지는 '야스라우'에, 적어도 히토마로의 이 노래에 나온 그 단어에 담겨 있는지 어쩐지, 『만엽집』의 문외한인 내게는 약간 의문이긴 하지만 참으로 세세한 분석이기는 하다. 게이추 자신도 다음에 인용할 초고본의 분석에서는 좀 더 대략적인 것으로 보인다. 그리고 지금 인용하고 있는 정찬본에서는 세세한 분석의 근거로 불전佛典을 언급한다.

인세人世에서 겪는 생주이멸生住異滅의 사상四相 가운데 잠시 머무른다고 생각하자마자 이상異相으로 옮겨가는 것을, 물이 아지로기(어살)에 부딪혀 잠시 '야스라우(망설이다, 주저하다)' 한다고 보지만, 이윽고 흘러감에 감感하여 읊은 것이다.

그 뒤에 늘 그렇듯이 비슷한 감정을 다룬 문학을 든다. 우선 작자 히토마로 자신이 지은 다른 노래다.

제7에, 같은 사람(히토마로), '미나와처럼 세인世人인 나는, 또한 미나와처럼 세상을 나는 본다'고 읊은 것과 함께 보아야 할 것이다.

이러한 방법을, 한학漢學 술어로는 이경증경以經證經, 경을 근거로

경을 증명한다고 하는데, 가장 가까운 실증에 입각한 증명으로 귀중하게 여긴다. 지금 게이추도 히토마로의 노래를 근거로 히토마로의 노래를 해석하고 있다.

그리고 그다음에 인용한 것이 중국 문헌『논어』다.

論語云. 子在川上曰. 逝者如斯, 不舍晝夜.

『논어』「자한子罕」 제9에 나오는 구절이고, 게이추의 훈점訓點[72]에 따라 읽으면 다음과 같다.

선생께서 물가에서 이르시기를, 가는 것은 이것과 같은가, 밤낮으로 멈추지 않는다.

이상과 같이 히토마로가 지은 다른 노래와『논어』, 두 자료를 인용한 뒤 정찬본이 끝부분에서 말하는 것은 초고본에 보이지 않는 말이다.

'去邊'은『로쿠조六帖』[73]와『슈추쇼袖中抄』[74] 둘 다 '요루헤'라 읽지만,

---

72 한문을 일본식으로 훈독할 때 붙이는 부호로, 문장 성분, 해석 순서 따위를 알려주는 역할을 한다. 한국으로 치면 현토나 구결 비슷한 것이다.

73 『고킨와카로쿠조古今和歌六帖』(헤이안 시대에 편찬된 사찬 와카집私撰和歌集)을 가리키는 듯하다.『고킨와카로쿠조』는『고킨와카슈』『후찬 와카집後撰和歌集』 등에서도 노래를 채록했지만,『만엽집』에서 채록한 것으로 보이는 것도 천 수 이상 있고, 그 본문은 옛 시대의『만엽집』훈독을 남기고 있다고 한다.

74 가마쿠라鎌倉(1192~1333) 시대 초기의 와카 주석서.

'유쿠에시라즈모(앞길 알기 힘드네)'라 읽어야 할 것이다.

'去邊白不母'는 '요루헤시라즈모'가 아니라, '유쿠에시라즈모'로 보아야 한다는 말이다.[75]

후자를 주장하고 전자를 물리친 태도는, 단지 의거한 자료의 신빙성 혹은 각 단어의 사용례, 바꾸어 말하면 당시 사회에서 사용되는 빈도 따위 같은 기계적인 이유 때문에 나온 것이 아니라, 이 노래가 지닐 법한 사상과 감정에 대한 고찰에서 나온 것이리라. 직접적으로는 히토마로가 지은 다른 노래와 서로 통하고, 또는 무언가 『논어』하고도 서로 통할 법한 사상 또는 감정을 드러내는 노래로서는 '요루헤'여서는 안 되며, '유쿠에(앞길)'여야 한다고 본 것이라고, 나는 생각한다.

중간에 이따금 중단되긴 했지만 이상 이 노래에 대한 『다이쇼키』 정찬본 전문을 인용했다. 그런데 내가 경탄한 논의는 초고본 쪽에 있다.

초고본 첫머리에는 '모노노후노 야소 우지 강'의 마쿠라코토바에 대한 자세한 고증이 있다. 그것은 생략하기로 하고 그다음부터 인용하면, 우선 노래의 의미를 총석總釋하여,

노래의 마음은 우지 강의 깨끗하고 상쾌함에 임하여, 바라봄에 흥

---

75 '去邊白不母'는 앞에서 '(모노노후노)/ 야소 우지 강 속의/ 어살 말뚝에/ 멈칫한 물결 같이/ 앞길 알기 힘드네'라고 번역한 와카에서 '앞길 알기 힘드네'에 해당하는 한자 표기다. 우리식으로 말하자면, 향가의 한자 표기 비슷한 것이다.

이 다하면 슬픔이 오는 북풍에

"흥이 다하면" 운운에는, 한 무제의 「추풍사秋風辭」에 있는 '환락극혜애정다歡樂極兮哀情多(환락이 지극함에 슬픈 정 많구나)', 그 구절을 게이추는 다른 데서도 인용한 것으로 기억하는데, 그 구절이 이 논의의 배면에 있을 것이다.

아지로기(어살) 아래 한동안 일렁대는 것으로 보이는 물결의, 앞길도 알지 못함에 감感하여, 인세人世에서 늙어가는 것도 그것과 다르지 않다고 관觀한 것이다.

이는 수류水流를 인생의 추이推移에 대한 상징으로 보고 읊은 노래라 말한 것이다. 정찬본에 보이는 '생주이멸론'은 아직 여기에 없다. 초고본과 정찬본 사이에 얼마만큼의 시간적 거리가 있는지 자세하게 추적하는 일은 힘들지만, 이는 게이추의 사색이 부단한 노력으로 발전했음을 보여준다. 그것이 히토마로가 지은 노래의 원의原義에 어디까지 따라갔는지 여부는 물론 별도의 문제다.

그리고 초고본과 (나중에 이루어진) 정찬본 모두 그 뒤에 똑같이 『논어』를 인용했다.

선생께서 물가에서 이르시기를, 가는 것이 이것과 같은가, 밤낮으로 멈추지 않는다.

論語云. 子在川上曰. 逝者如斯, 不舍晝夜.

그리고

　지금의 노래 이 마음이다.

라고 말한 뒤,『논어』의 이 장에 대해 자세히 논의한다. 그 내용에 나
를 경탄케하는 부분이 포함되어 있다. 게이추는 말한다.

　예부터 이 구절을,

『논어』의 이 구절을, 이라는 뜻이다.

　공자의 '서천지탄逝川之嘆'이라 하여, 시문詩文에서도 그 마음을 썼
　음을,

이른 시기 중국인은『논어』의 이 구절을 '서천지탄', 냇물의 흐름
속에서 인생이 짧고 급박하며 무상하다고 공자가 느낀 말로 이용했
다는 말이다.

『문선』에 익숙한 게이추의 마음에 먼저 떠오른 것은,『문선』권
24의 '시' '증답贈答' 부류에 보이는 한 작품이었을 것이다. 즉 진晉의
사마소통司馬紹統(사마표司馬彪)이 재상 산도山濤에게 보내어, 자신이 불
우한 가운데 헛되이 시간이 흘러가는 것을 호소한 시다.[76] 전 12연

76　시「증산도贈山濤」를 가리킨다. 산도山濤의 자字는 거원巨源, 죽림칠현竹林七賢의 한 사

24구 가운데 그 부분을 들어보면,

꾸역꾸역 해와 달과 별은 치달아, 세월 가는 것이 어찌 이리도 빠른지?
한밤중에 잠을 이룰 수 없어, 일어나 검 어루만지며 배회하다가
저 공자의 탄식에 감개하며, 우리네 수명의 단촉함(짧음)을 슬퍼해 봅니다.[77]

冉冉三光馳 逝者一何速
中夜不能寐 撫劍起躑躅
感彼孔聖嘆 哀此年命促

이 시는 명백히 『논어』의 저 구절에 뿌리를 두고 있는데, 그 구절을 시간의 추이에 대해 공자가 느끼는 서글픔을 말한 것으로 이해한 입장에 서 있다. '서자逝者' 즉 냇물이 '어찌 저리 빠른가' 하는 구는 '삼광三光' 즉 일월성신日月星辰의 운행을 말하는 구와 함께 제시되고, '우리네 수명의 짧음'을 작자는 '성인 공자'와 함께 '탄식'하고 있다.

이렇게 중국의 이른 시기, 적어도 육조 시대에는 공자의 '서자여사부逝者如斯夫, 불사주야不舍晝夜'가 무상하고 빠르며 급박하게 흘러가는 것을 비관悲觀하는 말로 이해되었다. 게이추처럼 독실하게 공부하

람이다. 명리名利를 추구하여 칠현 가운데 유일하게 고관을 역임하였다. 이 시는 사마표가 아직 벼슬길에 오르기 전에 산도의 추천을 바라며 올린 간알시干謁詩라고 한다(『문선역주4』, 229-230쪽 참조).

77 『문선역주4』, 231-232쪽.

지 않은 나는 앞에서 든 시 한 수 외에 다른 예를 금방 들지 못하겠
는데, 그 무렵의 시문에 예외는 없을 것이다.

그런데 후세의 중국에 이르러, 『논어』의 이 구절을 읽는 방식이 크
게 바뀌었다. 시간의 선상에서 인간과 세계가 부단히 성장하는 그것
을 찬미하고 혹은 격려하는 말, 즉 예전의 독법처럼 비관의 언어가 아
니라 낙관의 언어라고, 11~12세기 송나라 신유학新儒學은 바꾸어 읽
었다. 이것을 게이추는 다음과 같이 말한다.

송유宋儒에 이르러, "한나라 이래로 유자들이 모두 이 뜻을 알지 못
했다自漢以來, 儒者皆不識此義"고 보고, 이 구절을 물物이 한없이 생생
生生하는 비유로 파악했다.

게이추가 인용한 두 절은 송나라 주희, 즉 주자의 『논어집주』인데,
11세기 북송의 정자가 말한 것을 12세기의 주자가 인용하는 가운데
보인다.

게이추가 인용한 구절의 조금 앞부분에, 주자집주에서 '정자가 말
했다'고 우선 인용한 단락은 이렇다. "정자가 말했다. 이것은 도체다
程子曰, 此道體也." 『논어』의 이 구절은 세계의 본질을 지적했다. "하늘이
운행하여 그치지 않는다. 해가 가면 달이 오고, 추위가 물러나면 더
위가 온다天運而不已, 日往則月來, 寒往則暑來." 세계의 본질은 무한한 순환
이다. 그러므로 "물은 흘러 쉬지 않고, 물物이 생생生生하여 다하지 않는
다. 모두 도와 일체가 되어, 밤낮으로 운행하여 일찍이 그친 적이 없
다水流而不息, 物生而不窮, 皆與道爲體, 運乎晝夜, 未嘗已也."

요컨대 세계의 본질은 무궁한 운동에 있다. 그러므로 공자도 냇가에 서서 '가는 것이 이와 같구나 밤낮으로 그치지 않는구나'라고 말한 것으로, 이는 '서자逝者' 두 글자를 '지나가는 것'이라 읽지 않고 '움직여가는 것'이라 읽은 것이다.

그리고 주자의 집주에서 그 뒤에 정자가 '또 말하였다'라고 인용한 것이 게이추가 인용한 한문이고 읽으면 다음과 같다.

한나라 이래로 유자들이 모두 이 뜻을 알지 못했다.

自漢以來, 儒者皆不識此義.

이렇게 송유는 한漢과 육조六朝 때의 독법을 '불식차의不識此義(이 뜻을 알지 못했다)'라 보았다. 게이추는 고설古說과 다르다는 이유로 이어지는 논증에서 그것을 물리치는데, 송유의 설과 합치하는 듯한 사고가 다른 고전에 없지 않다는 사실도 그는 알고는 있었다. 『맹자』「이루離婁」편이 그것이다. 거기에는 송유와 마찬가지로 진보의 원리로 물을 찬미하고 있고, 더구나 그것을 공자의 생각이라 본다. 게이추는 그것에 대해서도 언급하나 그것은 『논어』의 해당 구절에 들어맞지 않음을 주도하게 따진다.

『맹자』의 인용은 『다이쇼키』에 한문으로 되어 있지만, 편의상 번역으로 제시하면,

맹자에게 서자가 물었다. "중니(공자)는 '물이여, 물이여' 하고 자주 물을 일컬었습니다. 물에서 무엇을 취한 것입니까?" 맹자가 대답했

다. "근원이 있는 샘은 콸콸 솟아나와 밤낮으로 멈추지 않아, 웅덩이를 채운 뒤에 바다에 이릅니다. 근본이 있는 것은 이와 같으니, 중니께서 이 점을 취하신 것일 따름입니다."

徐子曰. 仲尼亟稱於水曰, 水哉水哉, 何取於水也. 孟子曰, 原泉混混. 不舍晝夜. 盈科而後進. 放乎四海. 有本者如是. 是之取爾.

그리고 게이추는 말한다.

이것은 송유가 말한 것과 비슷하지만, 성인이 비유를 취한 것이 어찌 일우一隅를 수守하겠는가.

실제로 『맹자』에 나타난 공자는 물을 진보의 원리를 상징하는 것으로 여겨 찬미했다. 송유가 『논어』를 해석한 것과 비슷하다. 그러나 성인 공자는 다면적인 인물이다. 상징 혹은 비유로 사물을 보는 경우에도 "어찌 일우一隅를 수守하겠는가", 즉 한 가지로 보는 방식만을 고집할 리가 없다. 맹자가 말한 그런 형태로 물을 일컬은 때도 있으리라. 그러나 『논어』의 저 구절은 그렇게 볼 수 없다. 왜냐하면, '서자여사부逝者如斯夫'라는 발단 부분의 어기語氣가 맹자가 말한 그런 내용으로 느껴지지 않기 때문이라고, 게이추는 논증을 여전히 이어가는데, 그것은 다음에 다루기로 하고 내 결론을 먼저 말하기로 하자.

『만엽집』에 실린 히토마로의 노래에 붙인 주로서의 가치를 잠시 제쳐두더라도, 이 일단一段의 논의는 에도 유학사儒學史에서 일대 사건이라 할 수 있다. 왜냐하면 게이추의 견해는 오규 소라이가 『논어징』에서 내놓은 견해를 그에 앞서 제시했고, 이토 진사이의 『논어고의』와 결론을 달리하면서도, 이토 진사이와 마찬가지로 맹자에 주의를 기울였기 때문이다.

1973년 8월 24일

27. 게이추를 공부하며(2)

『문선』을 뒤져볼수록 게이추가 말한 것처럼, 이른 시기 중국의 시문이 『논어』의 이 구절을 '공자의 탄식'으로 읽고 있음을 확인할 수 있다. 『문선』뿐만 아니라 이백의 시, "흘러가는 물과 흘러가는 세월 표홀飄忽하여 서로 기다려주지 않는구나"에서도 마찬가지다.

(모노노후노)/ 야소 우지 강 속의/ 어살 말뚝에/ 멈칫한 물결 같이/ 앞길 알기 힘드네.

『만엽집』 권3에 "가키노모토노 아소미 히토마로가 아후미국에서 올라올 때 우지 강가에 도착했을 때 지은 노래 1수"로 등장하는 위의 노래는 권1에 실린 유명한 '시가志賀의 도읍을 애도하는 장가長歌'다.[78] 즉 선황先皇 덴치가 조영造營한 '잔잔한 물결 오쓰의 궁'이 폐허로 된 것을, 히토마로가 "이하바시루바위 위에 물이 튀어 흩어진다. 아후미국"을 방문하여, "모모시키노 대궁전이 있던 곳, 보면 슬퍼지누나", 라고 애도한 장가인 것이다. 그것을 지은 여행길에서 돌아오는 중에 우지 강을 지날 때의 감개感慨이고, 또한 아후미로 가는 여행은 지토 여제, 즉 오쓰의 궁을 조영한 덴치의 딸인 동시에 부친 덴치의 정치를 뒤엎고 아후미의 도읍을 폐허로 만들어버린 숙부 덴무의 황후이기도 했던 여성이 남편이 죽은 뒤 스스로 제위에 올라 아버지에게는 집착의 땅, 숙부이자 망부인 이에게는 혐오의 땅 아후미에 행행行幸했을 때, 히토마로도 궁정시인으로 수종隨從했다.

따라서 저 장가도 여제의 요청에 응해서 지은 응조시應詔詩다. 그러므로 돌아가는 길에 읊은 이 '멈칫한 물결'의 짧은 노래 한 수도 "아후미 황도荒都의 인상이 여전히 짙게 그림자를 드리우기 때문에 일종의 무상한 느낌이 독자의 가슴에 사무치게 육박해온다"는 설을, 나는 어제 기타야마 시게오의 신작 『가키노모토노 히토마로柿本人麻呂』에서 막 읽은 참이다(『이와나미 신서』 869, 62-66쪽).

기타야마의 설은 매우 설득력이 있다고 나는 느꼈다. 그러나 지금 내가 말하고 있는 것은 이 노래 자체에 대해서가 아니다. 문외한의 공부가 얼마간 진전되면 무언가 말하고 싶어질지도 모르지만 지금은 그렇지 않으며, 이 히토마로의 노래를 다룬 게이추의 『다이쇼키』에 대해 말하고 있는 것이다. 그것도 이 노래 자체의 해석이라기보다는 거기에 등장한 『논어』 해석의 탁월함에 대해 말한 것이 전고였다.

전고에서 중간까지 인용한 『다이쇼키』 초고본의 그 대목을 다시 한번 인용하면, 거기에서는 히토마로의 이 노래에서 "아지로기(어살) 아래 한동안 일렁대는 것으로 보이는 물결"이, "앞길도 알지 못함에

---

78 '아후미의 황폐해진 도읍을 지날 때에 가키노모토노 아소미 히토마로가 지은 노래'를 가리킨다. 이하 번역은 『한국어역 만엽집1』, 67쪽 참조.

감感하여" 나온 작품이다. 또 "인세人世에서 늙어가는 것도 그것과 다르지 않다고 관觀한 것"이라고 한 뒤, 냇물의 흐름에 대해 히토마루와 똑같은 감개를 품었던 문학으로 공자의 말, 『논어』「자한」편 "자재천 상왈子在川上曰, 서자여사부逝者如斯夫, 불사주야不舍晝夜"를 들었다.

공자께서 냇가에서 말씀하셨다. 가는 것이 이와 같구나. 밤낮으로 그치지 않는구나.

그리고 말한다. 이것은 공자가 인간이 시간의 추이 속에서 옮겨가고移行 사라져가는消去 상징을 냇물에서 본, 이른바 '서천지탄'이다. 여기서 탄식은 히토마로의 이 노래, 엄밀히 말하면 '게이추의 해석에 따른' 히토마로의 노래와 같다. 『논어』의 원의는 그렇게 읽어야만 한다고 『다이쇼키』는 역설한다. 『만엽집』의 주석을 다는 자리이고 보면 다소 지나치지 않나 싶을 만큼, 그는 역설한다.

그렇게 역설하는 데는 이유가 있다. 『논어』의 이 구절에 대해 당시 일반적인 해석은 매우 달라 게이추가 말하는 방향이 아니었기 때문이다. 다시 말해 게이추가 활동하던 시대인 에도 초기, 중국으로 치면 명말 청초明末淸初, 중국이든 일본이든 권위 있는 『논어』 주석은 송나라 주자의 『사서집주』였다. 거기에서는 '가는 것이 이와 같구나, 밤낮으로 그치지 않는구나'라는 이 구절을 게이추처럼 비관에 연관된 것으로 보지 않았다. 반대로 주자는 이것을 낙관의 언어로 보아, 세계의 간단間斷없는 운동, 그 상징을 공자가 냇물에서 보았다고 해석했다. 즉 게이추의 요약에 따르면 "물物이 생생生하여 다함이 없는 것을 비유"한 것으로 보았다. 게이추는 그에 반론을 편 것이다. 『논어』의 이 구절에 붙은 주자주에 대한 반론은, 게이추보다 후대, 훗날 반주자·반송유反宋儒의 거두 오규 소라이의 『논어징』에도 있다. 그리고 소라이의 반론 방향과 방법도 게이추와 거의 같다. 그러나 소라이가 『논어징』을 쓴 것은 교호(1716~1735) 초년初年이고, 게이추가 『다이쇼키』를 완성한 것은 그보다 30년가량 이른 겐로쿠(1688~1704) 초년이다. 겐로쿠 무렵에도 이미 교토 호리카와의 이토 진사이가 반주자의 기치를 들고 있었으나 아직 국부적인 세력이고, 일반적인 『논어』 독자는 당시 최고 철학의 지위를 누린 주자주注의 세력 아래 있었다. 그러한 상황 가운데 게이추는 감히 반론을 펴고 있다. 그는 전문專門 유가였던 소라이보다 앞서 소라이와 같은 견해를 펼치고 있었다. 더구나 『만엽집』의 주로서는 곁다리라고 볼 수 있는 부분에서 그것을 말하고 있는 것이다. 또한 그 어기는 매우 진지하고 절차는 신중했다. 진리가 가리어지는 것을 꺼리는 사람의 억누를 길 없는 요구를 느낄 수 있다.

게이추는 우선 외증外證을 모으는 절차를 밟는다. 송대 이전의 중국인은 『논어』의 이 구절을 주자 같은 송유들과 다른 방식으로 읽었다는 것, 즉 주자주는 자의적恣意的인 신설新說이라는 것을 "예부터 이 구절을 공자의 '서천지탄'이라 했으며, 시문詩文에도 그 마음을 썼다"고 우선 지적했다.

게이추가 의식했을 이른 시기 '시문'의 예를, 전고에서는 내 기억에 있는 『문선』 권24 사마표의 시 한 수를 드는 데 그쳤지만, 고故 시바로쿠로가 펴낸 『문선색인』의 도움을 얻어 『문선』을 검색하니 여러 수가 나온다.『다이쇼키』를 소증疏證하는 의미를 담아, 조금 번거롭더라도 하나하나 들어보기로 한다.

권23, 위魏 유정劉楨의 시, 문학의 벗이자 주군의 아들인 조비曹조가 병문안 와준 것에 감사하며 지은 작품에, "서자여유수逝者如流水, 애차수리분哀此遂離分(시간이 흐르는 것은 마치 흐르는 물과 같으니, 결국 헤어지게 됨을 슬퍼합니다)"[79]라는 구절이 나온다. 벗과 오랜만에 나누는 대화도 '서자逝者', 변천해가는 존재이고, 덧없는 이별로 인해 흘러가는 물처럼, 과거의 시간으로 밀려나버림을 탄식한 것이다.

권20, 송 사첨謝瞻이 어떤 이를 떠나보내는 연석시宴席詩(「왕무군유서양집별시위예장태수유피징환동王撫軍庾西陽集別時爲豫章太守庾被徵還東」)에, "이회수상친離會雖相親, 서천기왕복逝川豈往復(이별과 만남은 서로 이어져 있다지만, 흘러간 강물이 어찌 돌아오겠는가)"라는 대목이 나온다.[80] 이 대목도 인생의 변전變轉을 가서 돌아오지 않는 강물에 비유한다.

또한 죽은 이의 영서永逝(영면)를 애도하여 쓰인 예도 많이 나온다. 권57, 진晉 반악潘岳의 「하후상시뢰夏侯常侍誄」에 "존망영결存亡永訣, 서자불추逝者不追(산 자와 죽은 자는 영원히 이별인지라 떠난 자는 따를 수가 없구나)"라는 구절이 있다.[81] 이와 더불어 권58 제齊 왕검王劍의 「저연비문褚淵碑文」"감서천지무사感逝川之無捨, 애청휘지묘묵哀淸暉之眇默(시냇물이 밤낮으로 쉼이 없음을 탄식하며 맑게 빛나는 광휘가 아득히 멀어져감

79 『문선역주4』, 185쪽.
80 저자의 훈독에 따른 번역이다.『문선역주3』 440쪽 번역은 다음과 같다. "이별했다 만나면 서로 친해지긴 하겠지만, 흘러버린 세월이 어찌 돌아올 수 있겠는가!"
81 『문선역주9』, 246쪽.

을 슬퍼하였다)",[82] 권59 양梁 심약沈約의 「제고안륙소왕비문齊故安陸昭王碑文」 "서천무대逝川無待, 황금난화黃金難化(흘러가는 시냇물은 기다려줌이 없고 단사丹砂로 황금도 만들기 어려운 법이로다)",[83] 모두 인생 마지막의 전이轉移, 생에서 죽음으로의 전이를 '서자逝者' '서천逝川'으로 비유하고 있다. 그 바탕에 있는 것은 한결같이 『논어』의 저 구절임을, 『문선』의 권위 있는 주석자 당의 이선李善은 각각의 대목에서 주의깊게 지적한다.

요컨대 『문선』을 뒤져보면 뒤져볼수록 게이추가 말한 것처럼, 이른 시기 중국의 시문이 『논어』의 이 구절을 '공자가 탄식한 언어'로 읽고 있음을 확인할 수 있다. 『문선』뿐만 아니라, 당시唐詩에서도 그러하여 이백 「고풍古風」의 "서천여류광逝川與流光, 표홀불상대飄忽不相待(흘러가는 물과 흘러가는 세월 표홀하여 서로 기다려주지 않는구나)." 혹은 맹교孟郊의 「달사達士」에 나오는 "사시여서수四時如逝水, 백천개동파百川皆東波, 청춘거불환青春去不還, 백발섭갱다白髮鑷更多." 모두 그러하다.

훗날 소라이의 『논어징』이 이 구절에 대한 주자주를 논파할 때에도, 게이추와 마찬가지로 옛 시문을 한 논거로 삼았다.

> 한漢부터 육조六朝에 이르기까지, 시부詩賦가 인용한 바 모두 다만 이 뜻으로만 보았고, 다시 이설이 없었다.
>
> 漢至六朝, 詩賦所授, 皆止斯義, 無復異說.

---

82 앞의 책, 375쪽.
83 앞의 책, 438쪽.

소라이가 『다이쇼키』를 읽었을 가능성이 있을까 없을까.

게이추로 다시 돌아가면, 다음으로 자신의 설에 불리한 자료를 들어 그것을 음미하고 진압한다. 『맹자』에 나타난 공자의 말이 물을 활동과 진보의 비유로 보는 점은 주자의 설과 닮아 있다. 그러나 '그것은 그것이고, 이것은 이것', 『맹자』에 사로잡혀 『논어』의 이 구절을 설명하는 것은 성인 공자의 마음이 지닌 다면성을 몰각沒却하는 것이라 본다. 게이추는 말한다. "성인의 비유를 취하는 데 어찌 한 가지 방식만을 고집하겠는가."

게이추의 이러한 음미에는 이토 진사이의 『논어고의』가 영향을 미쳤을 것이다. 진사이는 소라이보다 앞서 반주자의 기치를 든 거두인데, 이 구절에 나오는 냇물을 활동 원리로 본 점은 오히려 주자와 같고, 주자는 인용하지 않은 『맹자』를 새롭게 인용하여 그 증거로 삼았다.

게이추가 진사이의 『논어고의』를 읽었을 가능성은 충분히 있다. 또한 진사이의 『논어고의』는 공자가 물을 보는 방식을 게이추와 다른 방향으로 결정하면서도, 즉 게이추와 결론을 달리하면서도, 덧붙인다.

이상은 전고에서 이미 서술한 것을 자료를 보충하며 재차 서술한 것이다. 그런데 『논어』의 이 구절에 대해 게이추가 주장한 설의 가장 탁월한 점, 그리고 내가 가장 감심한 점은 그다음 말에 있다.

이미 '서자여사부逝者如斯夫'라고 말했다. 생생무궁生生無窮을 말하려 했다면, 이 발단의 말은 어울리지 않는다.

즉 이 구절의 발단에 있는 것은

서자여사부逝者如斯夫

이 다섯 자인데, 이 다섯 자의 리듬으로 보건대 이 구절은 부드럽고 약한 영탄의 말이어야 한다. 만약 주자 등 송유가 말한 것처럼 '생생무궁'을 말하는 강력한 말이라면, 발단의 다섯 자가 빚어내는 리듬에 어울리지 않는다. 주자 등 송나라 유자들이 범한 근본적인 오류가 거기에 있다, 그렇게 말하고 있는 것이다.

이것은 굉장한 탁견이다. 나도 이 다섯 자의 리듬은 바로 게이추가 말한 것이 아니면 안 된다고 믿는다. 적어도 중심 방향은 거기에 있다. 우리 당음唐音의 무리는 이 발단의 다섯 자를

shì zhě rú sī fú

(스 저 루 쓰 푸)

로 읽기 때문에 더욱 그렇게 느낀다. 게이추가 당음을 터득하고 있었는지 여부를 나는 알지 못한다. 가령 터득하지 않았다 하더라도, 지금 그것은 문제되지 않는다. 이 다섯 자가 영탄의 리듬이라는 것을 그는 통찰하고 있기 때문이다. 그리고 그 통찰을 바탕으로, 주자주(혹은 널리 송학宋學)의 두꺼운 벽을 무너뜨리고 있는 것이다.

이것은 게이추가 리듬을 통한 독서의 달인이었음을 보여준다. 혹은 언어는 리듬을 통해서 비로소 파악된다는 점을 몸소 보여준 위인

이었다. 그것은 이미 (『만엽집』의 주해로서는 곁다리에 속할)『논어』구절의 해석에 국한된 이야기가 아니다. 이것이 그의 『다이쇼키』전체가 만엽학萬葉學이 발달한 뒤에도 불후의 빛光芒을 잃지 않는 까닭일 것이다.

또한 『논어』의 이 구절에 국한한다 해도, 그는 진사이나 소라이보다 뛰어났다고 본다. 소라이도 언어는 리듬을 통해 읽어야 한다고 주장했고, 그렇기에 당음을 배웠으며, 이 구절도 그가 배운 중국 남방음南方音으로 읽었을 게 분명하다. 그리고 송유를 물리친 점은 게이추와 같지만, 그의 『논어징』에 이 다섯 자의 '문세文勢'에 관한 논의는 없다.

게이추의 말은 다시 이어져, 다음과 같이 끝난다.

『춘추春秋』의 미언微言에 이르러서는, 자유子游·자하子夏 같은 이라 하더라도 한 글자를 더할 수 없었으니, 『춘추』가 아니라고 해서 함부로 말을 할 수 있겠는가.

이 말에 대해서도 해설이 필요할 터인데, 다음 원고로 넘기기로 한다. 또한 본래 내가 게이추에 대해 말하고자 한 내용이 아직 끝나지 않았다. 지금까지 서술한 것들은 리듬을 통한 독서의 달인이라는 찬사를 포함하면서도, 게이추의 박학에 대한 찬사로 기울었다. 그러나 사실 게이추에 대한 내 찬탄의 중심은 박학의 배후에 있다.

1973년 9월 말일

28. 독서의 학: 인간의 필연을 더듬다

'어학에 의한 철학'이라는 지점이야말로 '독서의 학'의 요체다. 우리 시대에 인간의 필연을 추구하는 학적인 작업, 즉 철학은 '총론總論의 언어'로 말하는 것이 일반적 관습이 되어 있다. '독서의 학'은 그것과는 다른 방법으로 인간의 필연을 더듬으려 하는 작업이다.

전고에서 말한 것처럼 『만엽집』 권3에 수록된 히토마로가 우지 강에서 읊은 노래, '모노노후노/ 야소 우지 강 속의'에 대해 게이추의 『다이쇼키』는 『논어』에서 공자가 냇물을 앞에 두고 한 말, '서자여사부逝者如斯夫, 불사주야不舍晝夜(가는 것이 이와 같구나, 밤낮으로 그치지 않는구나)'를 비슷한 발상의 예로 들었다. 또한 공자의 이 말은 육조인·당인이 읽은 것처럼 '비관의 말'이며, 송유가 그것을 '물物이 생生하여 다함이 없다는 비유'로 보고 생생무궁生生無窮함을 말하는 낙관의 말로 읽은 것은 '서자여사부'라는 발단의 다섯 자가 지닌 리듬에 본래부터 어울리지 않는다고 논하였다. 그리고 이 대목의 매듭으로 제출된 것은 한층 광범한 논의다.

『춘추』의 미언微言에 이르러서는, 자유·자하 같은 이라 하더라도 한 글자를 더할 수 없었으니, 『춘추』가 아니라고 해서 함부로 말을 할 수 있겠는가.

여기서 말하려는 핵심은 이것이다. 공자의 말은 표현에 주의를 기울인 언어다. 그 생애의 결론이 된 저작 『춘추』, 그 미묘한 언어 구사는 특히 그러하여 제자 가운데 능문能文으로 이름 높은 자유·자하 같은 이들조차 참견할 수 없었을 만큼 일자일구一字一句가 모두 엄밀한 조사措辭였다.

『논어』의 이 구절은 『춘추』가 아니다. 그러나 똑같이 공자의 말이니, 가벼운 조사일 리 없다. '서자여사부'라는 영탄의 말은 충분한 선택의 과정을 거쳐 나왔을 것이다. 그것을 송대의 유자처럼 자의적으로 바꾸어 읽는 일은 삼가야 한다, 게이추는 그렇게 말하고 있는 것이다.

『춘추』에서 공자의 조사가 보이는 엄밀함이 제자들의 조언을 거부했다고 말한 것은 『사기』 「공자세가」에 근거한 말이다. 「공자세가」는 육경의 하나인 『춘추』를 지은 경과를 이렇게 말한다.

공자가 관직에 있어 소송을 듣고 판결문을 작성할 경우, 다른 관료와 함께 해야 할 것이 있으면, 결코 혼자서 쓰지 않았다.

孔子在位聽訟, 文辭有可與人共者, 弗獨有也.

공자가 재판관직에 있을 때의 판결문 등은 사람들과 합의했다. 그

러나

『춘추』를 지을 때는 자하 같은 이조차 일사一辭도 더하거나 뺄 수
없었다.

至於爲春秋, 子夏之徒不能贊一辭.

『사기』의 원문은 '자하지도불능찬일사子夏之徒不能贊一辭'인데, 게이
추가 자유子游를 덧붙여 '유하游夏의 배輩'(자유·자하 같은 이)라고 한
것은 자의적으로 덧붙인 것이 아니다. 여기에도 『문선』의 영향이 있
다. 『문선』 권42, 위나라 조식曹植이 양수楊修에게 보낸 편지에 이 옛
일을 서술하여,

옛날 공자의 문사文辭는 일반 사람들의 것과 함께 섞였지만, 『춘추』
를 편찬함에 이르러서는 자유·자하의 무리가 한 마디 말도 끼워
넣을 수가 없었습니다.

昔尼父之文辭, 與人通流. 至於制春秋, 游夏之徒乃不能措一辭.[84]

'이보尼父'는 곧 공자다. 또한 자하와 자유를 병칭하여 '유하지도游
夏之徒'라 말한 것은 『논어』 「선진先進」 편에 '문학文學, 자유자하子游子
夏'라 하여 문장에 뛰어난 제자로 두 사람을 병칭했기 때문이고, 조식
이 그렇게 말한 것을 게이추도 사용한 것이다. 그 두 사람에게도 조

---

84 『문선역주7』, 229쪽.

언을 허용하지 않을 만큼 엄밀한 조사措辭를 좋아한 공자의 언어를, 송유처럼 자의적으로 '제 철학'에 억지로 끌어대어 바꾸어 읽다니 이 무슨 일인가.

요컨대 『다이쇼키』의 이 대목은 '고전을 읽을 때는, 그 문기文氣(우리 언어로 바꾸어 말하면 리듬)에 충실하고 민감해야 한다'고 주장하고, 그것을 소홀히 했으므로 『논어』의 이 구절에 붙은 주자주를 물리친 것이다. 단순히 이 구절의 주뿐만 아니라, 주자 내지는 송유가 일반적으로 '이기지설理氣之說'이라 외치는 독특한 세계관이 있다. 그것에 끌어다 붙여 고전을 바꾸어 읽은 광범한 사태에 대한 폭넓은 비난(혹은 혐오)을 포함한 것으로 생각된다.

나는 막부의 국정國定 학문이었던 주자학 내지는 송학에 대해 먼저 반론을 준비한 이는 진사이, 다시 그것을 교격矯激한 이는 소라이, 그 일을 가장 완성도 높게 해낸 이는 노리나가라고 보지만, 게이추 또한 진사이와 소라이의 중간 지점에 자리잡아 그 계보에 참여하고 있다 해도 좋으리라. 이것은 단순히 에도 국학의 역사뿐만 아니라, 유학 역사에서도 매우 중요한 사실이다. 『다이쇼키』 혹은 다른 저술 속에서도 그것에 관한 자료는 더 발견될 것이다.

그렇지만 내가 게이추에 대해서 가장 말하고 싶은 것은 지금까지 서술해온 그런 것이 아니다. 『다이쇼키』가 『만엽집』에 실린 하나하나의 노래를 설명하는데, 지금까지 몇 가지 사례를 들었듯 발상이 비슷한 일본과 중국의 문학을 자유자재로 광범하게 인용한 것, 그 배후 내지는 근저에 있는 정신에 대해 말하고 싶은 것이다. 그것은 인간의 심리가 지닌 필연을, 많은 예증을 통해 천명闡明하고 싶어하는 정신이 없으면 불가능하다. 박인방수博引旁搜(널리 인용하고 두루 찾음)는 본래 박학에 바탕을 둔다. 박학이 바탕에 깔려 있어야 가능하다. 그러나 단순한 '박학을 위한 박학'이 아닌, 박학을 통해 인간을 연구하고 있는 것이다.

발상이 유사한 문학을 인용할 때 종종 중국문학을 언급하는 것도, 인간은 지역의 구별 없이, 공통의 자극에 대해 공통된 반응을 보인다는 보편적인 인간의 사태를 입증하고 싶기 때문이다. "히사카타노/ 하늘 떠가는 달을/ 그물로 잡아/ 우리 왕자는/ 천개天蓋로 하고 있네"[85]라는 『만엽집』 240의 노래에 대해, 『초사』 「석서惜誓」의 "건일월이위개혜建日月以爲蓋兮"를 인용한 것은, 반드시 전자가 후자의 영향을 받았다고 본 것은 아니다. 양자의 발상이 합치되었음에 탄복한 것이다. 인간은 지역 차, 시대 차를 초월하여 이렇게까지 발상의 부절符節을 합치시킨다는, 그 실증을 제시한 것이다.

합치의 추구는 더러 중국震旦을 넘어 인도天竺에도 미치고 있다. 그 사례도 여러 가지가 있겠지만, 『고킨요자이쇼』에서 찾아보면, 가나 서문 「초抄」에서, 스사노오노미코토素戔嗚命[86]의 노래 "구름 일 듯이/ 겹겹이 친 울타리/ 아내 감추려/ 여덟 겹 울 만드네/ 여덟 겹 울타리를"[87]에서 '八重垣(여덟 겹 울타리)'가 되풀이 쓰이는 것을 다음과 같이 논한다.[88]

---

85 『한국어역 만엽집2』, 27쪽.

86 일본 고대 삼신三神 중 하나로 바다를 지배하는 신이자 폭풍우를 관장하는 신이다.

87 『고킨와카슈 상』, 19쪽.

88 앞의 책에서는 '八重垣'을 '겹겹이 친 울타리' '여덟 겹 울' '여덟 겹 울타리'로 다양하게 번역

거듭해서 '八重垣(여덟 겹 울타리)'라는 단어를 둔 것은 두터운 말이다. 불경의 게송偈頌에서 거듭 말하여 그 뜻을 서술하고, 『모시毛詩』에서도 같은 사항을 문자를 조금 바꾸어 서너 장에 걸쳐 말하는 경우가 많다. 일본에서도 이 노래를 비롯하여 옛 노래에 이렇게 읊은 일이 많은 것은 삼국이 자연스럽게 부합符合한 것 같다.

그것은 '자연스럽게 부합符合한' 것이지, 서로 영향관계가 있는 것은 아니다. 『모시毛詩』 즉 중국의 『시경』에 실린 노래에 자주 보이는 되풀이가 있다. 예를 들어 「패풍邶風」 「제비燕燕」 같은 시가 제비를 노래하여, 1장에 "제비들이 날아가네 삐죽삐죽 깃을 달고燕燕于飛, 差池其羽" "제비들이 날아가네 올라갔다 내려갔다燕燕于飛, 頡之頏之" "제비들이 날아가네 위아래서 지저귀며燕燕于飛, 下上其音"라고[89] 세 번이나 '제비들이 날아가네燕燕于飛'를 되풀이한 것인데, 이것이 일본에 수입·소개되기 훨씬 전에 스사노오노미코토의 노래는 이미 '겹겹이 친 울타리'를 '여덟 겹 울타리를'이라 반복하였으니, 이것이 바로 '자연스럽게 부합'된 것이다. 인도의 사례 '불경의 게송'에 대해 나는 전혀 모르지만, 그 또한 상고의 언어의 필연으로서 비슷한 조사措辭였을 것이다.

최근 비교문학론이 프랑스에서 수입된 이래, 학자들은 왕왕 중국문학이 일본문학에 미친 영향을 조금 과도하게 주장한다는 느낌을 받는다. 허나 그것은 게이추의 태도가 아니다. 그의 『다이쇼키』는 『만

___

했다. '5·7·5·7·7'의 글자 수를 번역문에서 맞추려 한 결과로 보인다.
89 『시경』 번역은 '심영환 옮김, 『시경』, 홍익출판사, 1999, 60-61쪽'을 따랐다.

엽집』의 여러 주 가운데 중국문학을 가장 풍부하게 언급하는 것으로 보이지만, 그의 언급은 비교문학자가 말하는 '의식적인 영향론'이 아니다. 무의식의 합치를, 인간의 필연적 방향으로서 존중하는 것이다.

물론 게이추도 상호간 영향 관계가 확실할 때는 인정하는 데 인색하지 않다. 또한 그럴 때의 지적은 튼튼하고 뚜렷하다. 다시『고킨요자이쇼』「가나 서문」에서 예를 들어보자.

> 멀리 떨어진 곳도 내딛는 첫발로 비로소 시작되어 많을 세월을 거쳐 그곳에 도착하게 되고, 높은 산도 기슭의 진토塵土로부터 생겨나서 하늘의 구름이 걸릴 정도로 높이 자라는 것처럼[90]

에 대하여 백거이를 인용하여,

> 백낙천의「좌우명」에 이르기를 "천리길도 발밑에서 시작하며 높은 산도 티끌이 쌓여 이루어지니, 나의 도 또한 그와 같아서 실행함에 날로 새로워짐을 귀히 여긴다"고 했다樂天座右銘云. 千里始足下 高山起微塵, 吾道亦如此 行之貴日新.
>
> 본조本朝는 예부터 백낙천의 시문을 존중하였으니 이것을 근거로 한 말이리라.

이 지적은 적절하고 적확하다.『고킨와카슈』「가나 서문」이 서술하

---

90 『고킨와카슈 상』, 20쪽.

는 비유가 백거이(백낙천) 『백씨문집』 권22 「속좌우명續座右銘」에서 나왔다는 사실은 의심할 여지가 없다. 그러나 좀 더 많은 경우, 아니 대다수의 경우, 인용이 중국시문에 미치는 것은 '자연스런 합부合符'를 찾은 것이지 억지로 영향을 말하고 있지는 않다.

또한 『다이쇼키』가 하나하나의 노래에 대하여 후세의 비슷한 노래를 부지런히 거론하는 것은 이른바 '혼카토리本歌取'[91] 관계를 설명하려는 경우에도 물론 잦다. 예를 들어 앞에서 인용한 240번, '히사카타노/ 하늘 떠가는 달을/ 그물로 잡아/ 우리 왕자는/ 천개天蓋로 하고 있네'에 대한 『다이쇼키』 해당 대목에 대해서 말하자면,

『후찬집後撰集』에 실린 가와라노 사다이진의 노래 '비치는 달을/ 마삭나무 덩굴로/ 붙잡아 매어/ 싫증내 떠나가는/ 그대를 잡아볼까'는 혹시 이 '그물로 잡아'를 인용한 것이 아닐까.

이것은 그 한 예다.

이러한 '혼카本歌'와 '혼카토리'의 관계, 즉 일본문학 상호간의 영향 관계를 설명해야 할 대목에서도 이 거장은 설명하는 데 인색하지 않다. 그러나 『다이쇼키』에서, 또는 『요자이쇼』에서 유가類歌의 광범한 인용이 이런 목적을 위해 이용된 비율은 오히려 적다. 가장 많은 비율을 차지하는 것은 발상의 유사함, 즉 인간 심리의 시간을 달리하면

---

91 유명한 고가古歌(本歌)의 한 구 혹은 두 구를 제 작품에 집어넣어 노래를 짓는, 와카 작성 기법이다.

서 이루어진 '자연스런 합부'를 지적하는 재료로 등장한다. 『다이쇼키』의 어느 대목에서인가, 안개를 읊은 『만엽집』의 노래에 대해 『고킨와카슈』에서 역시 안개를 읊은 노래를 들어, '안개'라는 자연현상이 인간심리를 움직이는 관계는 『만엽집』과 『고킨와카슈』에서도 똑같다고 논하는 대목이 있었는데, 깊은 감동을 받은 게 언제였는지 적어두기를 게을리하여 어디에 있는지 잊었다.

요컨대 『다이쇼키』와 『요자이쇼』도, '『만엽집』의 노래 내지 『고킨와카슈』의 노래'라는 개별적 언어를 소재로 삼아 이루어진 인간연구인 것이다. 그것은 곧 필로로기Philologie(어학)의 책인 동시에 필로소피philosophy(철학)의 책인 것이다. 아니 그렇다기보다, 어학 책이기 때문에 철학 책이 된 것이다. 또한 바로 그렇기에 공자가 한 말에 담긴 사상, 혹은 그것을 오해했다고 게이추가 판단한 송유의 사상에 대한 비판에까지 논의가 미친 것이다.

그리고 이러한 '어학에 의한 철학'이라는 지점이야말로 '독서의 학'의 요체다. 내가 이 연재의 최종 결론으로 말하고 싶은 지점, 끝내 돌아갈 지점은 바로 그곳이다.

우리 시대에 인간의 필연을 추구하는 학적인 작업, 즉 철학은 '총론總論의 언어'로 말하는 것이 일반적 관습이 되어 있다. '독서의 학'은 그것과는 다른 방법으로 인간의 필연을 더듬으려 하는 작업이다.

그것이 개별 언어를 소재로 삼는 데는 하나의 견해가 선행한다. 개별이야말로 전체를 가장 잘 구현한다고 보는 견해다. 혹은 견해라기보다 '독서의 학'에서의 확신이라 해도 좋다.

그것은 또한 일찍이 역사학의 확신이기도 했다. 사마천은 「태사공자서」에서, "나는 공언空言(포폄褒貶과 시비是非)을 제시하고자 하는데, 그것을 구체적인 사실을 통하여 보이는 것만큼 깊이 있고 적절하고도 분명한 방법은 없는 것 같다我欲載之空言, 不如見之於行事之深切著明也"[92]라고 공자의 말을 인용하고 있다. 개개의 '행사'를 서술하는 역사서술이 철학의 '공언空言'보다 우월하다고 말한 것이다.

'독서의 학'이 그 밑바탕에 깔고 있는 정신도 이 선언과 잇닿아 있다. 개별 언어는 공범空泛한, 즉 내용 없이 공허한 철학 언어보다 개별적이기 때문에 '심절저명深切著明'하다 보고, 그것을 통해 널리 인간의 방향을 탐구하는 것이 '독서의 학'이다.

'독서의 학'이란 책의 언어를 통해 인간을 탐구하는 작업이다. 책의 언어에 입각하여 사색하는 일이다. 책을, 생각하기 위해 읽는 일이다.

1973년 10월 29일

---

92   번역은 '이성규 편역, 『사기』, 서울대학교출판부, 1987, 98쪽'을 따랐다.

29. 문학의 직무

좀 더 보편적인 것으로 향하는 파문을 낳는 개체를 소재로 삼는 것이 문학의 직무다. 이는 복수의 개체가 보이는 방향을 처음부터 문제로 삼는 철학의 언어와는 다른 것이다. 그러므로 소설에는 반드시 주인공이 있고, 시는 시인 개인의 찰나의 감정이다.

내가 말하는 '독서의 학'은 모든 책에서 진행되어야 한다. 그러나 가장 먼저 행해야 할 대상, 혹은 대상 그 자체가 '독서의 학'을 요구하는 것은 게이추의 『만엽집』에서처럼 문학의 언어, 시의 언어라고 보아야 하리라.

왜냐하면, 문학의 언어는 그 소재로 삼는 것이 늘 개체라는 점에서, 독자에게 사고를 요구하는 언어이기 때문이다. 주인공을 갖지 않는 소설은 없으며, 시는 개인의, 대개는 찰나의 감정이다.

문학이 이렇게 '개체個'93를 소재로 삼는 것은 개체 그 자체를 문제로 보아 그것에만 머무르는 것은 아니다. 다루고 있는 개체의 주변에

---

93 여기서 '개체'는 '個'의 번역어로서 철학적 개념과 무관함을 밝혀둔다.

펼쳐진 개체 외의 것, 혹은 개체 이상의 것, 하여튼 개체는 아닌 것을 시사하려 하기 때문이다. 예를 들어 그것은 연못에 집어던진 돌이다. 그 돌은 주변에 파문을 일으킨다. 문학이 소재로 삼는 개체의 주변에 펼쳐지는 파문을 추적하는 것이야말로 '독서의 학'이 가장 성립하기 쉬운 곳이다.

모노노후노/ 야소 우지 강 속의/ 어살 말뚝에/ 멈칫한 물결 같이/ 앞길 알기 힘드네

mononofuno(모노노후노) 운운하는 음성이 소재로 삼는 것은, '히토마로의 눈앞에 있으면서 어살의 주변을 선회하는 우지 강물'이라는 개체다. 그것이 27고에서 소개한 기타야마 시게오의 설처럼, 아후미의 황도荒都에서 돌아오는 길에 본 것인지 아니면 다른 기회에 우지를 방문하여 본 것인지는, 다른 주석에 따르면, 여전히 결론을 내리기 힘든 문제인 모양이다. 그러나 하여튼 우지 강의 물이라는 것은 개체다. 그런데 히토마로가 그것을 단순하게 다루고 있지는 않다고 게이추는 본 것이며, 이것이 인생무상이라는 '넓은 사태', 물이라는 개체의 주변에 있으면서 그것과 잇닿아 있고, 그것 이상의 혹은 그것 이외의 사태로 파문을 일으키고 있다고 파악하고 추적한다.

shì zhě rú sī fú   bù shě zhòu yè
逝者如斯夫, 不舍晝夜

(스 저 루 쓰 푸, 부 서 저우 예)

이 음성이 소재로 삼은 것도 언젠가 공자의 눈앞에 있었던 냇물이다. 어디에 있는 냇물인지는 애초부터 알 수 없다. 중국인들은 중국의 지형 탓에 모든 냇물(강물)이 동쪽을 향해서 흐른다고 줄곧 의식했다. 공자 또한 그것을 '동류東流의 물'로 의식하고 있었을 '개체'다. 그러나 이 언어는 냇물이 동류하지 않는 지역에서도 보편적으로 타당할 사태, 그것을 시사하는 것으로, 공자의 시선이 눈앞의 '동류의 물'에 집중되었을 때 탄생하고 있다.

나는 니시다 기타로西田幾多郎[94]의 저서를 실은 그다지 읽은 적이 없다. 어느 책이었는지조차 잊었지만, 세계는 무한의 연속이다, 그러한 의미의 말이 내 기억에 강렬하게 남아 있다. 니시다가 한 말의 의미를 잘못 파악하고 있는지도 모른다. 허나 내가 그러한 언어를 읽었다는 기억은 개체는 늘 단순한 개체로서 존재하는 것이 아니고 모든 개체는 개체 아닌 것, 개체 이상의 것, 혹은 개체 이외의 것으로 이어지려 하는 존재라고 보는 내 사념을 더욱 강화시킨다.

그것은 각각의 개체가 복수의 개체의 집합이 보이는 방향으로 이어져 있는 것이라 말해도 좋을지 모른다. 나에게 익숙한 문헌에 나온 말로 하자면 『주역』「계사전」의 "방方은 유類에 따라 모이고, 물物은 군群에 따라 갈라진다方以類聚, 物以群分"에서 '방方' 혹은 '물物'이라 한 것은, 요컨대 개체일 것이다. '유類' 혹은 '군群'이라 한 것은, 같은 방향을 내재한 개체의 복수 형태를 가리키는 것이리라. 또한 '모인다' 혹

---

94   니시다 기타로(1870~1945)는 주객미분主客未分의 '순수경험' 세계를 실재의 근본 실상實相으로 보는 입장에 도달했던 철학자로, 『선善의 연구』라는 저서로 당시 자아 확립에 고민하던 일본 청년들에게 큰 영향을 주었다.

은 '갈라진다'는 것은 '복수의 개체의 집합'이 각각 방향을 현명顯明하게 하는 사태를 예상하는 것이리라. 이렇게 '방'이고 '물'인 개는 '유'로 이어지고 '군'으로 이어지리라 예상되는 것이며, 그 방향으로 파문이 퍼진다. 그것은 보편으로 향하는 퍼짐이라 해도 좋을지 모른다.

물론 '보편'이란 가벼이 입에 올릴 수 있는 개념은 아닐 것이다. 나는 스즈키 다이세쓰鈴木大拙[95]를 숙독하지 않았지만 그의 말을 빌리자면, '개체'와 짝을 이루는 '전체全'라는 것은 없다, 존재하는 것은 '다多'라고 말한 적이 있다고 기억한다. '다多'든 '전全'이든, 하여튼 개체의 주변에 있고 개체와 이어진 것, 개체 이외의, 혹은 개체 이상의 무언가를 향해 개체는 파문을 그리려 한다. 보편으로 향하는 파문이라 말하기를 마땅히 주저해야 한다면, 좀 더 보편적인 것으로 향하는 파문이라 말하기로 하자. 이 파문을 낳는 것으로서의 개체를 소재로 삼는 것이 문학의 직무職掌다.

그것은 복수의 개체가 보이는 방향을 처음부터 문제로 삼는 철학의 언어와는 다른 직무다. 그러므로 소설에는 반드시 주인공이 있고, 시는 시인 개인의 찰나의 감정이다. 이상은 모든 문학개론서가 반드시 말하는 내용은 아니다. 그러나 나는 그렇게 생각한다.

문학이 직무로 삼은 이것은 문학의 특권이기도 하고, 자신감이기도 하다. 철학의 방법은 처음부터 개체가 연결해가는 보편적 사태, 혹은 좀 더 보편적인 사태에서 추상하고 총괄하려 한다. 이에 비해

---

95 스즈키 다이세쓰(1870~1966)는 인류문명이 위기에 처하게 된 원인을 서양의 합리주의에 두고, 동양적인 직관, 곧 선사상의 중요성을 알리는 데 주력했던 불교학자이자 역사학자다.

문학은 개체에 의한 시사를 통해 그것에 대한 접근을 좀 더 잘 해낼 수 있는 경우가 있음을 특권이자 자신감으로 삼는다.

이에 관하여 다시 공자의 말, 혹은 사마천이 공자의 말로 인용한 것을 인용하기로 한다.

나는 공언空言(포폄과 시비)을 제시하고자 하는데 그것을 구체적인 사실을 통하여 보이는 것만큼 깊이 있고 적절하고도 분명한 방법은 없는 것 같다.

我欲載之空言, 不如見之於行事之深切著明也.

'공언空言'이란 총괄적·추상적인 철학의 언어이고, '행사行事'란 개인적 사실의 서술이다. 이 말은 본래 공자가 그의 자저 『춘추』에 대한 포부를 말한 것이라 한다. 『춘추』는 사건을 연차순으로 나열한 책으로, 예를 들어

무신戊申의 날, 위衛나라의 주우州吁, 그 임금 완完을 시해하다.

라 하고, 이어서

9월, 위나라 사람 주우를 복濮에서 죽이다.

라는 식으로, 모든 것은 '행사'를 소재로 삼는다. 그리고 부정한 폭력은 반드시 응보를 받는다고 총괄될 수 있는 방향은, 그 형태가 싱거

운 '공언'으로 말해지기보다 이렇게 '행사'를 통해 시사하는 편이 '깊이 있고 적절하며深切' '뚜렷하고 명료하다著明'고 본 것이다.

물론 현재 우리가 보는 공자의 『춘추경春秋經』은 행사를 기록하는 방식이 몹시 간약하여 사태를 '분명하게 드러내지明顯' 않는다. 공자의 주장을 실천하는 자가 되겠다는 포부를 품고 사마천의 『사기』가 다양한 인간의 행사를 상세하게 소재로 삼은 것이야말로, 이 자신감의 실증이 된다.

예를 들어 『사기』「회음후열전淮陰侯列傳」, 즉 한신의 전기는 다음과 같은 '행사' 서술로 시작된다. 세 개의 삽화인데, 우선 말한다.

우리 한 제국에서 회음태수의 칭호를 받은 한신은 본래 회음 지방 출신이다. 시민이었을 무렵, 가난하고 한심하여 관리로 추천을 받지도 못했고, 장사꾼도 되지 못했다. 남의 집에서 객 살이를 하며 지냈고, 늘 사람들에게 괴롭힘을 당했다. 자주 점심을 먹으러 가는 곳은 남창촌南昌村 촌장 집이었는데, 몇 달인가 지나자 촌장의 처細君가 싫어하여, 새벽녘 침상에서 밥을 먹어버리고는, 밥 때에 한신이 와도 밥을 차려주지 않았다. 한신도 눈치를 채고 부아가 나서 절교했다.

淮陰侯韓信者, 淮陰人也. 始爲布衣時, 貧無行, 不得推擇爲吏, 又不能治生商賈, 常從人寄食飮, 人多厭之者. 常數從其下鄕南昌亭長寄食, 數月, 亭長妻患之, 乃晨炊蓐食. 食時信往, 不爲具食. 信亦知其意, 怒, 竟絶去.

이상이 첫 번째 삽화다. 또한 말한다.

그가 성벽 아래에서 낚시를 하고 있을 때, 빨래하는 노파들이 솜을 빨고 있었다. 노파 한 명이 배를 곯고 있는 그를 보고, 솜 빠는 일이 끝날 때까지 몇십 일 동안 그에게 도시락을 계속 싸다주었다. 고마워서 그는 노파에게 말했다. "이 은혜는 꼭 갚겠습니다." 노파는 화를 내며 말했다. "다 큰 사내가 끼니 하나 해결 못해 불쌍하다 싶어 밥을 준 게야. 뭔 놈의 은혜야 은혜가."

信釣於城下, 諸母漂, 有一母見信飢, 飯信, 竟漂數十日. 信喜, 謂漂母曰, 吾必有以重報母. 母怒曰, 大丈夫不能自食, 吾哀王孫而進食, 豈望報乎!

이상이 두 번째 삽화다. 이어서 또 말한다.

회음에서 정육점을 하는 건달 하나가 한신을 업신여겼다. "자네는 덩치가 크고 훌륭한 칼을 차고는 있지만, 사실은 겁쟁이 아닌가." 사람들 앞에서 조롱했다. "어이, 한번 해볼 테면 덤비고, 그럴 요량이 없으면 내 가랑이 사이를 기어가시게나." 그는 한동안 건달의 얼굴을 물끄러미 보더니, 가랑이 사이로 고개를 처박고 기어나갔다. 온 시장 사람들이 겁쟁이라고 비웃었다.

淮陰屠中少年有侮信者曰, 若雖長大, 好帶刀劍, 中情怯耳. 衆辱之曰, 信能死, 刺我. 不能死, 出我袴下. 於是信孰視之, 俛出袴下, 蒲伏. 一市人皆笑信, 以爲怯.

이상이 세 번째 삽화다.

서술하고 있는 세 가지 행사는 좀 더 보편적인 것을 시사한다. 이 경우 좀 더 보편적인 것은 한신이라는 인물의 성격이다. 그는 시간을 가늠하여 밥을 먹으러가며, 도시락을 얻을 수 있는 장소에 매일 간다. 또한 싸울 상대의 강함을 먼저 충분히 헤아려본다. 공통적으로 보이는 것은 계산의 재능이다. 계산이 지나쳐 뻔뻔한 응석받이가 되자 촌장의 세군(처)에게 의표를 찔리고, 노파에게 한 소리 듣는다. 이윽고 그는 한나라 고조의 '삼걸三傑의 한 사람'으로 상승常勝 장군이 되지만 결국은 반역자로 체포되었고, 고조가 출진한 틈을 노린 여황후呂皇后에게 살해당했다. 한신이라는 인물의 성격과 그 성격이 불러들인 결과를, 사마천은 전기의 첫머리에 적은 세 가지 삽화를 통해 미리 집약해두었던 것이다.

한편 「회음후열전」의 마지막에 붙은 '찬贊'에서 사마천은 다음과 같이 말한다. 먼저 또 하나의 삽화를 든다. 역시 한신이 궁핍했던 시절, 모친이 죽었을 때 장례식도 번듯하게 치르지 못한 주제에 묘지만은 광대한 자리를 골랐다고, 한신의 출신지 사람들은 말했다. 나도 실제 그 무덤을 답사해보았는데 사람들의 말 그대로였다, 고 사마천은 먼저 이 계산의 천재가, 자신의 장래 또한 내다보았다는 삽화를 덧붙인 뒤, 최종 결론으로 말한다. "만약 그에게 교양이 있고 제 공적에 대해 우쭐대지 않았다면, 세습 제후가 되어 저러한 비참한 최후를 맞이하는 일 없이 이상적인 생애를 보낼 수 있었을 터인데!"

가령한신학도겸양, 불벌기공, 불긍기능, 즉서기재!

假令韓信學道謙讓, 不伐己功, 不矜其能, 則庶幾哉!

이 결론은 총괄적이다. 그러나 그만큼 추상적인 공언空言이다. 개개의 행사를 기록한 부분이 더욱 생생하게, 즉 '심절저명深切著明'하게 한신이라는 인간의 성격을 말해주는 것만 못하다.

또한 사마천이 이 영웅의 전기를 계산과 응석의 병존, 강경한 태도와 연약한 태도의 병존으로 기록한 데에는, 분명 한신이라는 개인을 그린 것이지만, 널리 인간의 문제를 시사하려는 의도가 동시에 포함되어 있을 것이다. 본래 『사기』라는 책 전체가 그러하다. 행사를 통해 공언을 능가하려 한 것이다(『요시카와 고지로 전집』 6권 「사전史傳의 문학」 참조).

그런데 개체를 소재로 삼는 언어, 행사를 소재로 삼는 언어, 즉 문학은 어찌하여 철학의 '공언'보다 '심절저명'할 수 있는가.

첫 번째 이유는 말할 나위도 없이, 개체는 감각에 호소하는 색상을 가지기 때문이다. 우지 강 어살에 졸졸 흐르는 물, 공자가 냇가에서 보았던 시냇물, 모두 감각에 부딪히는 것으로서 흐르고 있다. 그러므로 '저명著明'하고 '심절深切'하다. 현저명백顯著明白하게 심각절실深刻切實하다. 그것이 시사하는 바는, 감각에 호소하지 않는 공언의 그것과 같지 않다.

그러나 개체의 언어가 지닌 심절저명을, 또한 그 공언에 대한 우월성을 지금까지 설명한 측면에서만 본다면, 아직 충분한 견해가 아니다.

수면에 던져진 개체의 파문은 무한정하게 뻗칠 수 있다. 뻗쳐가는 지점은, 어쩌면 철학의 공언이 규정할 수 없는 영역까지도 스며든다. 그것은 저명의 내용이 되지는 못할지도 모르지만 심절의 또 하나의 내용이다. 그리고 그 점에서야말로 행사의 언어, 개체의 언어는 '공언',

즉 총괄의 언어보다 우월한 면을 지니게 된다.

1973년 11월 28일

30. 문학의 언어가 지닌 가치

인간의 희망을 배반하고 시간은 비정하게 흘러간다. 그러한 비애와 감개는 통속적이며 성인 즉 초인超人에게 어울리지 않는다고 본다면, 그렇지는 않다. 백성百姓 즉 범인과 마음의 움직임을 합치시킨다는 점이야말로 성인이라는 것이 황간의 글에 실린 이치다.

내가 사마천을 따라서 행사의 언어가 공언보다 심절하고 저명한 이유, 혹은 문학의 언어가 철학의 언어보다 절실하고 현저할 수 있는 이유를 설명할 셈으로 먼저 생각한 것은, 문학의 언어가 반드시 개체를 소재로 삼는 점이었다. 개체를 소재로 삼는 것은 개체가 낳는 파문을 통해 개체의 주변에 펼쳐지는 사태를 시사하기 위함이다. '우지 강의 어살에 일렁이는 물'이라는 개체를 노래함으로써, 그 주변에 있는 것이 게이추가 말한 것처럼 '무상에 대한 상념'인지 여부는 제쳐두고 우선 무언가를 시사하려 한다. 그것이 문학의 언어다. 파문의 기점이 물水이라는 색상을 지닌 개체에 놓인 까닭에 심절하고 저명하다는 것, 이는 주변의 사태를 처음부터 그 총화로, 혹은 그 외곽에서 설명하려는 철학의 언어가 무색의 공언인 것과 다르다.

그러나 그것이 사태의 전부라고 한다면 문학의 언어가 지닌 가치에 대한 충분한 설명이 아닐 것이다. 거기서 그치는 것이라면 문학의 언어가 지닌 효과는 결국 철학의 언어와 같고, 오히려 성가신 과정을 허비하는 것에 불과하다.

문학의 언어, 혹은 행사의 언어가 지닌 특수한 가치는 따로 있다. 현실은 무한하고 복잡하다. 공언으로는 끝내 다 추적할 수 없는 미묘하고 복잡한 부분, 개체를 기점으로 삼는 문학의 언어가 일으킨 파문은 그 단계까지 미칠 수 있다. 문학의 언어가 철학의 공언보다 더욱 심절하고, 그럼으로써 저명한 이유가 바로 거기에 있다고 나는 생각한다. 그리고 내 '독서의 학'이 본래부터 직무로 삼은 것도 바로 이 방향에 대한 추적에 있다.

히토마로의 '야소 우지 강' 노래를 소재로 이를 말하는 것은 나는 사양하고자 한다. 이 노래가 어떠한 상황에서 지어졌는지, 따라서 파문을 어떤 방향으로 추적해야 하는지는 여러 주석을 검토함에 따라 그 설이 더더욱 분분하게紛然 갈라진다. 최근 우메하라 다케시梅原猛[96]의 『물밑의 노래』가 히토마로의 전기 전체에 대해 혁명적인 설을 제시한 중에도 이 노래가 들어 있는데, 다케시의 설은 나 같은 문외한에게는 아주 매력적이지만, 아직 전문가의 검증을 거치지 않았다.

나는 나에게 익숙한 공자의 '천상지탄'을 자료로 삼아 내가 말하고 싶은 것을 설명하기로 한다.

96 　우메하라 다케시(1925~)는 1970년 '리쓰메이칸대 학내 분쟁' 사건에 휘말려 교수직을 내놓고 불교의 종조宗祖에 대한 연구를 발표했던 철학자다. 2000년대 초반 한일문화개방과 관련한 언론 좌담에 초청되어 특유의 문화 지론을 펼쳤던 논객이기도 하다.

공자께서 냇가에서 말씀하셨다. "가는 것이 이와 같구나, 밤낮으로 그치지 않는구나."

子在川上曰, 逝者如斯夫, 不舍晝夜.

『논어』의 이 구절이 낳은 파문에 대해, 다른 해석이 존재한다는 것은 이미 개괄적으로 설명했다. 해석의 차이는 두 방향으로 개괄된 다. 하나는 공자가 시간을 통한 추이·상실·멸망 등의 상징을 냇물에서 보았다고 여기는 해석으로, 게이추나 소라이가 여기에 속한다. 또한 일찍이 육조인六朝人과 당인唐人의 시문에 보이는 인용 혹은 이용도 모두 그 방향임을 게이추와 소라이 모두 근거로 삼았다. 다른 하나는 부단한 운동·진보의 상징을 냇물에서 보았다고 여기는 해석으로, 주자와 송대 유학자들 그리고 진사이가 그쪽에 속하고, 진사이가 가장 유력한 근거로 삼은 것은 『맹자』다. 전자는 비관, 후자는 낙관으로, 완전히 정반대 방향으로 파문을 추적하고 있다.

나는 나 자신의 해석을 말하기보다는 우선 전문가가 밟아야 할 과정으로서, 예부터 내려온 『논어』의 여러 주석을 다소 자세히 살펴보기로 한다.

일반적으로 유가 고전의 주석에는 권위를 인정받는 두 무리가 있다. 2세기 한나라 정현鄭玄을 중심으로 하고, 그 이후부터 육조 초기에 걸친 일군의 학자를 '고주古注'라 부른다. 한편 약 천 년 뒤, 12세기 주자를 중심으로 한 송나라 도학자道學者 일군을 '신주新注'라 부른다.

우선 고주부터 살펴보면, 『논어』에 대한 주석은 3세기의 미남 철학자 위나라 하안何晏의 『논어집해論語集解』 열 권이 있다. 이 주석은 그 이전 학자의 설, 특히 주로 한대의 그것을 채택·집성한 형태로 쓴 것인데, 이 구절에 대해서는 다음과 같이 주를 붙였다.

> 포씨가 말했다. 서逝는 간다往는 뜻이다. 대개 가는 것은 냇물이 흘러가는 것과 같다는 말이다.
>
> 包曰. 逝往也. 言凡往也者如川之流.

포씨는 한나라 포함包咸이다. 고주의 특징은 그 간약함에 있는데, 이 구절도 포함의 설을 그저 인용하듯 간약하게 들고, '대개 가는 것은 냇물이 흘러가는 것과 같다'라고만 말한다. 이것만으로는 냇물을 비관의 상징으로 보았는지 낙관의 상징으로 보았는지, 어느 쪽으로도 취할 수 있다. 또한 나중에 설명하겠지만, 실제로 후대의 논자는 고주에 보이는 이 포씨의 말을 각각 제 형편에 맞게 이용하고 있다. 그런데 간약을 으뜸으로 삼는 고주에는 하나의 필연으로서, 상세한 보설補說을 붙인 책이 나타나 고주와 불가분의 것으로 읽힌다. 하안의 『논어』 고주에 대한 작품으로 흔히 읽히는 것은 10세기 송초宋初 학자 형병邢昺의 『논어정의論語正義』다. 그 책이 포씨의 뜻으로 풀어쓴 것은 비관의 방향이다.

> 이 장은 공자가 '시사時事가 이미 지나가면 다시 돌이킬 수 없음'을 느끼고 탄식한 것을 기록했다. 서逝는 간다는 말이다. 공자가 냇가에 있으면서, 냇물의 흐름이 빠르고, 또한 다시 되돌아올 수 없음을 보았다. 그래서 느껴 탄식이 일어나, '대저 시사가 지나가는 것

이 이 냇물의 흐름 같구나, 밤낮으로 머물러 그치지 않는구나'라고
말한 것이다.[97]

此章記孔子感嘆時事既往, 不可追復也. 逝, 往也. 夫子因在川水之上, 見川水之流迅速,
此不可追復, 故感之而興嘆, 言凡時事往者, 如此川之流夫, 不以晝夜而有舍止也.

인간의 모든 역사가 재현할 도리 없이 흘러가는, 그것에 대한 탄식
이라 본다. 『논어』의 이 구절에 대한 게이추의 이해도 아마도 이 형병
의 설을 최초의 출발점으로 삼았으리라.

그런데 하안의 고주에 대한 보설서補說書로는 형병의 『논어정의』 외
에, 좀 더 이르게 성립된 또 한 작품이 유존遺存한다. 이는 바로 6세기
양梁 무제 시대의 철학자 황간皇侃의 『논어의소論語義疏』다.

이 책은 중국에서는 일찍 망실되고 일본에만 사본이 전해진 것
을, 소라이의 제자 네모토 부이가 아시카가 학교 문고에서 발견, 간엔
3년(1750)에 목판본으로 간행했다. 그것이 중국으로 역수출되어 청조
清朝의 학자들을 놀라게 만들었고, 중국에서 복각본이 몇 종 나와 있
다. 그중 하나는 포정박鮑廷博의 '지부족재총서知不足齋叢書'의 책이고,
또 하나는 건륭 52년(1787), 청조 궁정의 칙판勅版이다. 여담이지만 후
자의 경우, "이적에게 군주가 있는 것은 제하諸夏의 없음만 못하다夷狄
之有君, 不如諸夏之亡也"의 해석이 만주족 군주에게 곤란했던지라, 자의
적으로 고쳐넣기도 했다. 이 구절에 대한 황간의 보설 또한 공자의 비

97   다산의 『논어고금주』에 『논어정의』 일부가 인용되어 있어 번역하는 데 참조했다(정약용
저, 이지형 역주, 『역주 논어고금주 2』, 사암, 2010, 401쪽).

관을 드러낸 말이라 보는 점은 형병과 같다.

서逝란 지나간다는 말이다. 공자가 냇가에서 냇물의 흐름이 빠르게 흘러가 일찍이 정지停止한 적이 없음을 보았다. 그래서 세월人年이 흘러가는 것 역시 또한 이와 같다고 여겨, 조금 전의 나는 지금의 내가 아니다. 그래서 '가는 것이 이와 같구나'라고 말한 것이다. 사斯는 차此다. 부夫는 어조사다. 일월日月은 머무르지 않으니, 흘러가는 물과 같은 데가 있다. 그래서 '밤낮으로 쉬지 않는다'고 말한 것이다.

逝, 往去之辭也. 孔子在川水之上, 見川流迅邁未嘗停止. 故嘆人年往去亦復如此, 向我非今我, 故云逝者如斯夫也. 斯, 此也. 夫, 語助也. 日月不居有如流水, 故云不舍晝夜也.

이상이 황간 자신의 설이다. 앞에서 인용한 형병의 보설이 '시사時事', 즉 역사 일반의 추이상실推移喪失로 보는 것에 비해, 이것은 '옛날의 나는 지금의 내가 아니다', 가장 가깝게 공자 자신에게 있어서의 추이에 대한 감개를 이 장의 파문으로 보고 있다.

또한 황간의 『논어의소』는 그보다 앞선 육조인의 설을 언제나 이모저모 인용하는 게 통례인데, 여기에서 인용한 것은 두 가지다. 하나는 진나라 강희江熙의 설이다.

강희가 말했다. "본문이 말하는 바는 사람은 남산南山이 아니라는 것이다. 덕을 세우든 공을 세우든, 부앙俯仰하는 사이에 시간은 지나간다. 흐름에 임하여 생각을 일으켜, 개연慨然하지 않을 수 있었겠는가. 성인은 백성의 마음을 가지고 마음을 삼은 것이다."

江熙云, 言人非南山. 立德立功, 俯仰時過. 臨流興懷. 能不慨然乎. 聖人以百姓心爲
心也.

인간의 희망을 배반하고 시간은 비정하게 흘러간다. 그 비애를 말한 것이라 할 때, 만약 그러한 감개는 통속적이며, '성인' 즉 초인超人에게 어울리지 않는다고 본다면, 그렇지는 않다. 백성百姓 즉 범인과 마음의 움직임을 합치시킨다는 점이야말로 성인이라는 것이 말미末尾에 실린 이치다.

황간은 또한 4세기 동진東晉의 노장철학 대가 손작孫綽의 설도 거론한다.

손작이 말했다. "냇물의 흐름은 머무르지 않고, 세월이 가는 것은 멈추지 않는다. 때는 이미 늦었다. 그러한데 도는 여전히 일어나지 않았다. 그래서 근심하고 탄식한 것이다."

孫綽云, 川流不舍, 年逝不停. 時已晏矣. 而道猶不興. 所以憂嘆也.

가차 없이 늙어가는 나를 버려두고, 내가 이상으로 삼은 '도道'의 세계는 끝내 현현하지 않는다는 탄식이라는 해석이다.

이상과 같은 여러 설이 실린 황간의 『논어의소』를 네모토 부이가 출판한 것은 『다이쇼키』보다 나중의 일이다. 게이추가 보았을 리 없다.

또한 금세기에 우리는 『논어』 주석으로 더욱 오래된 것을 볼 수 있다. 고주 시대의 최고 대유大儒, 2세기 후한의 정현 『논어주』가 재발견되었다. 재발견의 경과는 나중에 말하기로 하고, 정현 또한 이 구절을 명백히 비관의 말로 읽었다.

'서'는 간다는 말이다. 세월人年이 가는 것이 물이 흘러가는 것과 같음을 말한 것이다. 도를 간직하고 있음에도 쓰이지 않음을 안타까워한 것이다.

이는 황간이 인용한 진나라 손작의 설과 가깝고, 손작은 정현에 바탕을 두었다고 생각되지만, 손작은 '도는 여전히 일어나지 않았다'라고, 사태를 관찰하는 자로서 느끼는 공자의 비애로 봤다. 이에 비해 정현의 설은 나는 '도'의 체득자인데, 마땅히 있어야 할 자리에 임용되지 못하고 헛되이 늙어간다, 라고 더욱 절박한 탄식으로 보았다.

일본 유가에서는 소라이의 설이 이 방향에 있다는 것은 전에 언급했다. 『논어징』에 보이는 그의 설을 좀 더 상세하게 소개하면, 우선 형병의 『논어정의』에 "공자가 '시사時事가 이미 지나가면 다시 돌이킬 수 없음'을 느끼고 탄식한 것"이라 쓴 것을 인용한 뒤,

한부터 육조에 이르기까지 시부詩賦가 인용한 바, 모두 다만 이 뜻으로만 보았고, 다시 이설異說이 없었다.

漢至六朝, 詩賦所授, 皆止斯義, 無復異說.

이 논증은 앞서 게이추의 『다이쇼키』가 "예부터 이 구절을 공자의 '서천지탄'이라 하여, 시문에서도 그 마음을 썼음을"이라 말한 것과

예기치 않게 부절符節을 합하듯 일치한다.

물론 소라이는 이 구절에 인간은 이렇게 시간 위에 존재하는 운명에 반발하여 이상을 달성하려 노력해야 한다는 교훈도 포함되어 있다고 말한다.

생각건대 공자는 세월을 되돌릴 수 없음을 한탄하면서, 사람들에게 때에 맞게 힘쓰라고 권면한 것이다. 혹은 배우는 일에서, 혹은 부모를 섬기는 일에서, 혹은 국가를 경영하는 일에서 모두 그러하다.

蓋孔子嘆年歲之不可返, 以勉人及時用力. 或於學, 或於事親, 或於拮据國家, 皆爾.

그러나 송유의 설처럼, 운동이 세계의 본질이라는 따위의 말은 결코 아니라고 말하고 있다.

또한 소라이의 제자 다자이 슌다이太宰春台의 『논어고훈論語古訓』 및 그것의 상설詳說인 『논어고훈외전論語古訓外傳』이 스승 소라이의 설을 보강한 것은 다음 고로 넘긴다.

1973년 12월 25일

31. 다자이 슌다이와 오규 소라이

이 문장에서 슌다이는 스승 소라이가 만약 더 오래 살았다면 틀림없이 '고문사'의 잘못을 깨닫고 문학도 좋아졌을 거라고 애석해한다. 또한 나만은 그렇게 간파하고 있지만, 다른 동문 제군은 아직도 선생의 벽설僻說을 묵수하고 있다고 가련하게 여겼다.

소라이의 문인 다자이 슌다이는 『논어』에 대한 축자적 주석서 『논어고훈』 10권 외에도 따로 『논어고훈외전』 20권을 썼다. 다자이 슌다이(이름은 준, 자는 도쿠후, 통칭은 야에몬)는 1680년생(도쿠가와 이에쓰나 치세, 엔포 8년), 1747년 졸卒(도쿠가와 이에시게 치세, 엔쿄 4년), 즉 중국에서는 청의 성조聖祖 강희康熙 19년부터 고종高宗 건륭乾隆 12년까지 생존했고, 신슈의 이다飯田 사람이었다. 14세 연상의 스승 오규 소라이 유학설儒學說의 가장 유력한 계승자로, 3년 연하 핫토리 난카쿠가 스승의 문학설 계승자인 것과 어깨를 나란히 한다.

그는 경골硬骨의 사람이었고, 고이시카와에 사설학당私塾 시시엔을 열고 떠돌이무사素浪人로 지내면서 권귀權貴에 무릎을 꿇지 않았다. 혼다 이요노카미 다다무네는 소라이 일당의 후원자 가운데 필두였는데, 다이묘 혼다 다다무네가 보낸 편지 말미에 아호雅號가 적혀 있고 '돈수頓首('머리를 조아림': 편지 뒤에 붙여 상대에게 경의를 표하는 관용구)'가 적혀 있지 않은 것에 화가 나서, 아무리 귀인이라 하더라도 편지 말미에는 실명을 적고, '돈수' 두 글자를 덧붙여야 한다며 항의 편지를 보냈다(『시시엔후고紫芝園後稿』 12 「이란 후猗蘭藤侯에게 보낸 편지」). 또한 다다무네가 망우亡友 안도 도야(1683~1719)의 한시문집을 출판해주겠다며 원고를 가져간 채 십몇 년을 방치해둔 것에 분노하여 다다무네와 절교했다. 다다무네는 당시 쇼군 측근 중신이었다(『시시엔후고』 5 「도야의 유고遺稿를 각刻하는 서序」 등).

가라스야마 후烏山侯라 한 것은 시모쓰케 지방의 가라스야마 번주 이나가키일 터인데, 슌다이는 벗의 간청을 받고 내키지는 않았지만 그의 저택에 갔다. 슌다이는 오후부터 밤까지 시답지 않은 이야기를 듣고 있어야 했는데, 더구나 저녁이 되자 아오키라는 사내, 뒤이어 노로라는 사내, 밤이 되자 이노우에라는 사내가 손님으로 왔다. 주인은 특별히 슌다이에게 용무가 있었던 것은 아니었다. 녹초가 되어 돌아왔는데, 답례 사자는 전혀 오지 않았다. 달을 넘겨 비서 후쿠이라는 사내와 함께 왔는데, 『구당서』와 명인明人의 시문 중에 해석이 안 되는 몇 군데를 장황하게 질문하여 또다시 진을 빼게 한 뒤 돌아갔다. 연말이 되어도 아무런 인사도 없었다. 일찍이 히고 후肥後侯가, 이 사람은 호소카와가 분명하여 소라이 선생을 저택으로 불러낸 적이 있는데, 입을 싹 씻은 듯한 태도를 두고 선생은 평생 불쾌하게 생각하셨다. 다이묘라는 것은 그러한 자들이다(『시시엔후고』 14 「다카노 시시키高野子式[98]에게 보낸 편지」).

동문이자 친구인 히라노 긴카平野金華[99]가 편지에서 '우로愚老'라고 자칭한 것에 대해 이렇게 말했다. '노老'라는 것은 존칭이다. 노선생이 제자에게 보내는 편지라면 모를까, 친구 간에는 아무리 손위라 하더라도 '제弟'라고 자칭하는 것이 예禮다. 나는 자네의 문인이 아니고, 또한 나이로 치더라도 내가 손위다(『시시엔후고』 13 「시와에게 보낸 편지」).

스승 소라이에 대해서도 그 문학설에 관해서는 매우 비판적이다. 소라이의 한문은 명明대 이우린李于鱗의 방법을 본받아, 표현하려는 사태와 비슷한 성구成句를 고전에서 찾아내어 이곳저곳에서 긁어온 성구를 이어붙여 자신의 표현으로 삼는데, 그것을 '고문사古文辭'라 부른다(내가 쓴 「소라이 학안」『일본사상대계 36』 참조). 슌다이는 그것을 '훈조에糞雜衣'라고 혹평했다. 슌다이 자신의 설명에 따르면, 인도인은 깨끗한 것을 좋아하기 때문에 병든 사람·죽은 사람·임산부가 입었던 옷, 또는 화장할 때 태우고 남은 옷가지들은 모두 쓰레기통에 버린다. 이런 옷을 '훈조에'라 한다. 그러나 스님은 그것을 주워서 주엽나무 물로 세탁하고, 기워서 옷을 만든다. 수십 수백 개 자투리를 긁어모아 만든 것이라 개중에는 비단 자투리도 있고 명주 자투리도 있었다. 요컨대 자투리를 무질서하게 긁어모은 것이고, 그래서 이름도 '납의衲衣'다. 이른바 '고문사'도 그것과 같다(『시시엔후고』 7 「문론文

---

98   다카노 시시키(1704~1757)는 오규 소라이의 문제자門弟子로, 이름은 이케이, 시시키는 자字다.

99   히라노 긴카(1688~1732)는 이름은 겐추, 자는 시와다. 오슈 지방 출신이라, 오슈의 긴카산金華山에서 취하여 긴카라 부르기도 한다.

輪」).

대담한 슌다이도 그 문장에서는 소라이라고 지칭하지 않고 다만 요사이의 '고문사'라고만 말했는데, 『시시엔후고』 10의 「소라이 선생의 유문遺文 뒤에 적다」에서는 분명하게 문장가로서의 소라이를 비판한다. 우선 다음과 같이 말한다.

소라이 선생은 '명세命世의 재才'와 '절륜絶倫한 식識'을 가지고 고도古道를 발명發明했고, 선왕先王의 도와 중니仲尼의 가르침으로 하여금 천재지하千載之下에 밝게 드러나게 하셨다. 그것보다 큰 공은 없을 것이다.

즉 선생은 한유나 송유 그리고 진사이, 더욱 거슬러올라가서는 사설邪說의 시초인 맹자, 그들 모두를 뛰어넘어 요순 이하의 선왕先王과 공자의 원의原義를 다시 획득한 위인이고, 바꾸어 말하자면, 학자로서는 중국과 일본을 통틀어 공자 이후의 제1인자라는 점은 확실히 인정해도 좋다, 라고 문장 첫머리에서 말한 뒤 붓을 돌려,

그렇지만 그 사람됨이 '기이한 것을 좋아하는 습벽好奇癖'이 있었다. 그리하여 또 근세 고문사가古文辭家의 말을 좋게 여겼다. 그래서 그가 지은 문장은 법도 바깥으로 나간 것이 있음을 면치 못했다.

그러나 안타깝게도 선생의 문학설文學說은, 이우린을 비롯한 '명나라 칠자七子'가 주장한 고문사에 현혹되었다. 그래서 그 문장은 때때

로 규격에서 벗어났다고 말하며, 소라이가 쓴 한문의 용자법用字法이 타당하지 않은 것을 여러 개 지적하였다. 그리고 결론적으로 말한다. 선생은 이른바 호걸지사豪傑之士고, 그 입언立言과 저서는 '대의大義'(커다란 법칙 연구)를 목적으로 삼았다. 즉 철학자였다. 그래서 문장의 말末에 반드시 세심하지는 않았고, 시 또한 그러했다. 선생의 서물은 '선왕의 도'를 알기 위한 철학책으로 읽으면 좋으므로 문장의 흠은 신경 쓰지 않아도 되지만, 후학은 그 점을 잘 주의하라, 고.

주의해야 할 것은 소라이가 명인의 고문사 문학설에 감복하고 그것을 실천에 옮긴 이유에 대하여

그 사람됨이 '기이한 것을 좋아하는 습벽好奇癖'이 있었다.

고 한 것이다. '호기好奇' 두 자는, 만약 한나라 양웅揚雄의 말이 순다이의 의식에 있었다고 본다면, 반드시 부정적인 말은 아니다. 양웅은 『법언法言』「군자君子」편에서 전한 시대의 저술가로 회남왕淮南王 유안劉安·사마상여·사마천 세 명을 서로 비교하여 평론하는데, 이 중 사마자장司馬子長, 즉 사마천이 가장 뛰어났다, 왜냐하면 사마천의 책은 인간에 대한 사랑이 넘치기 때문이다. 양웅은

사랑이 많아서 차마 하지 않은 이는 자장子長이다.

多愛不忍, 子長也.

라고 먼저 말한 뒤, 다시 사마천의 인간애와 공자의 인간애를 비교

하여

중니의 사랑이 많음은 의義를 사랑했기 때문이다.

仲尼多愛, 愛義也.

공자의 애愛는 법칙에 대한 사랑이다. 그에 비해

자장의 사랑이 많음은 기奇를 사랑함이다.

子長多愛, 愛奇也.

사마천의 애愛는 평범하지 않은 것에 대한 사랑이라고 말했다.
만약 이러한 양웅의 논의가 슌다이의 머리에 있었다고 보면, 소라
이를 '호기好奇'라 말한 것은 공자보다 오히려 사마천과 닮았다고 본
것이며, '기奇'가 '의義'보다 열등하다 해도, 그것은 하나의 가치다. 이
를 애호한 것이 소라이의 '벽癖'이라 본 것이다.
소라이에게 만약 묻는다면, 이 '벽'이야말로 그를 성공하게 만든 요
인이라고 여겼을 것이다. 우선 처음에는 이우린의 고문사 방법을 따
라 한 구 한 구를 모두 『좌전』『사기』 등 진한 고서에 나오는 구 그대
로 제 표현으로 삼았다. 이로써 그 고서의 저자와 같은 심리를 획득
했다고 본 것이다. 마침내 더 나아가, 이우린 같은 이들에게 없었던
방법을 육경과 『논어』로 연장·확대하여 그 유가 고전의 문장을 쓴
사람과 같은 기분이 되어 고쳐 읽은 결과, 저 미워해야 마땅한 맹자
이후 오랫동안 사설邪說에 막혀 있었던 '선왕과 공자의 원의'를 다시

획득하기에 이르렀다. 내가 철학자로 거둔 성공은 처음에 고문사 문학을 습련習練했기 때문이었다고 말하고 싶어할 것이다(역시 나의 「소라이 학안」 참조). 그것은 슌다이도 인정할 터이다. 『시시엔후고』 10 「이 우린의 문장을 읽다」에서는 소라이가 추천하고 장려한 이씨의 「비옥집서比玉集序」라는 문장이 얼마나 지리멸렬한지를 지적한 뒤,

소라이 선생은 호기벽好奇癖이 있어 중년中年에는 고문사를 좋아했고, 그것으로 말미암아 마침내 고훈古訓에 통했다. 기奇했다.

여기에서도 '호기벽好奇癖'이라는 말이 등장한다. 그 '벽癖' 때문에 중년, 구체적으로는 50세 이전 무렵 선생은 기벽奇癖한 '고문사' 제작에 탐닉한 결과, 만년에는 "마침내 고훈古訓에 통했다." 생애의 결말로서는 유가 경전의 고훈을 획득했다, 그것도 "기奇했다"고 하여, '표주박에서 망아지가 나오는'[100] 듯한 요소를 포함하지만, 인간에게 '기奇'의 효용 중 하나인 것, 태사공 사마천의 '애기愛奇'가 『사기』의 성공을 가져온 것과 같다고 본 것이리라.

그리고 이 문장에서는 '호걸지자豪傑之姿'를 지닌 선생의 학설과 주장은 일생 동안 몇 번인가 변했다, 만약 조금 더 오래 살았다면 틀림없이 '고문사'의 잘못을 깨닫고 문학도 좋아졌을 거라고 애석해한다. 또한 나만은 그렇게 간파하고 있지만, 다른 동문 제군은 아직도 선생

---

100   일본 속담으로, 표주박 정도의 크기에서 망아지, 즉 말처럼 큰 것이 나오는 일은 있을 수 없다는 뜻에서, 농담이나 오해로 한 말이 의도하지 않게 실현되는 경우에 쓰는 말이다.

의 벽설僻說을 묵수墨守하고 있다고 가련하게 여겼다.

소라이의 인격에 대해서도 거침없이 발언한 것들이 있다. 소라이는 1727년, 죽기 1년 전 문하생들의 사 선집을 출판하려 했고, 슌다이에게도 일찍이 혼다 다다무네의 저택에서 지은 작품을 정출呈出하게(내놓게) 하려 했다. 슌다이는 거절했다. 이미 언급한 것처럼 도야 유고의 출판 약속을 어긴 건 때문에 슌다이는 다다무네와 절교한 상태였고, 그 사람에게 준 시가 세상에 나오는 것을 불쾌하게 여겼기 때문이다. 이 거절의 서간은 기고起稿된 채로 소라이에게 전달되기 전에 소라이가 죽어, 이른바 '말릉지서秣陵之書'[101]가 되었는데, 『시시엔후고』 15에 수록되어 있다.

거기에서 말한다. 선생은 언제나 나를 '협중소량狹中小量'한 사내라 했고, 그것이 나의 '큰 결점大病'이라 하셨다. 그러나 요간料簡의 협소함은 내가 태어나면서부터 타고난 '기질性'이지, '결점病'은 아니다. 인간의 개성은 선천적인 것이어서 평생 변하지 않는다. 수양을 통해 기질을 변화시킬 수 있다는 따위는 송유의 망설妄說이고 성인의 도가 아니다, 라는 것은 선생이 늘 역설하신 학설이며 나도 동감한다. 그런데 지금 선생은 내 '협중소량'을 뜯어고쳐 당신이 말하는 것을 들으라고 하신다. 학자로서 모순된 태도가 아닌가, 하고.

---

101 편지를 쓴 이나 편지를 받을 이가 죽어서 전달되지 못한 편지를 가리킨다. 『문선』 권 43에 실린 '말릉령 유소劉沼에게 거듭 답하는 글重答劉秣陵詔書'에 얽힌 사연에서 유래한 말이다. 이 글은 남조南朝 양梁의 문인 유준劉峻이 당시 말릉령을 역임한 유소에게 보낸 편지로서 유준은 불우한 생애, 순탄치 않은 벼슬살이의 울분을 담은 「변명론辯命論」을 지은 적이 있는데, 말릉령 유소는 여러 차례 편지를 써서 유준의 논리를 비판했다. 몇 차례의 반박·재반박의 편지가 오간 뒤 유소는 유준에게 보내려던 마지막 편지를 부치지 못한 채 세상을 떠났고, 유준은 유소의 지인을 통해 유소가 남긴 편지를 받아본 뒤 앞글을 썼다고 한다(『문선역주7』 337쪽 참조).

송유가 말한 '기질변화氣質變化'의 부정은 소라이의 지론이고, 『소라이 선생 답문서答問書』에서는, 그가 늘 쓰는 비유로 설명한다. 쌀은 언제까지나 쌀, 콩은 언제까지나 콩, 쌀은 콩이 되지 않고 콩은 쌀이 되지 않는다.

그리고 소라이 생전에 전달되지 않았던 이 서간에서 슌다이는 말한다. 선생은 관용주의자를 자처하고 세간의 평판도 그러했으나 내가 보기에 반드시 그렇지는 않다, 라고.

그렇지만 내가 보기에, 학자學者를 잘 용납했으나, 용인庸人을 잘 용납하지 못했다. 문예文藝의 사士가 광간狂簡[102]한 이를 용납했으나, 예법禮法의 사士를 잘 용납하지 못했다. 그 사람을 잘 용납했으나, 그 말言을 잘 용납하지 못했다.

끝 두 구절은 겉으로는 관용이 있는 척하지만, 정작 남의 말을 받아들이지 않는다, 라는 뜻으로 보이는데, 이는 소라이의 아픈 곳을 찌르고 있는지도 모른다. 그러나 요컨대 선생은 '일대의 호걸', 선생의 관용·불관용은 문제가 되지 않을 터인데, 나는 혼다 다다무네에 대해 절대로 관용할 수 없다. 안도의 유고를 출판하겠다는 약속을 어겼기 때문만은 아니다. 다만 그 사람에게도 벗이었을 안도에 대해 다른

---

102 『논어』에 나오는 말이다. 오규 소라이는 '광간狂簡'을 '뜻이 크다'는 의미로 보았다. "공자가 진나라에 있으면서 말했다. 돌아갈 것이다! 돌아갈 것이다! 우리 고을의 젊은이들은 뜻이 커서 찬란하게 문장을 이루었으나, 내가 마름질할 방법을 알지 못하겠구나! 子在陳, 曰, "歸與! 歸與! 吾黨之小子狂簡, 斐然成章, 不知所以裁之!(이기동 외 옮김, 『논어징 1』, 소명출판, 2010, 370-371쪽 참조)"

점에서도 여러 모로 충실하지 않았다고, 다다무네의 잘못을 열거했다. 덧붙여 말하자면 이 선집은 결국 슌다이의 시도 무단으로 게재하여 소라이가 죽은 뒤 간행되었다. 『시시엔후고』10 「겐엔록고護園錄稿 뒤에 붙이다」는 그것에 대한 분노를 말한다.

『논어』의 "가는 것은 이와 같구나逝者如斯夫"에 대한 슌다이의 해석을 서술하려고 쓰기 시작한 이 원고. 요전에 구입한 슌다이의 한시문 전집 『시시엔전후고前後稿』, 1질 스물두 권을 얼마간 읽고, 나머지를 읽지 않은 채 저세상에 가는 것도 섭섭하다 생각하고 있던 차에, 이 때다 싶어 뒤적여보았다. 그랬더니 여러모로 재미있고, 또한 최근 히토 마사히데 군이 쓴 좋은 해설서 「다자이 슌다이의 사상」(『일본사상 대계37』)을 얼마간 보충하는 점도 있을 듯해, 그쪽으로 이야기가 흘러가고 말았다. 노인의 변덕을 너그러이 보아주셨으면 한다.

1974년 2월 24일

32. 슌다이의 소라이 비판

지금 선생은 남과 싸우는 데 군자의 도로써 하지 않고, 장구를 다듬는 것으로써 이기려 한다. 이 얼마나 더러운 짓인가. 이래서는 저잣거리의 사장師匠의 행태, 혹은 곡예사가 자기를 칭찬하고 남을 깎아내리면서 제 재주가 팔리지 않을까 두려워하는 것과 같지 않은가.

다자이 슌다이에 대해 좀 더 쓰기로 한다.

슌다이는 스승 소라이의 한문이 '고문사'의 문체인 것에 비판적이었을 뿐만 아니라, 스승의 문장에 담긴 내용도 비판했다.

소라이의 문장 중 「우키시于季子에게 주는 서序」라는 게 있다(『소라이집』 권11). 교토 사람 우노 시로의 중국식 이름이 그러한데, 에도에 와서 소라이에게 입문했었으나 병이 들어 교토로 돌아갈 때 준 문장이다. 문장은 교토라는 지역과 이토 진사이를 중심으로 한 교토 학문에 대한 비판, 이라기보다 매도로 시종한다.

우선 말한다. 내가 고문사古文辭의 학學을 간토 지역에서 외친 이래, 온 일본이 내가 말한 것을 듣고 '호걸지사豪傑之士'가 멀리는 저 끝에 있는 규슈에서도 와서 제자가 되었는데, 교토에서는 아무도 오지 않았다.

이것은 교토라는 지역이 그렇게 만든 것으로, 천황(소라이의 언어로는 공주共主)이 사는 곳이기는 하지만 천황의 정권은 간당간당하게 끊어지지 않은 실처럼 쇠약한 상태다. 그리고 일찍이 보지保持했던 '전장문물典章文物'도, 호겐(1156~1159)·헤이지(1159~1160) 시대 이후는 "변경變更되어 거의 쇠하였다." 또한 겐무(1334~1336) 이래로는 아시카가 정권의 본거지가 되어, '예禮'라 하면 무도武道, '악樂'이라 하면 노·사루가쿠[103]인 줄 아니, 상태가 더욱 악화되었다고 하겠다. 또 아시카가 한학漢學의 비서祕書는 선승이었으니, 교토에서의 유학은 땅에서 싹 쓸려나간 지가 300년이다.

교토 주민은 어떠한가. 천황을 섬기는 구게[104] 외에는 장사꾼商賈人 또는 직인職人이다. 세습 영지나 재산을 받는 인간은 없으므로, 작은 이익을 추구하고 풍속이 인색하다. 『사기』 『한서』가 주周 왕조의 옛 도읍에 살던 인간을 비판한 것과 비슷하다.

그러므로 거기에 있는 유자들도 생활이 어렵고, 강석점講釋店을 열어 밥벌이를 했다. 그것이 서로 경합하고는 있지만 강講하는 학문은 송유의 개작에 불과하다. 심사묵고沈思默考, 붓을 쥐고 천장을 지긋이 노려보며 영감이 도래하기를 기다리는 창조적 태도. 사실 그렇게 말하지는 않았지만, 결국 소라이 자신의 태도나 방법은 불가능하다는

103　노能는 노가쿠能樂라고도 부르는, 일본의 전통 가면극이다. 노는 나라 시대(710~784)에 중국에서 전래된 산가쿠散樂에서 유래되었는데, 후대에 가무歌舞나 흉내 등의 익살스러움이 가미된 사루가쿠猿樂로 발전했고, 간아미·제아미 부자가 보다 세련되고 깊이 있게 그 예술적 수준을 끌어 올려 노를 완성시켰다(김충영, 『일본 고전문학의 배경과 흐름』, 고려대학교출판부, 2007, 124-126쪽).

104　구게公家는 일본의 조정에서 봉직하는 귀족과 관리를 총칭하는 용어다.

것이다. 진사이처럼 머리가 좋은 인간도 예외는 아니다.

과연 천황과 그 구게들은 유소쿠코지쓰有識故實[105]를 과시하며 세간을 속이고 있다. 또한 '명희名姬는 미만靡曼(미녀는 하느작하느작)' '백화섬교百貨纖巧가 나오는 곳(자질구레한 세공품의 생산)' '산천山川의 소수韶秀(풍경)' '언어諺語의 도아都雅(교토 사투리)', 그것들을 교토인은 자랑으로 여긴다. 시시하다.

그렇다 해도 히에이잔 산, 아다고 산, 사가의 자연은 옛날 그대로다. 그러한 분위기에서 탈출하여, 내 제자로 들어올 인간도 틀림없이 있을 터이다. 좀 더 기다려보자, 하고 기대를 접지 않고 있었더니, 과연 자네 우키시가 찾아왔다. 지금 자네는 병 때문에 서쪽으로 돌아가지만, 내 수석 제자 핫토리 난카쿠도 뿌리를 캐면 교토인이다. 자네들에 의해 오랫동안 불모였던 이 지역에 새로운 개척이 가능해질 것이다. 이 문장을 통해 교토인의 눈을 뜨게 하라. "예전에 쓴 것을 여기에 부쳐 낙인洛人에게 풍뢰諷한다." 이상의 내용이 700자가량 소라이가 쓴 문장의 대요다.

도쿠가와 쇼군 슬하에 있던 에도는 지금 세계 제일의 대도시고, 중국의 장안·낙양·베이징·난징, 모두 더 이상 비교 대상이 아니라고 보는 견해가 소라이에게 있었던 것은 나의 「소라이 학안」을 참조하기 바란다. 에도의 대척점으로서의 교토에 대한 모멸, 가장 까다로웠던 가상 적국 이토 진사이·이토 도가이 부자의 안방이었다는 혐오, 말

---

105 예부터 내려오는 선례에 바탕을 둔, 조정이나 무가의 행사·법령·제도·풍속·습관·관직·의식·장속裝束 등을 가리키거나, 그것을 연구하는 일을 뜻한다.

할 나위 없는 적수 아라이 하쿠세키가 고노에 모토히로·고노에 이에히로 부자를 고문으로 삼아 교토 조정의 유소쿠코지쓰를 에도 막부에 가져와 도입하려 했던 것에 대한 반발 같은 심리도 작용했을 터이다.

스승의 이 격렬한 문장에 대해 슌다이는 항의를 제출하고 있다. 『시시엔후고』 12권에 실린 「시센에게 보내다」, 동문 핫토리 난카쿠에게 보낸 한문 서간이 그것이다.

내용은 이렇다.

나는 최근 소라이 선생의 「우키시에게 주는 서」를 읽고 처음에는 문장의 훌륭함에 감심했지만, 읽는 사이 점점 불쾌해졌다. 문장은 처음부터 끝까지 싸움을 건다. "말은 화평和平하지 않고, 문文에는 완곡婉曲이 없다." 즉 '군자는 다투는 바가 없고, 그 다툼은 군자답다'[106]는 『논어』의 가르침은 잊었다. 더구나 문장의 기교에만 신경을 쓰고 있는 것은 더욱 추접스럽다. "지금 선생은 남과 싸우는 데 군자의 도로써 하지 않고, 장구章句를 다듬는 것으로써 남에게 이기려 한다. 이 얼마나 더러운 짓인가." 이래서는 저잣거리 유예遊藝의 사장師匠이, 당동벌이黨同伐異하여 유파의 세력을 확장하려는 것과 다를 바가 없지 않은가. "이것은 곡예사가 자기를 칭찬하고 남을 깎아내리며, 그저 제 재주가 팔리지 않을까 두려워하는 것과 무엇이 다르단 말인가."

---

106 『논어』「팔일」편에 나오는 말이다. "공자는 말하기를 '군자는 다투는 일이 없으나, 반드시 활쏘기에서만 다툰다. 읍揖하고 사양하면서 올라가고, 져서는 술을 마시니, 그 다툼이 군자답도다.'라고 하셨다 子曰, 君子無所爭. 必也射乎! 揖讓而升, 下而飮. 其爭也君子(『역주 논어고금주1』, 295쪽 참조)."

특히 이상한 것은 교토의 유자는 영지나 재산이 없어서 생활이 곤란하기 때문에 강석점講釋店을 경합하게 되고, 진사이조차도 예외가 아니라고 한 대목이다. 과연 교토의 유자도 생활에 곤란을 겪었겠지만, 그것은 동쪽의 유자도 매한가지다. 다이묘에게 고용된 유자가 아닌 한, 농공상고農工商賈가 아니라면 학문을 팔아서 밥을 먹는 것은 당연한 일이다.

다름 아닌 소라이 선생 자신도 로닌(특정한 주군을 섬기지 않는 떠돌이 사무라이) 시절 시바우라 지역에서 서당을 여셨던 것은 널리 알려진 사실이다. 그러다 갑자기 다이묘 야나기사와 요시야스柳澤吉保(1658~1714) 공이 채용하여 비서로 삼았다. 그러나 여전히 박한 봉급을 받다가, 주군의 눈부신 출세와 함께 500석을 받게 되셨다. 과연 선생은 불세출의 천재고 또한 야나기사와 가문의 공로자이기도 했지만, 주군의 돌보심이 없었다면 어떻게 되셨을까. 그럼에도 타인의 설경舌耕(강석講釋으로 먹고 사는 일)을 업신여기시는 것은 어째서인가. 지금 선생의 고제高弟인 자네 난카쿠만 하더라도, 또한 불초한 나만 하더라도 각자 서당에서 월사금을 받아 밥을 먹고 있지 않은가.

선생이 예전부터 나를 거북해하시는 것을 나는 알고 있다. 내가 선생에 대해 품은 마음은 자로가 공자에 대해 품은 마음과 같다. 불만을 품고서도 입을 닫고 있을 수는 없다. 선생이 병법 책을 쓰고 싶어하신 것, 법률 지식으로 다이묘의 고문이 되고 싶어하시는 것, 모두 나로서는 찬성할 수 없다는 뜻을 아뢴 적이 있다. 이번 문장은 이미 지난 일이라 어쩔 수 없으니 선생에게는 말하지 않겠다. 그러나 내 마음은 말해두고 싶어 자네에게 편지를 쓴다.

이상의 내용이 담긴 슌다이가 난카쿠에게 보낸 이 서간. 소라이의 봉록을 500석이라 말한 것으로 보아, 1714년 이후다. 슌다이가 에도에 오기 전에 교토에 있었으며 일찍이 이토 진사이의 강의를 들었던 것도, 사태의 배후에 있었을 터이다. 소라이를 비판하는 격렬함은 소라이 원문의 격렬함에 거의 뒤지지 않는다. 그것에 대한 난카쿠의 답장 「도쿠후에게 답한다」(『난카쿠 선생 문집 2편』 권9)에서는 소라이를 변호하는 모습이 보이지만, 평범한 문장이고 너무 여담이 될 것도 같아 관여하지 않기로 한다.

　이야기를 슌다이의 『논어』 해석이라는 원래 대목으로 돌려서, 이렇게 소라이의 문학이나 인격의 어느 부분에 비판적인 슌다이도 유학설에 대해서는 대체로 스승의 충실한 계승자였다.

　슌다이의 『논어』 해석서는 상세한 것과 간략한 것 두 종류가 있다. 처음에 간행된 것은 간략한 『논어고훈』 10권, "日本元文二年丁巳春二月己未朔(1737년 2월 기미삭일) 동도후학東都後學 신요(시나노 지방, 현재의 나가노 현)의 다자이 준", 그렇게 서명한 자서自序와 "다자이 야에 몬太宰弥右衛門 찬, 元文四年己未夏五月(1739년 5월) 길강도서사吉江都書肆 숭산방嵩山房 장판藏板, 스하라야 신베에",[107] 그렇게 쓴 판권 기록이 있다.

107　에도 시대 서적상書籍商의 일문一門. 신베에 가문은 오규 소라이 서당에 드나들었고, 다자이 슌다이나 핫토리 난카쿠 등 소라이학파의 서적을 다수 간행했다. 성은 고바야시이고, 가호家號는 숭산방嵩山房이었다. 숭산방이라는 가호는 『선철총담先哲叢談』에 따르면, 고바야시 신베에가 오규 소라이에게 가호家號를 지어달라고 하자 소라이가 "서적상 가운데 내 집에 드나드는 이가 다섯, 그중 자네가 파는 책이 값이 제일 비싸다. 마치 숭산嵩山이 오악五岳 가운데 제일 높은 것과 꼭 닮았으니, 가호를 숭산방이라 하는 게 좋다"라 한 데서 유래했다고 한다(赤塚忠·遠藤哲夫, 『漢文の基礎』, 旺文社, 1973, 64-65쪽 참조).

자세한 쪽은 『논어고훈외전』 20권, "寬保元年辛酉冬十月甲戌(1741년 10월 갑술일) 시시주인紫芝主人 태재순太宰純 62세 서書", 그렇게 서명한 자발自跋 외에, "延享元年甲子五月旣望(1744년 5월 기망일) 오이즈미 지방의 미즈노 겐로水野元朗[108] 찬 서문", 판권 기록에는 다자이 야에몬 찬, "延享二年乙丑秋九月(1745년 9월) 길강도서사吉江都書肆 숭산방 장판, 고바야시 신베에 재梓"로 나와 있다.

상략詳略 형태의 두 주석이 간행된 경위에 대해서는 슌다이 자신이 쓴 문장이 있다. 『시시엔후고』 14「미즈노 메이쿄에게 보낸 편지」라는 한문 서간이다.

서간을 받은 미즈노 메이쿄의 이름은 겐로(혹은 모토아키라), 통칭 야헤, 데와 지방 쇼나이庄內 사카이 번의 가로家老다. 동번同藩의 또 한 명의 가로 히키다 신슈疋田信州[109]와 함께, 소라이와 그 일문의 패트런(후견인)이었다. 소라이가 그 학설을 일본어로 서술한 서간집 『소라이 선생 답문서』는 그 두 사람에게 준 것이라고 한다.

슌다이가 미즈노에게 보낸 이 장문의 서간은 먼저 말한다.

나는 젊어서 『논어』를 읽고 송나라 주자의 주는 이상한 곳이 많다고 이미 생각했지만, 서른이 넘어 소라이 선생에게 입문하여 친히 그 설說을 듣고, 좌담 자리에서도 여러 주제를 토론했다. 선생의

---

108 미즈노 겐로(1692~1748)는 에도 시대 중기 데와 번의 가신으로 한코藩敎(번학藩學, 번에서 번사藩士의 자제를 교육하기 위해 설립한 학교)에 소라이학을 도입한 선구자다. '미즈노 모토아키라'라고도 읽는다.
109 히키다 신슈(1700~1737)는 동번同藩의 가로 미즈노 모토아키라와 함께 소라이학을 번藩에 도입했다.

설과 더러 합치하고, 더러 그러하지 않았다. 마침내 선생은 견해를 『논어징』으로 정리하셨지만, 전에 들은 설과 합치하지 않는 대목도 있다.

선생이 돌아가신 지 10년, 나는 다시 심사沈思하여 나 나름의 결론에 도달하여, 그것을 『논어고훈』열 권으로 간행했다. 지금 생각건대, 전술한 『논어고훈』 자서自序에, 겐분 2년이라 한 것은 1737년, 개판開版 겐분 4년은 1739년으로, 1728년 소라이가 죽은 뒤 딱 십년째 되는 해다.

그런데 『논어고훈』열 권은 여러 다이묘에게 진강進講한 유자의 텍스트이긴 하지만, 내 결론만을 적었다. 별도로 결론에 이르기까지의 과정에 이용한 여러 자료도 인용하면서 상세하게 기술한 것이 『논어고훈외전』스무 권이다. 나는 그 고본稿本을 사람에게 거의 보여준 적이 없다. 수십 년간 고심한 고갱이結晶를 이해 못할 인간들이 함부로 취급하는 것을 참을 수 없기 때문이었다. 나는 그 뜻을 『논어고훈외전』의 발문에 적어 첨부하고 그대로 서재에 간수했다. 그런데 미즈노 당신은 내 『논어고훈』을 읽고 에도에 올라왔을 때, 이런저런 질문을 되풀이하였다. 당신의 호학에 감동하여 응답하는 번거로움을 피하기 위해, 『논어고훈외전』일부분을 보여주자 꼭 출판하고 싶다고 했다. 나는 강하게 거부했다. 출판비가 부족하다면, 채읍采邑의 수입으로 돕겠다고까지 여러 차례 말씀하셨지만, 나는 줄곧 거부했다. 노마 고신野間光辰[110]의 가르침에 따르면, 이러

---

110 노마 고신(1909~1987)은 국문학자로, 전공은 근세 일본문학이다. 특히 이하라 사이카쿠

한 형태로 서사書肆의 출판을 보조하는 것을 '입은入銀'이라 부른다고 한다.

지난번 순다이의 저서 『증주增注 공자가어』도 미즈노의 '입은入銀' 덕이라는 뜻을 같은 서간에서 말한다. 순다이 책을 늘 출판했던 숭산방의 스하라야 신베에도 열심히 권유했다. 이 한문 편지에서 부르는 호칭은 고바야시 엔넨小林延年, 자字는 사이추다. "미즈노 님처럼 문화사업에 열의가 있는 분은 당금當今 거의 없습니다. 그분이 그렇게까지 말씀하신 것입니다. 저도 병으로 약해지긴 했습니다만, 목숨이 붙어있는 한 하겠습니다. '장차 이 일로 종신하고자 하니將終身於此' 선생님, 다시 생각해주십시오." 스하라야의 말이 순다이를 움직였다. 자필로 청서淸書한 원고를 그대로 판목을 위한 밑글씨로 삼아 4분의 1가량 진행하던 참에 스하라야 노인이 죽어 "장종신어차將終身於此"가 비극적인 예언이 되었지만, 아들 분유가 노력하여 출판이 완성된 것이, 앞서 인용한 판권의 엔쿄 2년(1745), 순다이가 68세로 죽기 2년 전의 일이다. 그리하여 쉽사리 출판을 허락하지 않으리라 서술한 간포 원년(1741)에 쓴 자발이 여전히 끝에 붙어 있다. 내용은 이렇다. 선왕의 방법을 올바르게 상속한 이는 공자, 공자의 방법을 올바르게 상속한 이는 소라이, 장래에 다시 소라이의 방법을 올바르게 상속할 이는 누구인가. 그 사람이 출현할 때까지는 내 설도 신용되지 않을 것이다. "다만 믿지 않을 뿐만 아니라, 또한 이것을 비난할 것이다. 무익한 까

연구로 이름이 높다.

닭이다." 학설은 신뢰 관계가 있는 곳에만 전달될 수 있다, 그것이 소라이가 늘 주장한 바인데, 슌다이의 신념이기도 했던 것이다. 그러므로 이 『논어고훈외전』도 바로 출판할 생각은 없었다. "수십 년의 정신이 모인 것, 곧바로 남에게 보이고 싶지 않다. 두텁게 믿는 이를 기다려 이것을 주어야 할 일이다. 그러므로 아직 판각하기를 꾀하지 않고, 이것을 건상巾箱에 숨긴다藏." 즉 문상文箱 속에 감춰둔다. "만약 수십 년 뒤에 사도斯道의 논론論이 정해지면, 곧 판각하여 세상宇內에 내놓는다 하더라도 가할 것이다."

이 모든 말은 자신의 『논어』 해석에 대한 슌다이의 자신감을 말해준다. 그러면 '가는 것이 이와 같구나'라는 장에 대해선 어떠할까.

1974년 3월 20일

33. 슌다이와 소라이: 계승과 해석

떠나서 머무르지 않는 것에 대한 슬픔은 사람을 감동시킨다. 공자의 말도 이와 같다. 이상의 이론은 시를 아는 사람이 아니면 이해되지 않을 것이다. 이렇게 가서 돌아오지 않는 과거를 추상하는 감정은 공자뿐만 아니라, 종종 인간을 유혹하고 흥분시킨다.

다자이 슌다이의 『논어고훈』은 첫머리에 놓인 서문에,

이 구구한 책은 중니에게 충忠하여 선사先師를 보좌佐하려고 지었다.

라고 말한 것처럼, 중니(공자)의 충신이 됨으로써 선사 소라이가 쓴 『논어징』의 보조가 되기를 지향하는 주석이다. 그러한 자신의 저술 『논어고훈』에 다시 자신이 소증疏證한 『논어고훈외전』도 같은 포부에서 지은 것임은 말할 나위도 없다. 둘 다 대체大體는 소라이의 노선을 따르면서 설을 세웠다.

예를 들어 소라이의 창설創說로 매우 유명한 것은 「자한」 편의 첫

장이다.

자한언리여명여인子罕言利與命與仁.

보통은 이 여덟 자를 한 문장으로 보아 다음과 같이 해석한다.

선생님께서는 드물게 이와 명과 인을 말씀하셨다.

공자가 드물게 말씀하신 것은 세 가지. 첫째는 이익의 추구, 둘째는 운명, 셋째는 인仁 즉 인도人道, 그러한 의미라고 본다. 그러나 여기에는 문제가 있다. 세 가지 가운데 첫 번째 '이'와 두 번째 '명'은 차치하더라도, 세 번째 '인'은 『논어』의 다른 장에서 징그러울 만큼 화제에 오르는 개념이다. 그런데 이 장에서만 '드물게 말씀하신' 대상의 하나로 보는 것은 이상하다 하지 않을 수 없다. 그러나 그러한 무리를 무릅쓰고, 이렇게 읽는 것이 예부터 내려온 '고주'와 '신주'를 통한 독법이었다.

소라이의 『논어징』은 전혀 다른 새로운 독법을 제시한다. 여덟 자를 하나로 묶지 않고 도중에 끊어서

자한언리子罕言利, 여명여인與命與仁.

으로 보아,

선생님께서는 이를 드물게 말씀하셨다. 명과 더불어 하고, 인과 더
불어 했다.

라고 읽는다. 공자가 이익의 문제를 화제로 삼는 일은 원칙적으로 드
물었지만, 이익의 추구 또한 인생의 중요한 문제다. 그러므로 '이'를 언
급할 때는 운명과 연관 지어, 인도人道와 연관 지어 그것을 말했다, 라
는 의미로 보았다.

이것은 소라이의 창설로 매우 유명한데, 슌다이의 『논어고훈』도
'모케이왈茂卿曰'로 스승의 설을 그대로 인용한다. 그리고 『논어고훈외
전』에서는

소라이 선생의 설은 천고에 탁월하다. 기奇하다고 이를 만하다.

라고 상양賞揚한다. 그 가운데 '가위기의可謂奇矣'라고, 여기에서도 '기
奇'라는 글자를 상양의 비평에 섞은 것은 전고에서 말한 것처럼, 그가
스승의 결점으로 비판하는 '호기好奇의 벽癖'이 여기에서는 훌륭한 성
공을 거두었다는 데 감탄한 것이다.

또한 「학이」 편에 나오는 자하의 말,

사군능치기신事君能致其身.

을 보통은

임금을 섬김에는 그 몸을 잘 바친다.

라고 읽어, 생명을 희생으로 삼는 봉공奉公이 신하된 이의 도덕이라 보는 견해를, 소라이는 '첩부妾婦의 도', 첩이 섬기는 도덕이라 하여 물리쳤다. 그리고 직무를 내 몸을 아끼듯 하는 것이야말로 '치기신致其身' 세 자의 뜻이라 본 것도, 슌다이는 스승의 설 그대로 『논어고훈』에 인용했다. 『논어고훈외전』에서는 군신의 관계는 『예기』에서 말한 것처럼 '의義로써 합하는' 것이니, 도가 합하면 곧 복종하지만 불가不可하다면 곧 떠나는 것이 인신人身의 길義이다. 몸을 버리고 목숨을 내던지는 것은 윤리적으로 있을 수 없다고, 스승의 설을 자세히 보강했다.

그렇지만, 골경骨硬의 사람 슌다이는 스승의 설을 모두 맹종盲從하지는 않았다. 예를 들어 「학이」 편에 나오는 공자의 말,

도천승지국道千乘之國, 경사이신敬事而信, 절용이애인節用而愛人, 사민이시使民以時.

이에 대한 통설은 천승지국, 즉 제후의 나라를 다스리려면 일을 신중하게 처리하여 미덥게 하고, 비용을 절약하여 인민을 사랑하라, 백성을 부릴 때는 시기에 맞게 하라, 라고 읽는데, 소라이는 다른 설을 세웠다. 즉 도천승지국道千乘之國이란, 천자가 여행하는 길이 제후의 나라를 통과하는 것이며, 그때의 심득心得이 경사이신敬事而信 이하라고 본 것이다. 슌다이의 『논어고훈』 및 『논어고훈외전』은, 그것에 따

르지 않는다. "나는 장지章旨를 자세히 하는데, 아직 반드시 그러하지 않다." 그렇게 스승의 설을 물리치고, 다만 '도道' 자를 '치治' 자로 사용한 예가 다른 곳에 보이지 않는 점에 의문을 표하면서도, 종래의 통설이 좋다고 보았다.

지금 우리가 문제로 삼고 있는 「자한」 편의,

선생께서는 냇가에서 말씀하셨다. "가는 것이 이와 같구나. 밤낮으로 그치지 않는구나."

子在川上曰, 逝者如斯夫, 不舍晝夜.

에 대해서는 어떠한가. 그것을 공자의 탄식, 한순간도 정지하지 않는 냇물 속에서, 가서 돌아오지 않는 시간의 추이를 보고 내뱉은 탄식이라 보는 점은 스승 소라이와 같다. 혹은 게이추하고도 같다.

『논어고훈』에는 우선 한인의 고주를,

포함이 말하기를, 서逝는 간다는 뜻이다. 말하는 바는 대저 가는 것은 냇물의 흐름과 같다는 말이다.

라고 인용한 뒤 자신의 주석을 달았다.

나는 말한다, 서逝는 가서 돌아오지 않음을 말한다. 이것은 공자가 흥감興感한 말이다.

또한『논어고훈외전』에서는 '서逝' 자의 함의가 '가서 돌아오지 않는다'인 것을 설명하여 말한다. '서逝'는 포함包咸이 새긴 것처럼 '간다는 뜻往也'이라고 바꾸어 말할 수 있지만, '왕往'과 완전히 같지는 않다. '왕往'은 '내來'의 반대어가 될 수 있지만 '서逝'는 오로지 '가서 돌아오지 않는다'로서 '내來'는 그 반대어가 될 수 없다. 그 점을 먼저 심득心得해야 한다. 또한 '사斯'는 물을 가리킨다. '가는 것이 이와 같구나'는 가서 돌아오지 않는 것은 이 물과 같다는 성인의 말이다. 탄식의 계기로서 무엇이 그때의 공자의 마음에 있었는지는 확정하기 어렵다 하더라도, '공자夫子는 생각건대 흥감興感한 바가 있어서 발했다', 즉 감개가 있어 발언했다는 사실은 움직일 수 없는 것이고, '불사주야不舍晝夜'는 잠시도 머무르지 않음을 말한 것이다. 훗날 한인의 고시古詩는 말한다.

떠나간 이는 날로 소원해진다[111]

去者日以疏

도연명의 시는 말한다.

젊은 시절은 거듭 오지 않고, 하루에 두 번 새벽을 맞기 어렵다.

盛年不重來 一日難再晨.

---

111 『문선역주5』, 223쪽 번역은 이렇다. "죽은 사람 나날이 멀어져가고"

당唐 대서륜戴叔倫은 시 「상남즉사湘南卽事」에서 말한다.

원수沅水와 상강湘江은 밤낮으로 동쪽으로 흘러가, 수인愁人을 위해
잠시라도 머무르지 않는구나.
沅湘日夜東流去, 不爲愁人住少時.

모두 '흥감하여 지은 것'이고 가서 돌아오지 않는다, 떠나서 머무
르지 않는 것에 대한 슬픔인 까닭에 사람을 감동시킨다. 공자의 말도
이와 같다. 인간은 그러한 제약 속에 있다는 경고가 언외言外에는 포
함되어 있다 해도, 이 말의 '의식의 중심'에 있지 않다. 이상의 이론은
시를 아는 사람이 아니면 이해되지 않을 것이다. 시를 모르는 송유는
'도체道體', 즉 자연이 운동하는 원리를 비유한 것이라는 둥 말하지만,
본래 '도체'라는 말은 선가禪家의 논의이고 선왕의 고전에 나오는 개
념이 아니다. 공자의 가르침에 그 말이 들어갈 여지는 없다.

또한 이렇게 가서 돌아오지 않는 과거를 추상追想하는 감정은 공
자뿐만 아니라 종종 인간을 유혹하고 흥분시킨다는 증거로, 순다이
의 『논어고훈외전』은 마지막에 『세설신어』의 「상서傷逝」 편에 보이는
삽화를 부기한다. 진나라 왕융王戎은 상서령尙書令(수상)이 되고 난 뒤,
대례복大禮服을 입고 공용公用 수레를 타고 옛날 완적阮籍·혜강嵇康 등
과 함께 마신 황黃 아저씨의 술집 곁을 지나다 수행하는 호위에게 말
했다. 혜강은 사형당했고 완적은 죽었는데, 나는 속무俗務에 파묻혀
있다. 바로 거기에 있던 바가, 저 멀리 떨어진 산하山河가 되었다. '오늘
이것을 보니, 가까움에도 아득히 멀어 산하와 같다今日視此, 雖近邈若山

河.' 이 두 구는 '부자의 말과 비슷하여 감개의 정 가상可想하다.'

마지막 인용은 과잉의 방증旁證인 것이 마음에 들지 않지만, 그만큼 슌다이가 『논어』의 이 장에 대해 사유하는 방향은 더더욱 분명하다.

요컨대 게이추·소라이·슌다이는 『논어』의 이 장을 비관의 말로 해석했다. 그중 소라이와 슌다이는 인간에 대한 경고를 다소 포함하고 있다고 여전히 여지를 남겨 게이추가 순수하게 비관의 말이라 본 것과는 다소 분위기를 달리하지만, 요컨대 주요한 방향은 비관의 말이라 보았다. 즉 송유나 진사이처럼 인간의 부단한 진보를 말하는 낙관의 말로 보지 않은 것이다.

그리고 게이추와 소라이 모두 중국 중세문학에서 이 장의 인용이 비관의 방향에 있는 것을 방증으로 삼았다. 소라이의 『논어징』에,

한漢부터 육조六朝에 이르기까지, 시부詩賦가 인용한 바, 모두 다만 이 뜻으로만 보았다.

漢至六朝, 詩賦所授, 皆止斯義.

게이추의 『다이쇼키』에,

공자의 '서천지탄逝川之嘆'으로 보아, 시문에도 그 마음을 썼음을.

이렇게 두 학자가 지적한 것은 적어도 6세기에 편집된 『문선』, 즉 게이추가 구석구석까지 암송하고 있었다고 생각되는 사화집에 보이

는 '시문'에 관한 한 옳다. 전고에서는 내가 얼른 떠올릴 수 있는 것으로 권24, 진晉 사마표가 산도山濤에게 준 시에 나오는,

저 공자의 탄식에 감개하며
우리네 수명의 단촉함(짧음)을 슬퍼해봅니다.

感彼孔聖嘆 哀此年命促.

만을 들었고, 27고에서는 다른 예로 『문선』 권23, 위魏 유공간劉公幹 즉 유정劉楨의 「오관중랑장에 주는 사수四首」 중 하나를 들었다. 여기서는 조씨曹氏의 막객幕客 유씨가 병들어 누워 있는 곳에 주공主公의 세자世子인 조비가 문병하러 와준 것에 감사하고, 즐거운 대화시간은 눈 깜작할 사이에 지나고 남은 것은 또 다시 별리임을 감개感慨하여 말한다.

시간이 흐르는 것은 마치 흐르는 물과 같으니
결국 헤어지게 됨을 슬퍼합니다.

逝者如流水 哀此遂離分.

또 다른 예를 든다면, 권19, 진晉 장무선張茂先 즉 장화張華의 시 「여지勵志」에,

해여, 달이여, 시간이 흘러 변화하는구나.
흘러감이 이와 같으니

밤낮을 가리지 않는다.[112]

日與月與 荏苒代謝 逝者如斯 曾無日夜.

가 있다. 권29, 진晉 장경양張景陽 즉 장협張協의 「잡시십수雜詩十首」 중
하나로, 숲에 비치는 희미한 햇볕, 대나무에 스치는 회오리바람, 국화
꽃을 보금자리로 삼은 이슬 등 가을의 경물景物을 열거하고, 하늘은
높고 만물이 조용해지는 계절을 맞이한 감개로서,

사람이 영해瀛海 안에서 사는 것은

숨가쁘기가 새가 눈앞을 지나는 것 같다네.

냇가에서 가는 것을 탄식함

앞 세상의 훌륭한 사람 그것을 가지고 스스로 힘쓴다.[113]

人生瀛海內 忽如鳥過目 川上之嘆逝 前脩以自勖.

란 구절이 있다. 마지막은 선세先世의 현인들이 제약으로부터의 반성
이라는 차원에서 노력하자고 말한 것인데, 노력의 전제를 이루는 것
은 눈앞을 지나가는 비조飛鳥처럼, 날개를 치며 지나가는 시간에 대
한 탄식이다.

　권13, 진晉 반안인潘安仁 즉 반악潘岳의 「추흥부秋興賦」는 가을의 자
연이 가져다준 슬픔 네 가지를 읊는다.

112　『문선역주3』, 302쪽.
113　『문선역주5』 306쪽 번역은 이렇다. "사람은 해내海內에서 태어났지만, 빠른 세월은 눈앞
스치는 새와 같다네./ 냇가에서 흐르는 세월 탄식했나니, 공자의 그 말씀을 스스로 힘쓰리라."

돌아가는 자를 전송하며 친구를 그리워하는 마음을 품고

먼 길을 떠나며 떠돌아다녀야 한다는 번민을 가진다.

강을 마주하고서 물이 흘러가는 것처럼 시간이 가버리는 것을 탄

식하고

산에 올라 천지가 구원한 것을 생각하며 인간의 몸이 곧 없어지는

것을 애도한다.[114]

夫送歸懷慕徒之戀兮 遠行有羇旅之憤 臨川感流以嘆逝兮 登山懷遠而悼近.

이것은 『초사』 『좌전』에 보이는 비애와 함께 『논어』의 이 장을 그

것과 나란히 서는 비애로 헤아린 것이다.

저 네 가지 걱정에 근심하는 마음이여

그중 하나라도 만난다면 참기 어려울 것이다.[115]

彼四戚之疚心兮 遭一塗而難忍.

이상 모두 3세기 위진魏晉인의 시문인데, 4세기의 것으로는 전에도

인용한 권20, 송宋 사선원謝宣遠 즉 사첨謝瞻이 쓴 긴 제목의 시 「왕무

군유서양집별시위예장태수유피징환동王撫軍庾西陽集別時爲豫章太守庾被徵

還東」이 있다. 이것은 그가 예장豫章 태수였을 때, 상급 지방장관 왕홍

王弘이 국도國都로 돌아가는 유등지庾登之를 송별하는 연석에 참석해

---

114 『문선역주2』, 387쪽.
115 『문선역주2』, 387쪽. '네 가지 걱정'은 '멀리 떠나는 것, 산에 오르는 것, 물을 마주하고 있
는 것, 돌아가는 사람을 배웅하는 것'을 가리킨다(앞의 책, 386쪽 주석 29 참조).

서 지은 작품이다.

이별과 만남은 서로 이어져 있다지만
흘러간 강물이 어찌 돌아오겠는가.

離會雖相親 逝川豈往復.

『문선』주석의 권위자 당나라 이선은 두 구를 해석하여 말한다.

이별하여 또 만남은 서로 이어질 길이 있다 하더라도, 다만 가는
강물의 흐름은, 어찌 가서 돌아올 길이 있겠는가. 세월이 빨리 흘
러서, 만나기 어려움을 탄식한 것이다.

1974년 4월 28일

34. 공자의 진의를 읽다(1)

『논어』와 『맹자』를 엮어 물의 속성을 헤아리는 것은 동중서에서 시작되었는지도 모른다. 아마도 그는 종래의 여러 사고, 『논어』『맹자』『순자』를 뒤섞어 「산천송」을 완성했을 것이다. 이것은 또한 한 무제 치하라는, 그 시대의 요청이었는지도 모른다.

『논어』의 이른바 '천상지탄川上之嘆' 혹은 '서천지탄逝川之嘆', 즉 "가는 것이 이와 같구나, 밤낮으로 그치지 않는구나逝者如斯夫, 不舍晝夜." 그 것을 게이추나 소라이, 슌다이처럼 공자가 흘러가는 냇물에서 만물의 유전을 보았다고 여기는 해석, 즉 비관의 말이라 보는 해석이 있다. 이는 전고에서 거론한 것처럼 게이추가 애독했던 사화집『문선』에 수록된 여러 시문이 그 방향에 대한 말로『논어』의 이 장을 인거引據한 것을 게이추·소라이·슌다이와 함께 방증으로 삼는다면 더욱 확정할 수 있는 것으로 보인다. 그리고 송유나 진사이처럼 우주의 부단한 생장生長, 또는 그 속에 있는 인간의 생장을 냇물을 상징으로 삼아 말한 것으로 보는 해석, 즉 낙관의 말이라 보는 해석은 후인後人의 자의恣意이며 공자의 진의가 아니라고 결정해도 좋을 것이다. 문제는 해결된 것처럼 보인다.

그러나 기실 사태는 여전히 그렇지 않다. 『문선』에 수록된 삼국육조三國六朝 시문에 관한 한, 마치 게이추가 "시문에도 그 마음을 썼다"고 말하고, 소라이가 "한에서 육조에 이르기까지, 시부에서 인용한 바 모두 다만 이 뜻일 따름"이라 말한 것과 같다. 그렇지만 좀 더 이른 시기의 문헌, 구체적으로는 한대의 문헌, 내지는 한대 이전의 선진先秦 문헌에는 이 장을 낙관의 말로 해석한 것이 꽤 있다. 소라이가 '한에서 육조에 이르기까지'라고 말한 가운데, '육조'에 대해서는 지적이 해당된다고 보아도, '한에서'라 말한 것은 정정이 필요하다. 송유나 진사이처럼 낙관의 말로 이 장을 읽은 자료가 한대 내지는 선진에 오히려 많다는 사실이 한편에 존재한다.

가장 이른 자료로서 그 가능성을 지닌 것은 전에도 언급했듯이 『맹자』다. 다시 한번 자세히 인용하면, 「이루」 편 하, 서자徐子라는 인물과 맹자가 나눈 대화를 기록한 대목이다. 서자는 우선 묻는다. 공자는 종종 물을 상찬했다. 그것은 어째서인가.

맹자에게 서자가 물었다. "중니(공자)는 '물이여, 물이여' 하고 자주 물을 일컬었습니다. 물에서 무엇을 취한 것입니까?"

徐子曰, 仲尼亟稱於水曰, 水哉水哉, 何取於水也.

맹자는 대답했다. 공자의 상찬은 물이라는 존재가 콸콸 솟는 샘이라는 기본을 갖고, 밤낮으로 그치지 않는 기본의 용출湧出에 의해, 대해에 이를 만큼 성장한다는 점을 칭찬한 것이라고.

맹자가 대답했다. "근원이 있는 샘은 콸콸 솟아나와 밤낮으로 멈추지 않아, 웅덩이를 채운 뒤에 바다에 이릅니다. 근본이 있는 것은 이와 같으니, 중니께서 이 점을 취하신 것일 따름입니다."

孟子曰, 原泉混混, 不舍晝夜. 盈科而後進, 放乎四海, 有本者如是. 是之取爾.

여기서 『논어』와 마찬가지로 '밤낮으로 멈추지 않아不舍晝夜', 이 네 자가 보이는데 그 점은 나중에 다루기로 하고, 맹자의 말은 계속 이어진다. 이러한 커다란 성장은 '원천原泉'이라는 기본을 가진 물이기에 비로소 가능하다, 여름의 소나기로 생긴 웅덩이 물이 얼마 지나지 않아 곧 말라버리는 것하고는 다르다. 인간도 그와 같아서, "기본 없는 명성, 그것을 군자는 부끄러워한다故聲聞過情, 君子恥之" 운운.

여기에서 맹자가 물의 속성으로 말한 것은 물은 '원천本'을 갖기 때문에 성장한다는 말이다. 『논어』에서 말하는 물의 속성이 수원水源과는 관계없이 다만 '간다'인 것하고는 다르다. 『논어』의 '간다'가 비관을 반영하는 말인지 낙관을 반영하는 말인지, 그 천착穿鑿은 잠시 제쳐두고, 『맹자』가 중시한 수원은 『논어』에 나타나 있지 않다.

그러므로 게이추의 『다이쇼키』처럼 양자는 관계가 없다고 보는 판단도 불가능하지 않다. 둘은 똑같이 공자의 물에 대한 감상이지만 만능의 성인에 관한 것이다. '비유를 취한 것이, 어찌 일우一隅를 수守하겠는가'라고, 게이추는 말한다. '원천本'이 있는 것이 성장함을 물에서 본 것도 한때의 공자라면, 흘러가는 것의 비애를 물에서 본 것 또한 한때의 공자다. 게이추는 '양자를 결부시킬 필요는 없다'고 본 것이고, 『논어』의 '가는 것은逝者'이라는 첫머리의 말이 지닌 리듬으로 보아

어디까지나 비관의 말이 될 수밖에 없다. 그러므로 맹자가 낙관의 말이라 본 것을 고려하여 결부시키는 것은 견혼牽混이고 잘못이라 그는 생각했다. "생생무궁生生無窮을 말하려 했다면, 이 발단의 말은 어울리지 않는다."

『다이쇼키』에서 펼친 게이추의 변증은 주도周到하다. 소라이의 『논어징』, 슌다이의 『논어고훈』 또는 『논어고훈외전』에는 도리어 『맹자』를 언급한 논의가 없다. 맹자를 공자에 대한 최초의 배교자背敎者로 보는 것이 소라이와 슌다이의 인식이기 때문에, 따질 만한 가치가 없다고 보았는지도 모른다. 유가가 아닌 게이추가 오히려 주도하다.

그러나 게이추의 주도한 변증에도 불구하고 여전히 마음에 걸리는 것은 『맹자』의 그 대목에도, 원천혼혼原泉混混하여 불사주야不舍晝夜, 라고 『논어』와 마찬가지로 '불사주야' 네 글자가 물의 속성으로 등장한다는 점이다.

이것은 양자의 결부를 주장하려는 논자에게는 적당한 거점이다. 그리고 양자를 결부시키는 학자에게는 『논어』의 이 장도 맹자가 말한 것처럼, 물을 낙관의 상징으로 본 것이라 말한 바가 된다.

일본에서 그 대표자는 이토 진사이다. 진사이는 평생의 주장으로서, 『맹자』야말로 『논어』에 대한 가장 오래된, 가장 훌륭한 주각注脚이라 본다. 그런 주장 위에서 진사이의 『논어고의』는 『맹자』를 근거로 삼아 「자한」편의 이 장도 낙관의 말로 본다. 그는 우선 '원천혼혼' 운운하는 『맹자』원문을 '유본자여시有本者如是'까지 인용한 뒤, 말한다.

이른바 본本이라는 것은 무엇인가. 인의예지가 그 몸에 있고 그리고 종신토록 그것을 써서 다함이 없는 것, 마치 냇물의 흐름이 밤 낮을 그치지 않고, 날마다 새롭게 다함이 없는 것과 같다. 그러므 로 말한다. 날로 새로워짐 그것을 '성덕盛德'이라 한다. 공자夫子가 물에서 취한 뜻은 아마도 이와 같을 것이다.

所謂本者何. 仁義禮智有於其身, 以終身用之不竭, 猶川流之不舍晝夜, 日新而無窮. 故 曰, 日新之謂盛德, 夫子取水之意, 蓋如此.

진사이의 『맹자』 주 『맹자고의』의 견해도 물론 같다. 「이루」 편의 저 장에 주를 붙여 말한다.

이것은 맹자가, 공자가 '가는 것은 이와 같구나'라 한 말을 풀이하 여 이렇게 말한 것이다.

此孟子解夫子逝者如斯之言云然.

한대 내지 한 이전의 설에 대해 쓰기 시작한 것이 진사이로 우회紆 曲했는데, 이야기를 본래로 돌리면, 이렇게 맹자의 '원천혼혼原泉混混, 불사주야不舍晝夜'를 가지고 『논어』의 '서자여사부逝者如斯夫, 불사주야 不舍晝夜'와 결부하여 『논어』의 이 장을 『맹자』처럼 낙관의 말로 보는 해석은 진사이만의 것은 아니다. 일찍이 한대, 즉 서기 원년을 중간에 낀 400년의 시기에 실은 이미 있었다.

우선 『맹자』에 대한 한대의 주석가 조기趙岐가 있다. 후한 말 즉 2세기 말의 학자인 조기의 『맹자장구』는 장마다 주석 끝에 '장지章旨' 라는 이름으로 총괄하는 말을 붙이는데, 「이루」 편의 이 장 끝의 '장지'에 말한다.

본本이 있으면 다하지 않고, 본本이 없으면 곧 마른다. 실속 없는 가
짜 명성, 군자는 이것을 부끄러워한다. 그래서 중니는 냇가에서 말
했다. '가는 것이 이와 같다'고.

有本無竭, 無本則涸, 虛聲過實, 君子恥諸. 是以仲尼在川上曰, 逝者如斯.

즉 분명하게 『논어』의 이 장을 가지고, 『맹자』의 이 장과 상응한다
고 보았다. 그렇다면 조기는 『논어』도 『맹자』와 마찬가지로, 물을 소
재로 한 낙관이라 보았다고 해야 할 것이다.

조기뿐만 아니다. 한대의 유자 가운데 가장 현저顯著한 인물의 설
도 그러하다. 조기보다 3년 앞선, 전한前漢 동중서의 견해도 『맹자』에
근거하여 『논어』를 읽는다. 동중서는 한 무제武帝가 권력으로 사상을
통일하고 유가를 독존獨尊의 지위에 올려놓았을 때의 이데올로그이
므로 전한 유자의 대표라고들 보는데, 그의 논문집 『춘추번로春秋繁
露』 제73편 「산천송山川頌」에 이 부분이 나온다.

「산천송」은 산과 강의 여러 속성을 여러 덕목에 비견하여 칭찬하
는 글인데, 강에 대해서 우선 말한다.

물은 곧 원천源泉이 있어, 혼혼운운混混沄沄(끊임없이 세차게 솟아올
라), 밤낮으로 다하지 않음晝夜不竭은 이미 힘쓰는 것과 비슷하다.

이상 인용문의 '원천' '혼혼' '주야불갈' 모두 『맹자』에 바탕을 두고

말한 물의 속성이다. 이어서 말한다.

'웅덩이가 찬 뒤에 가는 것盈科而後進'은 이미 평平을 유지한 것과 비
슷하다.

'영과이후진盈科而後進'도 『맹자』의 말이다. 또 말한다.

은미하게 따라 아래로 가서, 작은 틈을 남기지 않는 것은 이미 찰
察하는 것과 비슷하다.

이하 '계곡을 따라 헤매지 않고, 혹은 만리를 달려 반드시 이른다'
는 것은 지자知者와 비슷하고, '산에 장방障防되어 청정할 수 있는' 것
은 명命을 아는 자와 비슷하다. 또 '깨끗하지 않은 상태로 들어가 청
결하게 나오는' 것은 잘 화化하는 자와 비슷하고, '천길 계곡에 달려
가 들어가도 의심하지 않는' 것은 용자勇者와 비슷하다. '물物은 모두
불을 괴로워하는데 물만은 홀로 그것에 이기는' 것은 무자武者와 비
슷하고, '모두 그것을 얻어 살고 그것을 잃으면 죽는' 것은 유덕자有德
者와 비슷하다, 고 열거한 뒤 마지막 결어로서 말한다.

공자가 냇가에서 "가는 것이 이와 같구나, 밤낮으로 그치지 않는
구나"라고 말한 것은 이것을 일러 말한 것이다.

중간 부분은 여러 가지로 곡절曲折하고 있지만, 첫머리와 결말을 보

면 『맹자』를 근거로 『논어』를 읽어 『논어』의 이 장을 낙관의 말로 본 것은, 일찍이 전한의 대유大儒 동중서가 이미 그러했다는 사실을 확실히 알 수 있다.

여기에서 다소 고증을 해보자. 『춘추번로』의 이 문장은 『논어』와 『맹자』를 결부시킴으로써 이 두 서물을 결부시킨 외에, 또 결부시킨 것이 있다. 이렇게 물의 속성을 여러 종류의 도덕자道德者에 비기는比 擬 사고는, 언어의 표현도 부분적으로는 유사한 채로 다른 몇 가지 고서에 보인다. 『춘추번로』보다 확실히 앞서는 것으로는 『순자』「유좌宥 坐」편이고, 아마도 앞설 것이라 추측되는 것으로는 『대대례기』「권학 勸學」편, 다소 나중의 것으로는 전한 말 유향의 『설원說苑』「잡언雜言」 편, 『공자가어』「삼서三恕」편이 있다. 이들 문헌에서는 모두 공자가 제자 자공의 물음에 대답한 말로 실려 있어 대동소이한 내용인데, 그중 제일 이른 문헌 『순자』를 보자.

공자가 동쪽으로 흐르는 물을 바라보았다.

자공이 공자에게 물었다. "군자가 커다란 물을 보면 반드시 바라보는 까닭은 무엇입니까?"

공자가 말했다. "대저 물은 크고 널리 모든 것에 생명을 주면서도 (일부러) 함이 없는 모습이 덕 있는 이와 비슷하다.

그 흘러감은 낮은 곳으로 가며, (때로는) 곧고 (때로는) 굽기도 하지만, 반드시 일정한 도리를 따르는 것은 의로운 이와 비슷하다.

콸콸 솟아나 다함이 없는 것은 도와 비슷하다.

둑을 터서 방류하면, 소리에 응하는 울림처럼 분류奔流하여, 백 길

계곡으로 뛰어들어가는 것도 두려워하지 않는 모습은 용기 있는 이와 비슷하다.

움푹 팬 곳에 쏟아져 들어가면 반드시 채운 뒤에 앞으로 나아가는 것은 법과 비슷하다.

채우고 나서도 평미레질을 할 필요가 없는 것은 정正과 비슷하다.

유약한 듯하면서도 미세한 데까지 미치는 것은 통찰력 있는 이와 비슷하다.

그 안에 드나들면 깨끗해지는 것은 선화善化와 비슷하다.

무수히 굴절하면서도 반드시 동으로 흐르는 것은 지志와 비슷하다.

그러므로 군자는 커다란 물을 보면 반드시 바라보는 것이다."

孔子觀於東流之水. 子貢問於孔子曰, 君子之所以見大水必觀焉者, 是何? 孔子曰, 夫水徧與諸生而無爲也, 似德. 其流也, 埤下裾拘, 必循其理, 似義. 其洸洸乎不淈盡, 似道. 若有決行之, 其應佚若聲響, 其赴百仞之谷不懼, 似勇. 主量必平, 似法. 盈不求槪, 似正. 淖約微達, 似察. 以出以入, 以就鮮潔, 似善化. 其萬折也必東, 似志. 是故君子見大水必觀焉.

굳이 길게 인용한 것은 물의 속성을 여러 도덕에 견준 것, 동중서의 『춘추번로』와 같으면서도 동중서처럼 『논어』의 '서자여사부逝者如斯夫'는 아직 결부되어 있지 않은 점을 주의시키고 싶어서였다. 『맹자』의 '원천혼혼原泉混混' 사고 또한 여기에는 도입되어 있지 않다. 『대대례기』와 『설원』 모두 그러하다. 다만 가장 나중에 성립된 『공자가어』만은 마지막 '덕과 비슷하다'는 조건 속에 '그 쉬지 않음 때문이다'라고, 부단한 활동에 대한 고려를 다소 가볍게 보여준다.

지금 생각하건대,『논어』와『맹자』를 도입하여 물의 속성을 헤아리는 것은 동중서에서 시작되었는지도 모른다. 아마도 그는 새로운 교설教說을 창립하는 책임자로서, 물에 관한 종래의 여러 사고, 이를테면『논어』적인 것,『맹자』적인 것,『순자』적인 것, 일체를 뒤섞고雜糅 포섭하여, 이「산천송」편을 완성했다. 아울러『논어』의 이 대목도 낙관의 말로 포섭 속에 집어넣은 것은 아닐까. 그것은 또한 웅재대략雄才大略한 군주 무제 치하, 모든 것에 적극성을 바란 그 시대의 요청이었는지도 모른다.

　　동중서뿐만 아니다. 같은 한대 사람인 양웅·최원崔瑗·허신, 그들의『논어』해석도 같은 방향에 있다는 사실은 다음 원고에서 다루기로 한다.

1974년 5월 31일

35. 공자의 진의를 읽다(2)

허신은 후한의 대유로, 또 한 명의 대유 정현과 아울러 '허정'이라 병칭된다. 그의 『설문해자』는 청조 한학이 크게 의거하는 책으로, 전한 문명을 대표하는 인물이 사마천·사마상여·동중서· 양웅이라면, 고전 연구에 주축을 기울인 후한 문명의 대표자는 정현과 허신이다.

전고에서는 『맹자』에 『논어』 「자한」 편의 저 문장과 유사한 말이 있음을 돌아보고, 낙관의 말, 혹은 그렇게까지는 아니더라도 노력을 통한 생장·진보운동을 말하는 것으로 해석해보았다. 아울러 비관의 방향은 아니라고 보는 견해, 즉 훗날 송유와 합치하고 육조인, 또는 게이추·소라이·슌다이와 합치하지 않는 견해가 전한의 대유 동중서, 혹은 후한 말 조기에게 있었음을 설명했다.

같은 해석을 보이는 한대의 학자는 이 두 사람만이 아니다. 양웅의 『법언』 또한 그러하다.

동중서(기원전176~기원전104)가 사마상여·사마천과 나란히 전한 중엽, 무제 시대의 문명을 담당한 이였던 데 비해 양웅(기원전53~기원후18)은 전한 말, 혹은 찬탈자 왕망 시기(신新왕조, 8~24)에 그 지위에 있었다. 미문 「감천부甘泉賦」「우렵부羽獵賦」 등의 작자로서 사마상여의 상속자임과 동시에 '심침深沈의 사고'를 좋아하는 사상가로, 『법언』 13편은 사상가로서의 그의 어록이다.

『법언』의 첫 번째 편 「학행學行」에는 다음과 같은 대목이 있다.

어떤 이가 진進에 대해 물었다.
대답하기를, 물이다.
어떤 이가 묻기를, 그 밤낮으로 그치지 않음 때문인가.
대답하기를, 그러할까. 채운 뒤에 나가는 것은 아마도 물이로구나.
或問進. 曰, 水. 或曰, 爲其不舍晝夜與? 曰, 有是哉. 滿而後漸者, 其水乎.

어떤 이가 진보의 원리를 묻자, 양웅은 '물'을 가지고 대답한다. 그것은 밤낮 없이 활동하기 때문인가. 어떤 이가 다시 묻자, 그러하다, 가득 찬 뒤에 흘러간다. 그것이 물이다, 라고 대답한다.

이것은 명백히 『논어』 '서자여사부逝者如斯夫'의 '서逝'를 앞으로 나아간다는 뜻으로 해석한 뒤 오간 문답이다. 물을 서글프게 지나가버리는 것으로 본 것이 아니다. 그리고 그 이유를 '채운 뒤에 나가기' 때문이라 한 것은 동중서와 마찬가지로, 『맹자』의 "근원이 있는 샘은 콸콸 솟아나와 밤낮으로 멈추지 않아, 웅덩이를 채운 뒤에 나아가原泉混混, 不舍晝夜. 盈科而後進"를 『논어』에 끌어들인 것이고, 물을 진보의 원리를 상징하는 것으로 봤다.

물론 최근 왕룽바오江榮寶의 『법언의소法言義疏』의 경우, 양웅의 두 번째 대답 '유시재有是哉'를 고증하여 이 세 자를 '그러하다, 그 말 그대로다'라는 뜻으로 풀이하는 것은 속견俗見이라 본다. 그는 세 자가 다른 책에서 사용된 사례에서 귀납하여, '아니 자네 생각은 겨우 그 정도인가', 그러한 어기語氣라고 보았다. 그것을 여기에 적용시키면, 묻는 이가 양웅에 대해 선생이 진보의 원리를 물에서 찾으시는 것은 『논어』에 '불사주야不舍晝夜'라고 말한 데서 나온 것이냐는 물음에, 그것 만은 아니다. 『맹자』가 말한 것처럼, 충만한 뒤에 나아가는 것이야말로 물의 속성이다, 라고 양웅은 대답한 것이 된다.

전전戰前의 주일공사駐日公使였던 왕룽바오는 최근의 훈고학 대가다. 내가 예전에 낸 수필집 『귀림조어歸林鳥語』의 어느 글에서 언급한 것처럼, 그의 설은 경청할 만하지만, 가령 그의 설에 따른다 해도 양웅이 『논어』 「자한」 편의 저 장을 '나아감進'의 원리로 읽었다는 점, 즉 송유와 합치하고 육조인이나 게이추 같은 이들과 합치하지 않는다는 결론에 영향을 미치지는 않는다.

이상 동중서의 설과 양웅의 설은 종래의 학자도 이미 주의하는 바다. 예를 들어 청조의 '한학漢學', 즉 세간에서 말하는 고증학에서 『논어』 주석의 집대성으로 권위 있다 여기는 것은 유보남의 『논어정의論語正義』인데, 여기에 착실히 인용되어 있다. 그리고 유보남은 청유清儒들이 보통 그러하듯 주자를 비롯한 송유의 설보다 한위漢魏의 고의古義를 존중하는 학자인데, 이 장의 해석에서 한유 동중서와 양웅 두 사람의 설을 취하여 진보의 원리를 말한 것으로 보는 점은 송유와 같다.

그런데 이렇게 선인의 주의를 끌었을 뿐만 아니라 다른 한인의 책에도 같은 경향이 있다는 사실은 이 연재를 읽고 있는 벗이자 학인學

人 두 사람이 가르쳐주었다.

하나는 오자키 유지로 군의 가르침으로, 허신의 『설문해자』 11편 하, '천부川部' '간侃' 자 해설에 다음과 같은 말이 있다.

간侃은 강직剛直이다. 신亻을 따른다. 신亻은 신信의 고문古文이다. 천川을 따른다. 그 '불사주야不舍晝夜'에서 취한다.

그 뒤로 조금 더 문장이 이어지는데, 당면한 문제에 필요한 것은 이상의 부분이다.

만약을 위해 해설하면, 허신許慎은 후한 중엽 사람이고, 그의 『설문해자說文解字』는 중국 최초의 계통 있는 자전이다. 한자 9353자를 하나하나 그 형상의 구조를 분석했으며, 분석 결과가 각 자의 의미와 어떤 관계가 있는지, 또한 각 자의 발음과 어떤 관계가 있는지 설명한다. 이리하여 1만 자가 조금 못되는 한자를, 공통된 구성요소를 지닌 군群, 즉 '청淸' '탁濁' '심深' '도渡'는 모두 '삼수변氵'이군, 그리고 '방芳' '난蘭' '아芽' '원苑'은 모두 '초두艹'군, 하는 식으로 분류하여 전체 책의 순서로 삼았다. 즉 훗날 『강희자전康熙字典』에 이르는 한자전漢字典 계열의 시조다.

그 가운데 '천부川部' 중에 앞서 인용한 '간侃' 자의 설명이 있다.

우선 '간侃은 강직剛直'이라 말한 것은, 글자의 의미에 대한 설명이다. 이어서 형상을 설명하여 말한다. 이 자를 구성하는 것은 두 가지 요소다. 하나는 신亻, 이것은 신信의 고체자古體字다. 그것과 천川. 왜 강직剛直을 의미하는 '간侃' 자가 '신信+천川'으로 구성되었을까. '신信'

즉 성실함이 '강직'과 연관된 개념이라는 것은 말할 나위 없기 때문에 설명이 필요 없다 치고, '천川'을 또 하나의 요소라 한 것은 『논어』에서 말한 것처럼, '천수川水'는 '불사주야不舍晝夜'하는 운동이라는 점을 취하여 '강직'과 연관되었다고 본 것이다.

즉 허신 또한 『논어』의 저 장을 진보와 운동의 원리를 상징하는 낙관의 말로 읽은 것이고, 육조인이나 게이추·소라이·슌다이처럼 비관의 말로 읽지 않았다는 말이 된다.

허신은 후한의 대유다. 그의 『설문해자』는 청조 한학이 크게 의거하는 책으로, 단옥재의 주를 비롯해 많은 주석이 나왔으며 또 한 명의 후한의 대유 정현과 아울러 '허정許鄭'이라 병칭된다. 사실 전한 문명을 대표하는 인물이 사마천·사마상여·동중서·양웅이라면, 문학 제작보다 고전 연구에 주축을 기울인 후한 문명의 대표자는 정현과 허신이다. 그 허신의 설이 이상과 같고, 더구나 이러한 사실을 보통의 『논어』 주석에서 그다지 주의하지 않는 것으로 보이는데, 이를 오자키 군이 엽서를 보내어 나에게 가르쳐주었다.

또 하나는 센다이에 있는 가나야 오사무 군의 가르침이다. 최원崔瑗의 「하간河間의 상相 장평자張平子의 비碑」, 이것 또한 『논어』 '서자여사부逝者如斯夫'를 진보의 원리로 보고 있다.

최원(자는 자옥子玉)도 후한 중엽의 인물이다. 범엽范曄의 『후한서』에는 증조부 최전崔篆, 부친 최인崔駰, 또한 아들 최식崔寔과 함께 열전 권42에 실려 있다. 조손祖孫 대대로 문학에 뛰어난 집안이었고, 범엽이 열전 뒤의 '논論'에 일가一家의 작업을 총괄하여 "최씨는 대대로 미재美才가 있고 아울러 전적典籍에 침륜沈淪함으로써, 마침내 유가의 문림文林이 되었다"고 한 것은 그 가문의 특수함을 지적한 것이라 볼 수 있다. 그리고 최원의 작품으로는 부賦, 비碑, 명銘, 잠箴, 송頌, 칠소七蘇, 남양문학관지南陽文學官志, 탄嘆, 사辭, 이사문移社文(?), 회悔, 기祈, 초서세草書勢, 칠언七言 등 합쳐서 57편이 있다고 특기特記했다. 다만 지금 사람들이 보통 알고 있는 것은 "다른 이의 단점을 말하지 말고, 제 장점을 말하지 말라無道人之短, 不說己之長"로 시작하는 그의 「좌우명座右銘」뿐이다. 그것은 양梁 소명태자昭明太子의 『문선』 권56에 실려 있고 또한 그 뒤 몇 가지 선본選本에도 보여서, 에도 시대 한학자에게도 익숙했다. 그리고 『문선』은 최원뿐만 아니라 최씨 일가의 문학에 대해, 오직 이 「좌우명」만을 기록하고 다른 것은 싣고 있지 않다. 확실히 최씨 일가의 작품 가운데 현재 유존遺存하는 것은 미문으로서의 충실함이 어딘가 불충분해 보이는 즉 『문선』의 기준에는 맞지 않았을 것이나 이것은 여담이다.

그렇게 유존하는 것이 적은 최원 문학의 하나로, 「하간의 상 장평자의 비」가 있는 것은, 비문碑文의 원석原石이 당송 무렵까지는 전해졌고, 그 무렵 무명씨가 편집한 선집 『고문원古文苑』에 실려 있기 때문이다.

장평자張平子란 장형張衡(78~139)으로, 최원의 벗이자 위인이었다. 범엽의 『후한서』는 열전 49권 전권을 그 사람에게 바쳤다. 학자로서는 박학, 특히 천문학에 뛰어나, 혼천의渾天儀를 제작하기도 했다. 미문가로서는 사마상여·양웅의 후계자이고, 『문선』에는 그의 부 5편 「서경부西京賦」「동경부東京賦」「남도부南都賦」「사현부思玄賦」「귀전부歸田賦」, 또한 그의 시 「사수시四愁詩」 네 수가 실려 있다. 그 가운데 사색인의 미문으로 충실함을 보이는 작품은 「사현부」인데, 연애시 형태를 취한 「사수四愁」도 평화로운 세상世相 속에 숨어 있는 퇴폐에 대한 경고로 볼 수 있다. 또한 「동성가同聲歌」, 이것은 『문선』이 아니라 『옥대신영玉臺新詠』에 실려 있는데, 중국의 시로는 드물게 대담한 합환의 기쁨을 다루고 있다. "저는 옷을 벗고 밤 화장을 한 뒤, 깔아놓은 베갯머리에 두루마리 그림을 펼칩니다. 저는 소녀素女의 가르침을 따라, 갖가지 다양한 자세를 취해보렵니다衣解巾粉御, 列圖陳枕張, 素女爲我師, 儀態盈萬方."116 그 인물됨은 '재주는 세상에 높았으나 거만을 떠는 마음이 없고 늘 종용담정從容淡靜하여, 속인과 사귀고 접하는 것을 좋아하지 않았다'고 범엽은 말한다.

이 뛰어난 벗이 62세(순제順帝 영화永和 4년)에 죽었을 때 최원이 쓴 묘비명이 「하간의 상 장평자의 비」이고, '하간 지역의 상相'은 장형의 마지막 관직이다.

하간河間의 상相 장군張君은 남양南陽 서악西鄂 사람. 휘諱는 형衡, 자는 평자平子.

로 시작되는 비문인데, 지금 당면한 문제에 필요한 것은 다음 부분이다.

---

116 번역은 로베르트 반 훌릭 지음, 장원철 옮김, 『중국성풍속사』, 까치글방, 1993, 91-92쪽을 따랐다.

군은 타고난 자질天資이 예철叡哲, 민이호학敏而好學, 여천지서如川之逝, 불사주야不舍晝夜.

'여천지서如川之逝, 불사주야不舍晝夜', 그것을 그 사람의 부단한 호학의 비유로 삼은 것은 말할 나위 없이 『논어』의 말 '서자여사부逝者如斯夫, 불사주야不舍晝夜'를 진보의 비유로 읽은 것에 기인한다. 그 바로 앞 구절 '민이호학敏而好學'이 『논어』「공야장」편에 나오는 표현 그대로인 것117도 더욱 이를 강조한다. 그리고 이렇게 나아가는 물처럼 밤낮을 가리지 않는 '장형의 면학이 낳은 효과'를 칭송하며 비문은 다음과 같이 이어진다.

이것을 가지고 도덕은 흘러넘치고, 문장은 구름처럼 떠 있다. 수술數術은 천지를 궁窮하고, 제작制作은 조화造化와 같다.

이는 혼천의渾天儀 제작을 가리킨다.

아름다운 사辭와 아름다운 설說, 기기위예奇技偉藝, 뇌락환병磊洛煥炳, 신과 더불어 계합契合한다.

---

117 『논어』「공야장」편의 본문은 다음과 같다. "공문자孔文子는 욕망이 많아 충성스런 사람도 아닌데, 왜 글월이라는 문자로 시호諡號를 받았습니까?" "그는 어려서부터 민첩하고 학문을 좋아하여, 아랫사람에게도 묻기를 부끄러워하지 않았소. 그래서 그의 시호를 문文이라고 하였소.子貢問曰, "孔文子何以謂之文也?" 子曰, "敏而好學, 不恥下問, 是以謂之文也."(김경탁 역, 『논어·중용·대학』, 명지대학교 출판부, 1992, 97쪽.)

더구나 그 사람됨을 보면,

그러면서도 체성體性은 온량溫良했고, 성기聲氣는 분방芬芳, 인애仁愛
는 독밀篤密하여, 세상과 섞이면서도 상처를 입는 일이 없었다. 숙
인군자淑人君子라 이를 만했다.

또한 이렇게 산문으로 서술한 뒤, 운문의 '명銘' 부분에서 말한다.

무엇에선들 배우지 않으며, 또한 누구인들 스승으로 삼지 않았겠
는가. 웅덩이를 채우고서 나아가, 장章을 이루어 곧 달達한다.

"웅덩이를 채우고서 나아간다" 즉 '영과이서盈科而逝'는 『맹자』에 나
오는 물의 비유에 바탕을 둔다. 최원이 '서逝' 자를 적극적인 매진의
뜻으로 보아, 게이추·소라이·슌다이처럼 가서 돌아오지 않는 것에
대한 비애로 읽지 않았다는 점은 더욱 분명하다.
  이상은 최원에 대한 가나야 오사무 군의 가르침, 『설문해자』에 대
한 오자키 군의 가르침과 마찬가지로, 종래의 『논어』 연구가들이 반
드시 주의를 기울이지는 않은 대목이다. 좋은 벗良友 두 분의 성의盛
意, 백붕百朋의 선물을 뛰어넘는다.

1974년 6월 29일

36. 학설의 융합: 정현鄭玄의 예

지금도 고전을 읽으려면 정현의 주를 적어도 출발점으로 삼아야만 한다. 천 년에 걸쳐 권위를 누린 학자의 저술이 현재 전본을 잃은 것은 불가해하지만, 위진 시대 이후 좀 더 읽기 쉬운 주석이, 어쩌면 당시의 정치권력과 결부되어 나타나. 그의 주석을 물리쳤는지도 모르겠다.

이른바 공자의 '천상지탄'을 흘러가는 시간에 대한 탄식으로 보지 않으면서, 오히려 인간의 부단한 성장·진보를 시사하는 낙관의 말로 보는 견해가 전·후한 시대, 즉 서기 시작을 200년씩 전후로 둔 시기의 학자에게 유력했었다는 사실은, 전한에서는 동중서·양웅, 후한에서는 허신·최원의 말이 보여주는 것과 같다.

그러나 사태는 완전히 그 방향으로만 통일되지 않는다. 훗날 육조인·당인 내지는 게이추·소라이·슌다이처럼, 비관의 설로 보는 학설 또한 한대에 이미 존재했었음을 보여주는 자료가 20세기에 이르러 다시 발견되었다.

바로 30고에서 간단하게 언급한 한나라 정현의『논어주』다.

정현(127~200)은 후한 제국 가장 말기에 전후한대 400년 경학을 집대성한 대유다. 한대에도 정현 이전에는 따로따로 강술講述되는 경향이 있었던 다섯 고전인 오경을 그는 종합적으로 연구하고, 종합을 통해 체계적인 인식을 만들었다. 그 인식에 힘입어 오경 전체와 그 부대附帶로『논어』 등에 남김없이 새로운 주석을 썼다. 약 천 년 뒤 송나라 신유학이 더욱 새로운 견해와 주석을 제출하기 전까지, 그는 학문의 신이었다.

그중 특히 권위를 줄곧 유지하여 지금에 이르고 있는 것은『주례』『의례』『예기』, 이른바 '삼례三禮'의 정현주다. 지금도 이 세 고전을 읽으려면 정현의 주를 적어도 출발점으로 삼아야만 한다. 이어서『시경』의 주석『정씨전鄭氏箋』이 있다. 이 주석은 그가 죽은 해인 200년부터, 마침 꼭 천 년 뒤인 1200년에 죽은 송나라 주자가 새로운 주를 쓰기 전까지『시경』학의 권위였다.

그러나 그 외에 그의 저술은 망일亡佚되었고,『논어주』 또한 이 중 하나였다. 천 년에 걸쳐 권위를 누린 학자의 저술이 전본傳本을 잃은 것은 불가해하지만, 그다음 시대인 위진 시대 이후 좀 더 읽기 쉬운 주석이, 어쩌면 당시의 정치권력과 결부되어 나타난 것이, 그의 주석을 물리친 게 한 이유였을 것이다. 예를 들어『논어』에 대해서도, 정현보다 반세기 뒤인 3세기 중엽, 위魏 무제武帝 조조 부인의 의붓자식이자 조조의 사위이기도 했던 하안何晏이라는 미모의 수재가 편집한『논어집해』가 정현주의 독점을 흔들었다.

현재는 거꾸로 하안의 주가 전해진다. 물론 이렇게 유력한 경쟁자가 가로막은 뒤에도 여러 고전에 대한 정현주는 육조나 당나라까지는 여전히 권위 있는 주석의 지위를 계속 유지했다고 인정되지만,

그것이 어느 사이엔가 망일된 것은 아리스토텔레스의 저술 몇 권이 그러했듯, 인쇄라는 편리한 방법이 발명되기 훨씬 전, 즉 중국에서는 송나라보다 훨씬 전에, 너무 이른 시기에 쓰였다는 점을 좀 더 많이 고려하는 게 좋을 것이다.

그리고 이렇게 망일된 정현의 여러 저작에 대해서는 다른 여러 책에 인용된 단편을 긁어모아 일면을 엿보는 방법을 취하고 있다. 예를 들어 그의 『논어주』는 전술한 하안의 『논어집해』에도 종종 인용된다. 여기서 술어로는 '집일輯佚' 작업이라 부르는 방법이 쓰인다. 정현의 망일서亡佚書에 대해서는 그의 학문에 대한 재평가가 높았던 청조 중엽(18세기) 이후에 여러 작업이 있었는데, 그중 가장 뛰어난 작업이 공광림孔廣林의 『통덕유서소견록通德遺書所見錄』이라는 것을 알고 나서 나는 이내양李迺揚 군에게 권유하여 신인본新印本을 찍게 하였다(1972년 교토 중문출판사판). 이는 사람들이 보통 사용하는 원균袁鈞의 『정씨일서鄭氏佚書』, 황석黃奭의 『한학당총서漢學堂叢書』 등보다 세심하고 주도했다.

이렇게 집일본을 통해 일면을 엿볼 뿐이었던 정현의 『논어주』를, 최근에는 여전히 부분적이긴 하나 원형으로 볼 수 있게 되었다. 19세기 말 이래의 학자들이 땅속에서 자료를 열심히 발굴한 덕분이다.

우선 1900년 프랑스의 폴 펠리오Paul Pelliot[118]가 간쑤 성甘肅省 둔황 석굴에서 발굴하여 파리로 가지고 돌아가 국립도서관에 둔 대량의

---

118 폴 펠리오(1878~1945)는 프랑스의 동양학자이자 중국학자로, 중앙아시아를 탐험하고 수많은 유적을 수집하여 프랑스로 가져왔다. 1900년 중국 파견 당시, 의화단 운동이 일어나 감금을 당했는데 두 번의 포위를 뚫고 탈출해 레종 도뇌르 훈장을 받은 일화는 유명하다.

고사본 중, 「술이」 제7 중간부터 「태백」 제8, 「자한」 제9, 「향당」 제10 끝까지 약 네 편의 당사본唐寫本이 있었다. 그것이 정현주로 확인된 것은 1912년, 가노 나오키 박사의 유럽 여행에 의해서다. 1913년, 그 사진이 나진옥羅振玉 씨의 『명사석실유서鳴沙石室遺書』에 수록되었고, 이어서 1926년, 도쿄 문구당 다나카 게이타로에 의한 축인본도 있다.

또한 1969년, 즉 지금부터 5년 전, 신장 성新疆省 위구르 자치구, 투루판의 아스타나 묘지에서 발견된 사본이 있다. 「위정」 제2 중간쯤부터 「팔일」 제3, 「이인」 제4, 「공야장」 제5 끝에 이르기까지, 역시 약 네 편의 정현주 『논어』이고, 경룡景龍 4년 3월 1일 서주 고창현 영창향 후풍리의 의학생 복천수西州高昌縣寧昌鄉厚風里義學生卜天壽, 나이 12세 필사, 라고 적혀 있다. 경룡은 당唐 중종中宗 황제의 연호이고, 경룡 4년은 710년, 두보가 태어나기 두 해 전이다. 서방 변경 서당의 어린 생도가 그것을 서사書寫했다는 것은, 정현주 『논어』가 당 초기에는 여전히 권위를 잃지 않았음을 보여준다. 두 해 전 1972년, 완호完好한 복제본이 도쿄 헤이본샤에서 나왔다.

이리하여 지금 우리는 송 이후 약 천 년간 사람들이 볼 수 없었던 『논어』 정현주 원본을, 전 20편 가운데 도합 8편이 약간 못되기는 하지만 다시 볼 수 있다. 그 외에도 모두 불과 몇 행의 단편이지만, 영국의 A. 스타인이 역시 둔황에서 가져가 런던 브리티시 박물관에 둔 것과 니시 혼간지西本願寺의 오타니 고즈이가 파견한 탐험대가 수확하여 류코쿠대 도서관에 둔 것 모두를 도호쿠대학 가나야 오사무 씨가 집록集錄하여 해설한 업적도, 가까운 시일 안에 헤이본샤에서 간행될 예정이다(『당초본唐抄本 정씨주 논어집성論語集成』 가나야 오사무 편, 헤이

본샤, 1978년).

그런데 당면한 문제인 「자한」편의 문장은, 파리 국립도서관이 보유한 펠리오 컬렉션 사본 가운데 보인다. 본문은 다른 여러 판본과 완전히 같다.

> 공자께서 냇가에서 말씀하셨다. "가는 것이 이와 같구나. 밤낮으로 그치지 않는구나."
>
> 子在川上曰, 逝者如斯夫, 不舍晝夜.

그것에 대한 정현의 주는

> 서逝는 간다는 뜻이다. 사람이 나이를 먹는 것은 물이 흘러가는 것과 같음을 말한다. 도를 간직했으나 쓰이지 못함을 슬퍼한 것이다.
>
> 逝往也, 言人年往如水之流行, 傷有道而不見用也.

로, 명백히 비관의 말로 이 장을 읽었다. '인년왕人年往'이란 시간 속에서 늙어가는 인간의 생명이다. 가서 돌아오지 않는 것이 냇물이 흘러가는 것과 같다, 고 이 구절을 인간 존재의 보편적 숙명에 대한 '탄식'이라 본 것은 훗날 육조인의 시문과 같고, 또한 게이추들의 해석과 같다.

그리고 "도를 간직했으나 쓰이지 못함을 슬퍼한 것이다傷有道而不見用也"라고 맺은 것은, 인간의 보편적 숙명을 공자가 자신에게 견주어 자신도 유도자有道者이지만 당대의 권력자에게 임용되지 못한 채 늙어감을 비상悲傷했다고 본 것이다. '상傷' 자가 무엇보다 그것을 보여준다.

중요한 것은 이렇게 동중서·양웅·허신·최원 등 여느 한인들과 달리 비관의 말로 본 견해가 한대 400년의 경학, 혹은 400년 한의 문명을 귀결시킨 대유인 정현에게서 나왔다는 점이다. 또한 사태는 그저 정현에게서 멈추지 않는다. 과연 이것은 정현만의 특이한 해석이었을까.

정현은 400년 대제국이 붕괴하기 직전에 태어난 인물이고, 그 시대는 전형적인 세기말이었다. 물론 그 분위기가 그로 하여금 이런 해석으로 기울게 했다는 판단이 먼저 떠오르지 않는 것은 아니다.

그러나 정현의 설은 종종 전유前儒에 바탕을 두기도 한다. 그를 양한兩漢 400년 경학의 집대성자라 부르는 것은 단순히 종래에 따로따로 연구되어왔던 오경을 종합적으로 연구했기 때문만은 아니다. 그의 집대성은 좀 더 세부적인 부분에 걸쳐 있다.

우선 알기 쉬운 것으로는 텍스트의 융합이다. 한대의 오경 텍스트에는 크게 두 종류가 있었다. 표기에 사용된 한자 자형의 차이에 따른 것으로, 하나는 '금문今文(당시 보통의 자체였던 예서隸書로 표기된 텍스트)', 또 하나는 '고문古文(좀 더 오래된 자체의 한자를 섞어 쓴 텍스트)'이다. 알기 쉽게 비유하면, 『이세 모노가타리』의 마나본(한문본)과 가나본(일본어본) 같은 관계다. 정현 이전의 학자는, 두 가지 중 하나를 고집했다. 국립대학 교과서로 채용된 것은 예서체 금문 텍스트이고, 교수들이 고집했다. 고자체 고문 텍스트는, 한대 고전연구가 어느 시기에 이른 뒤에 '산암옥벽山巖屋壁'에서 발견된 새 자료이고, 대학의 학문을 고루하다고 여긴 민간학자들이 존중했다. 양자가 각각 주장을 굽히지 않아, 궁정에서마저 논쟁이 붙었다. 그런데 산둥山東에서 농민의 아들로 태어나 학자가 된 정현은 자유로이 두 텍스트의 같고 다름異同을 검토하고 취사取捨하여 자신의 텍스트를 만들었다.

예를 들어 그의 『의례주』는, 금문의 텍스트는 '갑甲'인데 고문의 텍스트가 '을乙'인 것을 따른다, 혹은 그 반대라고 곳곳에 주기注記한다. 또한 『주례』에 대해서는, 오로지 고문 텍스트 몇 종만이 있었는데, 그 가운데 좀 더 오래된 텍스트 '고서故書'를 종종 참작參酌했다. 다름 아닌 『논어』에 대해서도, 고문으로 된 '고론古論'과 금문으로 된 '제론齊論' '노론魯論'을 피차 참조한 것이 정현의 텍스트라고, 그의 『논어주』가 아직 완존完存한 시대의 문헌에 기록되어 있다(하안의 『논어집해』서문, 육덕명 『경전석문』의 서록).

융합은 텍스트에서 그치지 않았다. 정현 이전 수백 년간 오경 해석은 엄청나게 분열을 거듭하고 있었다. 특히 관학官學 금문파는 각각의 '경' 마다 특정한 가문이 있고, 각각 학설을 파생시킨 것을 '가법家法' '사법師法'이라 부르고, 반드시 세습은 아니었지만 사제 간에 고집되고 상승相承되었다. 오늘날 일본에서 다도, 화도花道, 노能, 무용이 종가宗家로 이어지는 것과 마찬가지다. 후한 초 장현張玄은 대학의 『춘추』 강좌 가운데, 안씨顔氏 유파에 결원이 생겼을 때 공모에 응해 채용시험에 급제하여 교수가 되었는데, 그의 『춘추』학은 안씨 유파 외에 엄씨嚴氏와 선씨宣氏유파의 학설을 섞어 순수하지 않다고 학생이 항의하여 교수직에서 잘렸다(『후한서』「유림전」). 각 파의 강의록은 '장구章句' '전傳' 등으로 불렸다.

정현이 위대한 집대성자이고, "대전大典을 괄낭括囊하여 중가衆家를 망라했다"고 『후한서』「정현열전」이 평가한 것은, 바로 그러한 잡다한 여러 학설, 여러 주석을 융합하고 취사하여 절충한 점에 있다. 그의 『시경전詩經箋』은 대체로 고문파의 『모씨전毛氏傳』을 따르지만, 「대아大雅」'생민生民' 편이 주 왕조의 시조 후직后稷의 출생을 노래하고 「상송商頌」'현조玄鳥' 편이 은 왕조의 시조 설契의 출생을 노래한 것을, 『모씨전』은 통상적 출생이라 보았다. 그러함에도 정현은 후직의 모친은 거인의 발자국을 밟아 수태했고, 설의 모친은 제비의 알을 삼켜 수태했다면서 모두 신의 아들이라고 금문의 설을 채택한다. 이는 매우 주목할 만한 사례다(『전집』 5권 「공자도 신의 아들이라는 설」과 24권 「귀림조어歸林鳥語」 13 참조).

이렇게 정현은 '여러 학파衆家'를 융합했다. 『논어』의 '서자여사부逝者如斯夫'를 비관의 말로 보는 것도, 그보다 앞선 '중가'에 같은 견해가 있지 않았을까.

1974년 8월 29일

37. 설說의 공존에 대하여

청조의 한학은 그 이름처럼 한유의 설을 존중하고 송유의 설을 배척하는 것을 원칙으로 삼지만, 여기서 유보남은 송유의 낙관설에 동조하고 있다. 그는 정현주가 돈황 석굴에서 재발견되기 이전의 인물이고, 동중서와 양웅의 낙관설만을 한유의 설로서 무겁게 의식하고 있었던 것이 원인인 듯하다.

양한 400년 '경학'의 대성자 정현이 『논어』 공자의 '천상川上의 말'을 헛되이 흘러가는 시간 속에서 아무에게도 인정받지 못했다는 공자 자신의 비관의 말로 읽는 것은, 정현 이전의 대유인 동중서·양웅이 똑같이 그 장을 인간의 진보를 시사하는 낙관의 말로 읽은 것과 정반대다. 그의 평소 태도에서 유추하건대 정현의 설은 반드시 그의 창설創說이 아니라, 정현 이전의 한대 학자 사이에 이미 비슷한 설이 있는 것을 계승한 것이 아닐까 한다. 이러한 내 의심은 하나의 가능성에 대한 예측에 머무를 뿐 확실한 증거가 있는 것은 아니다.

그러나 그 가능성을 배태한 것으로서 마음에 걸리는 설은, 전후한대 접속의 '교交', 즉 정현보다 200년 전의 학자 포함包咸의 설이다.

서逝는 간다往는 뜻이다. 대개 가는 것은 냇물이 흘러가는 것과 같다는 말이다.

包曰, 逝往也. 言凡往也者如川之流.

그 설을 '포씨왈包氏曰'로, 위魏 하안의 『논어집해』가 인용하고 있다는 것은 전에도 말했다.

포함의 전기는 『후한서』 「유림전」에 보인다. 그는 후한의 창업 군주 광무제의 부름을 받아 광무제의 황자(훗날 명제)에게 『논어』를 가르쳤다. 그리고 명제가 즉위하자 제사帝師로서 우대를 받으며, 영평永平 8년(65), 72세에 죽었다. 즉 '서자여사부逝者如斯夫'를 낙관적으로 읽은 양웅과 거의 동시대 사람이었다. 그의 『논어주』는 본래부터 전서全書로는 전해지지 않는다. 3세기 하안의 『논어집해』가 제가諸家의 설을 잡인雜引한 가운데 한 사람이라는 점에서 정현 등과 같은 조건이고, 「자한」의 구절에 대한 이상의 말도 하안의 인용 덕분에 볼 수 있다.

그런데 포함의 설 그 자체는 '대개 가는 것은 냇물이 흘러가는 것과 같다는 말이다'라는 것뿐이고, 그것만으로는 비관의 비유인지 낙관의 비유인지 결정짓기 어려워 보인다. 사실 하안의 『논어집해』를 재해석한 책, 따라서 「자한」편의 구절에 관한 포함의 설을 재해석한 책이 몇 권 있는데, 거기에는 양쪽 방향으로 해석이 병존한다.

30고에서도 간략하게 설명한 것처럼, 가장 널리 읽히는 하위 단계의 주는 10세기 북송의 형병邢昺이 지은 『논어정의』로, 이것은 가장 널리 보급된 고전주석총서 '십삼경주소' 중 하나다. 다음으로는 일본의 네모토 손시根本遜志가 재발견한 6세기 양梁나라 황간이 지은 『논어의소』가 있다. 그것들은 모두 포함의 주, 즉 『논어』 본문을 비관의 방향으로 읽었다는 점은 30고에서 언급했다.

그것에 비해 18~19세기 청조 중엽, 이른바 '한학파' 학자가 고대언어의 연구 성과에 힘입어 여러 경서 고주에 대한 하위 단계의 주를 다시 썼는데, 이 중 『논어』에 대해 쓴 것이 유보남(1791~1855, 건륭乾隆 56~함풍咸豐 5)의 『논어정의』다. 거기에는 동중서의 「산천송山川頌」, 양웅의 『법언法言』을 인용하고 포함에 결부시켰다. 그리고 포함이 '서逝는 왕往이다'라 한 것을 다시 바꾸어 말하면 '왕往은 진進'이고, 따라서 포함 역시 이 장을 부단한 진보의 상징으로 읽은 것을 '대개 가는 것은 냇물이 흘러가는 것과 같다는 말이다'라고 표현했다고 본다. 그리고 본문의 해석으로서도 포함 주의 해석으로서도, 비관설에 대해서는 전혀 언급하지 않는 것이 유보남의 태도다.

청조의 이른바 한학은 그 이름처럼 한유의 설을 존중하고 주자를 비롯한 송유의 설을 존중하지 않는 것을 원칙으로 삼지만, 이 장에 대해서 유보남은 송유의 낙관설에 동조하고 있다. 그는 정현주가 돈황 석굴에서 재발견되기 이전의 인물이고, 한유의 설로서는 동중서·양웅의 낙관설만을 무겁게 의식하고 있었던 것이 원인이라 생각한다.

그러나 정현의 주를 다시 볼 수 있게 된 오늘날에는 포함의 말에 대한 해석에서도 새로운 음미를 시도해볼 만하다.

거듭 인용하자면, 포함이

서逝는 간다往는 뜻이다. 대개 가는 것은 냇물이 흘러가는 것과 같다는 말이다.

包曰, 逝往也. 言凡往也者如川之流.

라고 한 것은 새로 나온 정현의 주가

서逝는 간다는 뜻이다. 사람이 나이를 먹는 것은 물이 흘러가는 것
과 같음을 말한다. 도를 간직했으나 쓰이지 못함을 슬퍼한 것이다.

逝往也言人年往如水之流行, 傷有道而不見用也.

라고 한 것과 조사措辭가 꽤 닮아 있다. 우선 '서왕야逝往也'로 시작하
는 점은 양자가 완전히 같다. 포함이 '대개 가는 것'이라고 넓게 말
한 것에 비해, 정현이 '인년왕人年往'이라 한정한 점은 다르다. 정현이
'여수지류행如水之流行'이라 한 것은, 포함의 '냇물이 흘러가는 것과 같
다'와 다시 근사하다. 가장 큰 차이는 정현이 마지막에 그것을 공자
자신의 신상에 끌여들여 '도를 간직했으나 쓰이지 못함을 슬퍼한 것
이다'라고 설파한 데 비해, 포함은 아무것도 말하지 않은 점이다. 그러
나 포함 또한 설파하면 그렇게 되는 것을, 굳이 내뱉지 않고 안에 감
추어두었다, 그렇게 생각하는 것도 불가능한 예상은 아니다. 실제로
황간과 형병은 그 방향으로 읽었다.

　이러한 예상이 가능성이 있다고 한다면, 『논어』의 저 장을 가지고
비관으로 보는 견해가 그것을 낙관이라 보는 양웅들의 견해와 시기
를 같이하며, 포함과 병존했던 것이 된다. 즉 한대에도 『논어』 이 장
을 둘러싼 사고는 동중서·양웅의 강경한 낙관설 일색이 아니었고, 황
제의 스승인 인물의 설로서 연약한 비관설도 병존했다는 말이다.

번쇄한 음미가 뒤따르지 않는 것은 아니다. 통행본 하안『논어집해』가 '포씨왈'로 인용한 것은 네모토 손시가 복각한『논어의소』에서는 '정현왈'로 인용된다. 만약 그것에 따른다면 이것은 백 년 이른 포함의 설이 아니라는 말이다. 그리고 정현의 설로 본다면, 하안이 본 것은 새로 나온 돈황본과 전혀 같지 않았다는 얘기가 된다. 그러나 이것은 역시 포함의 설로 보는 게 좋을 것이다.『문선』권13「추흥부」의 당唐 이선의 주에는 통행본과 마찬가지로 '포왈包曰'로 인용한 것을 청조의 대 관리이자 한학의 거두였던 완원阮元은『십삼경주소교감기』에서 주의한다. 또한 완원의 그 책은 일본의 야마노이 가나에山井鼎의『칠경맹자고문七經孟子考文』에 자극을 받아 탄생한 것이고, 야마노이의 책과 네모토가 복각한『논어의소』를 많이 이용하고 있다(『전집』18권「일본인의 지혜」참조).

무엇보다 한대에『논어』이 장에 대한 낙관·비관 양설이 병존했던 점은 적어도 새로 나온 정현 주에 근거하는 한 이제 분명하다.

비슷한 사태로서 양설의 병존은 훗날 송대에도 있었다. 이 문장을 낙관의 말로 보아 밤낮으로 그치지 않는 냇물에서 '도체道體' 즉 우주의 운동 원리가 드러난 것으로 공자가 보았다고 주장한 것은, 11세기 북송 신유학의 거두 정자다. 또한 종래 육조부터 당에 이르는 사람들이 이 문장을 인생의 무상을 시사하는 비관의 말로 본 것을 '모두 이 뜻을 알지 못한다'며 엄중하게 단정하고 배척한 것도 정자다. 이윽고 정자의 이 설은, 12세기 남송 때에 주자의『사서집주』가 채용하고 강조함으로써, 송대(혹은 이후) 주자학의 정론이 된다.

그러나 송대의 사고 또한 그것만으로 안정되지 않았고, 비관으로 보는 견해도 여전히 병존했음을 보여주는 자료가 없지 않다. 내가 보기 시작한 자료는 자료 그 자체로서는 미소微小하다. 그러나 그 주변으로 확산되는 시사점을 지니고 있기도 하다.

해당 자료는 진선陳善의 『문슬신화捫蝨新話』라는 잡필雜筆이다.

저자 진선, 자는 자겸子兼, 복건福建의 나원羅源 사람이라는 사실 외에 전기는 분명하지 않다. 남송 고종高宗 소흥紹興 기사己巳 19년(1149)의 자발이 있는 것으로 보아 앞서 1126년 북송의 수도 변경汴京을 여진족 금金이 함락한 일, 휘종徽宗 황제 부자가 동북으로 납치된 일, 남방에서 새 황제 고종이 망명정부를 수립한 일 등, 이후 남송대의 시작이 된 분란을 경험한 인물이다. 즉 신유학을 집대성한 주자가 12세기 후반을 활동 시기로 한 것보다 앞서, 같은 세기의 전반에 생존했던 인물이라 볼 수 있다.

서물의 체재는 송대에 많은 잡필이다. 시화詩話, 문화文話, 즉 전인의 시문에 관한 단편적인 문학론, 경서의 독법, 정치론, 역사론, 물명物名의 고증 등 모두 단편적인 것을 집성한 서적으로, 상편 4권, 하편 4권, 각각 백칙百則, 이른바 편편片片한 책자이고 본래 유명한 책은 아니다. 내가 요즈음 읽은 것도 장서를 점검하다 우연히 본 것이다. 또한 텍스트가 두 종류 있는데, 명明 모진毛晉의 『진체비서津逮祕書』에 수록된 것은 원형을 잃은 개편본改編本이며 민국民國 도상陶湘이 복각한 『유학경오儒學警悟』에 실린 것이 원형이다.

그러나 이 편편한 수필의 내용은 특수한 데가 있다. 11세기 북송의 혁신파 '신법新法'의 재상 왕안석의 정책이 일반적으로는 당시 이미 비난의 대상이었지만 그는 변호했으며 또한 왕안석의 저서를 현재는 전해지지 않는 것도 포함해 인용하였다.

왕안석은 금세기 량치차오梁啓超 이래 점점 명예를 회복하고 있다. 최근 인민공화국에서는 유가사상을 비판하고 법가사상을 존중한, '비공批孔'의 위대한 선각자로 그를 상양賞揚하는 논문이 거의 한 달에 한두 편 꼴로 런민일보人民日報나 광밍일보光名日報에 게재되기도 했다.

그러나 이 위인은 다음 세기인 12세기 후반, 주자학이 절대 권위가 된 이래로 줄곧(19세기까지 700년간) 중심에서 벗어난 나쁜 사상가, 또한 재상 자리에 있으면서 그 사상을 실행에 옮긴 나쁜 정치가로 사람들에게 배척당해왔다.

그리하여 그의 저서도 유자로서의 업적인 『서경』『시경』『주례』에 붙인 『신의新義』(합쳐서 『삼경신의』라 부른다), 『논어』에 붙인 『해解』, 언어학자로서의 업적인 『자설字說』까지, 모두 그의 당파가 정권을 잡았던 몇십 년간은 과거시험의 지정서였으나, 『노자해老子解』 등과 함께 다음의 남송 시기에는 금서로 취급되었을 터이고, 원칙적으로 흔적도 없이 사라졌고 『주례신의周禮新義』만 예외적으로 불완전하게 유존한다. 물론 문학자로서의 업적인 『임천선생문집臨川先生文集』 100권은 엄연히 존재하고, 또한 산문으로는 '당송팔대가'의 한 명, 시는 북송 시 일방一方의 대가로서 줄곧 애독자가 있었다는 사실은 내가 『송시개설』 제3장 제1절에서 말한 대로다. 어째서 이런 일이 벌어졌는지는 아직 역사가의 해설을 보지 못했다.

그런데 지금 문제로 삼은 진선의 잡필 『문슬신화』는 책이 나온 지 수십 년 뒤 벌써 결정적으로 인기가 떨어져 반가치反價値가 된 왕안석의 신법 중 그 요점인 '면역법免役法' 등을 변호한다. 또 왕안석의 『삼경신의』『자설』등을 심심찮게 인용한다. 청淸 건륭제가 칙편한 대규모 도서해제『사고전서 총목제요總目提要』에서는 이 책을 '자부子部 잡가류雜家類 존목存目으로 물리고, 저자 진선은 북송 말기 왕안석의 잔당으로, 채변蔡卞·채경蔡京 등이 정권에 있었을 때의 흐름을 이은 인물이라 판정한다. 다만 그런 까닭에 왕안석파와 대립한 보수 '구법舊法' 당인黨人을 모두 나쁘게 말한다고『사고전서 총목제요』가 본 것은 지나치고, 구양수·소동파 형제·황산곡黃山谷 같은 이들에게 상당한 경의를 표하고 있다고 나는 읽었다.

그리고 이렇게 왕안석의 학통에 속했기 때문인지, 더욱 특수하게도 진선의 잡필은 불교에 냉담하지 않다. 널리 알려진 대로 송의 신유학 본류를 이루는 정자·주자의 학學은 불교의 영향과 자극에 힘입어 성립되었으면서도, 불교를 이단 사설이라 하여 엄중하게 배척했다. 하지만 왕안석의 태도는 그들과 달랐던 모양으로, 그가 편한 어원사서『자설』등이 종종 불교를 이용하여 한자의 자형을 설명한 사실 역시 진선의 이 책에서 볼 수 있다. 그리고 진선 자신도 그 흐름을 따른 듯, 불교를 애호하는 이들은 유서儒書를 '치세治世의 언어', 즉 오로지 정치를 위한 언어라 보아 불교하고는 관계가 없다고 여기는데, 이는 잘못이다, 라고 말하면서 유서를 읽는 것이야말로 불학佛學의 이해를 깊게 한다고 주장한다. 그러한 주장을 바탕으로 유서와 불전을 결부시켜 말하는 가운데, 공자의 '천상지탄'을『능엄경』과 대비하여 설명하는 대목이 있다.

1974년 9월 29일

38. 독법과 추측: 『능엄경』으로 공자 읽기

『문슬신화』에서 진선은 『논어』의 '서자여사부'에 대해, 그것을 파사닉왕이 탄식한 것처럼, 인간에게 늙음과 쇠약함과 죽음을 가져오는 시간의 추이, 그 상징을 공자가 냇물에서 보았다고 여겼다. 송학의 대세와 달리 비관의 방향으로 읽고 있는 것이다.

12세기 전반, 남북송 사이의 인물인 진선의 잡필 『문슬신화』에 실린 「공자의 설은 능엄경과 합한다」에서, 『논어』에서 공자가 냇물을 보고 한 말을 『능엄경』과 결부시켜 말하는 설은 다음과 같다.

진선은 먼저 말한다. 공자가 냇가에서 "서자여사부逝者如斯夫, 불사주야不舍晝夜"라고 한 것은 매우 훌륭한 말인데, 다시 파고드는 질문을 던질 제자가 그때 스승의 곁에 없었던 것이 아쉽고, 그래서 공자의 진의는 전해지지 않았다. 진선은 『능엄경』에 나오는 파사닉왕波斯匿王과 불타가 주고받은 문답이야말로 공자의 진의를 보완하는 것이라고 보아, 그 대목을 인용한다.

불전에 무지한 나는 『능엄경』에 대해, 그저 외연적인 것으로서, 『유마경』과 더불어 중국 지식인이 그것을 줄곧 애호했다는 사실을 알

뿐이다. 이를 보여주는 이야기 가운데 하나로, 명나라 조정길趙貞吉이 한림원翰林院의 젊은 연수생들에게 "제군, 지금 『능엄』을 읽어두지 않으면 장래 제군은 그 시간이 없을 것"이라 말했다고, 전겸익錢謙益이 스스로 쓴 그 주석 『대불정수능엄경소해몽초大佛頂首楞嚴經疏解蒙鈔』 서문에 기록한 것(『전집』 16권 「거사로서의 전겸익」), 또한 오규 소라이가 "능엄과 유마는 예원藝苑의 일품逸品"이라고 그 문장을 칭찬한 「향국선사香國禪師의 예순을 축하하는 서敍」 또한 나가오 가진長尾雅人[119]의 새로운 가르침에 따르면 그것은 범본梵本 『수능엄삼매경首楞嚴三昧經』과는 완전히 다른 서물이고, 중국에서 만든 위경僞經이라고 현재 학계에서는 본다는 점(중앙공론사 『대승불전大乘佛典』 제7권 해설 429쪽). 다만 그런 정도를 알 뿐으로, 『능엄경』 그 자체는 대개의 다른 불경과 마찬가지로 전혀 읽은 적이 없다. 즉 조정길의 충고를 따르지 않은 처지인데, 지금 진선의 『문슬신화』에서 공자의 말과 서로 보완이 된다고 인용한 부분은 『능엄경』 제2권 처음에 나온다. 그 가운데 내게 난해한 부분을 생략하고 이해할 수 있는 부분만을 나 나름대로 번역하면, 아래와 같은 문답이다.

세존은 말한다. "대왕이여, 당신은 옮기고 바뀌길 멈추지 않는 변화에 따라 당신의 몸이 마침내는 멸한다는 것까지는 깨달았지만, 당신이 멸한 뒤에도 불멸하는 것이 당신에게 있음을 알고 계신가?"

---

119 나가오 가진(1907~2005)은 일본의 불교학자이자 티벳학자로, 교토대 명예교수를 지냈다.

왕은 합장하고 말했다. "모릅니다."

"당신은 항하恒河의 물을 몇 살 때 처음 보았는가?"

"세 살 때입니다. 어머니가 저를 데리고 기바천耆婆天을 찾아뵙기 위해 이 강을 건널 때, 이것이 항하의 물인 줄 알았습니다."

"세 살 때 본 강물과, 열세 살 때 본 강물은 어떠한가."

"전혀 다름이 없습니다. 예순둘이 된 지금에도 다르지 않습니다."

"당신은 백발을 탄식하고, 얼굴 주름을 탄식한다. 분명 당신의 얼굴 주름은 아이 때보다 늘었다. 그러나 지금 보는 항하의 물과, 아이 때 본 그것과 다름이 있는가?"

"없습니다."

"당신은 얼굴 주름을 슬퍼하지만, 보는 능력은 주름지지 않았다. 주름진 것은 변하고, 주름지지 않는 것은 변하지 않는다. 변하는 것은 멸하지만, 변하지 않는 것에 생멸生滅은 없다. 당신의 육체가 멸해도, 모든 것이 멸하는 것은 아님을 깨달았을 것이다."

불전에 정통하지 않은 내가 번역한 터라 과오가 있을까 염려되지만, 큰 뜻은 저와 같다. 『문슬신화』의 저자 진선은 『능엄경』을 이상과 같이 자세히 인용한 뒤, 결론적으로 말하기를 '서자여사부逝者如斯夫, 불사주야不舍晝夜'라 했다. 냇물의 부단한 변화를 말한 공자의 이 말은 사태의 전반 단락을 표현한 것이고, 강물의 불변을 말한 세존의 말은 사태의 후반 단락을 설명한다. 양자를 결합시킴으로써, 공자가 말하려 한 의미는 비로소 완벽해진다.

"내가 생각건대 이 말", 즉 『능엄경』에 나오는 세존의 말은 "공자의 뜻을 충족할 만하다. 생각건대 공자는 전단前段을 말하고, 부처는 후단後段을 말했다. 이 두 설을 합하여, 그 뜻은 곧 완전해진다."

지금 살피건대, 물이 부단히 변화 운동하는 것을 '불사주야'라고 표현한 공자의 말이 동시에 그 불변에 대한 의식, 즉 『능엄경』에 보이는 것과 같은 의식을 그 안에 수반한다는 것. 진선의 말대로 그러한지 여부는 본래부터 의문이라 해야 할 것이다.

『문슬신화』의 이 대목에 내가 흥미를 갖는 이유는 다른 데 있다. 즉 진선은 『논어』의 '서자여사부'라는 표현 자체에 대해서는, 그것을 파사닉왕이 탄식한 것처럼, 인간에게 늙음과 쇠약함과 죽음을 가져오는 시간의 추이에 대해 느끼는 슬픈 감정, 그 상징을 공자는 냇물에서 보았다고 여겼고, 비관의 방향에 있는 것으로 읽고 있다는 점이다. 즉 정현·황간·형병이나 게이추·소라이·슌다이와 같은 방향으로 읽고 있는 것이다. 이는 정자·주자의 '도학', 즉 남·북송의 철학 주류가 '불사주야'하는 냇물을 '도체道體', 즉 세계가 운동성장하는 원리를 상징하는 것으로 본 낙관적 독법과 방향을 달리한다.

낙관으로 보는 독법은 또한 이미 서술한 것처럼, 멀리는 맹자의 물에 관한 사상에 이어지고 한대의 동중서나 양웅의 설에 합치하지만, 그것이 송의 주류파 '도학'에서는 '도체'라는 말을 집요하게 고집했던지, 그 학파 중에서 가장 박학한 이였고 따라서 그 사고의 유연함에 호의를 품게 되는 왕응린王應麟(1223~1296)조차 그러했다. 그의 명저 『곤학기문困學紀聞』에서는 이와 같이 말한다. "물은 일—이다. 공자는 그것을 보고 도체의 쉼 없음을 분명히 했고, 맹자는 그것을 보고 위학爲學에 본本이 있음을 분명히 했다." 또 "서자여사부逝者如斯夫란, 도체의 무궁함을 물을 빌어 밝힌 것이다." 두 구절 모두 권7에 나온다 (급고서원『화각한적수필집和刻漢籍隨筆集』12권, 127-128쪽).

송학의 그러한 대세 가운데 진선의 견해는 특수하다 보아야 한다. 또한 나의 흥미와 추론을 다시 연장시킨다면, 이 잡필의 저자 진선은 전고에서 말했듯, 정자·주자를 비롯한 '도학파'에 속하지 않고, 그들과 대립한 왕안석학파의 인물로 보인다. 그렇다면 왕안석의『논어』해석도 그 방향에 있었던 것을 진선이 계승한 게 아닐까.

왕안석의『논어해』10권은 그 서명이『문헌통고文獻通考』에 보일 뿐이고, 그의 다른 저서 몇 권과 함께 현재는 전해지지 않는다. 왕안석의 아들 왕방王雱의『논어구의論語口義』10권도 같은 운명에 있다. 이들 부자의 저서는 그 당여黨與가 정권에 있던 북송 말년에는 국정교과서로 절대적 권위를 누렸지만, 남송에 이르러 정당 세력이 역전되자 그 유전流轉이 끊긴 것은 전에도 언급한 바다.

이렇게 왕안석의『논어』해석 자체는 지금 볼 수 없다. 그러나 진선의 설에서 유추하여,「자한」편의 이 문장에 대해서는 종래의 대부분 설과 마찬가지로 비관의 말로 보았고, 왕안석과 동시대인인 정자가 그것을 낙관의 말로 전환했다. 또한 "한 이래의 유자, 모두 이 뜻을 알지 못했다"고 호언했던 것과 같지 않았다고, 그리 추측하는 것은 불가능하지 않다.

물론 이것은 추측에 불과하다. 왕안석은 최근 대륙에서는 공자 비판의 선각자로 존중되어 그의 시문집『임천선생문집』백 권이 그의 저서 중 오히려 예외적으로 유존된 점은 전고에서 말한 대로인데, 새로운 교정본이 문화대혁명 뒤 거의 최초의 고서 복각으로 출판되었을 따름이다. 이것은 나에게 그의 시와 산문 작품을 다시 읽게 만드는 기회가 될 듯하다. 그 결과로 이상의 추론을 고쳐 써야 할지도 모르겠다. 또한 그의 『논어해』 자체는 전해지지 않지만, 왕안석 부자의 설을 많이 이용했다고 하는 진상도陳祥道의 『논어전해論語全解』 10권이 현존하여 청淸 『사고전서四庫全書』에 실려 있다. 그것을 볼 기회가 있다면 어쩌면 추론을 확인하든지 혹은 정정하게 되리라. 지금은 하나의 추론으로 써둔다.

추론은 소동파에 대해서도 가능하다. 형공荊公 왕안석이 '신법당'의 지도자였던 것에 대해, 보수 '구법당'의 거두였던 소동파(소식)도 『논어해論語解』 4권 내지는 10권을 썼다고 하는데, 그것도 현재는 왕안석의 책처럼 실전失傳되어 과문한 나는 금金 왕약허王若虛의 『호남유로집濠南遺老集』에 인용된 단편만을 알 뿐이다. 천도天道는 원가寃家 쌍방에 공평했다고 말해야 하겠는데, 소동파의 언어가 『논어』의 이 장을 언급한 것은 그 유명한 「적벽부」에서다.

소자蘇子가 말하였다. "객은 또한 저 물과 달을 아는가? 강물은 가기를 이처럼 하나 일찍이 다하지 않으며, 달은 찼다 기울었다 하기를 저처럼 하나 끝내 사라져 없어지거나 자라서 커지지 않는다. 그 변하는 입장에서 본다면 천지天地도 일찍이 한순간도 가만히 있지 못하고, 변하지 않는 입장에서 본다면 물건과 우리 인간이 모두 무궁무진한 것이니."[120]

---

120 성백효 역주, 『현토완역 고문진보 후집』, 전통문화연구회, 1999(초판 1994), 351쪽.

蘇子曰, 客亦知夫水與月乎. 逝者如斯, 而未嘗往也, 盈虛者如彼, 而卒莫消長也, 蓋將自其變者而觀之, 則天地曾不能以一瞬, 自其不變者而觀之, 則物與我皆無盡也.

자세한 해석은 야마모토 가즈요시山本和義의 『소식』(지쿠마에서 나온 중국시문선)에 양보하기로 하고, 장강의 물에서 '변變'과 '불변不變'을 본 것은 흡사 진선의 『문슬신화』와 같다. 그리고 '변'의 전거가 된 것은 『논어』 '서자여사부'다. 소동파 또한 모든 것을 앗아가는 시간의 상징으로서의 물, 이라고 『논어』를 읽은 것이 아닐까.

현대에서 눈에 띄는 인용은 마오쩌둥의 것이다. 1956년 6월 「유영游泳」이라 제題한 「수조가두水調歌頭」의 사詞에서는 다음과 같이 말한다.

이제 막 장사의 물을 마시고	才飮長沙水
또 무창의 물고기를 먹으리라	又食武昌魚
만리 장강 옆으로 건너	萬里長江橫渡
저 멀리 바라보니 초의 하늘이 펼쳐진다	極目楚天舒
바람 불고 비 내리는 데 얽매이지 않고	不管風吹雨打
한정에서 원하는 대로 걷는 것보다 나은 듯하다	勝似閑庭信步
오늘 관여寬餘를 얻었다	今日得寬餘
공자가 냇가에서 말했다	子在川上曰
가는 것이 이와 같다고	逝者如斯夫

며칠 전 나가노 시게하루中野重治[121] 군에게 받은 사신私信 일부를 무단으로 인용하여, 이 장의 결말로 삼고자 한다. 내용은 그가 중국

여행에서 보고 들은 것이다.

충칭重慶 하항河港에서 중국 작가와 일본의 홋타 요시에堀田善衛[122]
가 문답하는데, 그 '가는 것은 이와 같구나逝者如斯夫'를 홋타는 비
관적으로, 중국 작가는 낙관적으로 보는 게 재미있었다.

1974년 11월 24일

* * *

여기까지 쓴 뒤, 진상도의 『논어전해』가 『사고전서진본삼집四庫全書
珍本三集』에 복각되어 있음을 알았다. 내용은 다음과 같다.

천하의 물物, 날로 양보하지 않는 것은 없고 때로 옮기지 않는 것
은 없다. 천지라 하더라도 그 변화에서 도망칠 수 없다. 주학舟壑도
그 장藏을 튼튼하게 할 수 없다.[123] 조화가 은밀하게 움직이는, 누가

---

121 나가노 시게하루(1902~1979)는 나프(전일본무산자예술동맹)에 참가해 좌익 문학의 이
론가인 구라하라 고레히토藏原惟人와 예술 대중화 논쟁을 벌여 유명해진 시인이자 소설가다.
1947~1950년 일본공산당의 참의원을 역임했던 그는 1964년 당 운영의 관료화를 비판했다가
제명당하기도 했다.

122 홋타 요시에(1918~1998)는 역사와 시대, 사상과 철학, 예술과 종교의 문제를 긴 호흡과
통찰력 있는 사색을 통해 문학적으로 형상화한 작가다. 『광장의 고독』 『고야』 『위대한 교양인
몽테뉴』 등의 대표작이 있다.

123 『장자』 「대종사大宗師」 편에 나오는 말에 바탕을 둔 표현이다. "배를 골짜기에 감추고 그
물을 못에 감추고서 그것으로 튼튼하다고 한다(는 것은 상식이다). 그렇지만 (그 상식을 깨뜨
리고) 한밤중에 장사壯士가 그것을 메고 달려가버린다. 어리석은 자는 (그 도리道理를) 알지

능히 이것을 깨달을까. 이것이 공자가 냇가에서 탄식한 까닭이다.

역시 비관설이다. 그리고 그 뒤는 『능엄경』에 가깝다.

이 물物에 즉卽하여 이것을 보았을 뿐이다. 이理에 즉하여 이것을 보면, 곧 흐르는 것은 일찍이 흐르지 않았고, 가는 것은 일찍이 간 적이 없다.

12월 10일 보기補記

못한다 夫藏舟於壑, 藏山於澤, 謂之固矣. 然而夜半有力者負之而走, 昧者不知也(安東林 譯註, 『新譯 莊子上 內篇』, 현암사, 1988, 98쪽)."

39. 독서의 학: 이법理法에 대한 성찰

유한한 것, 더구나 이미 주어진 유한한 것을 가지고 무한에 대응해야 하는 언어는 본래 운명적인 존재이기도 하다. 이렇게 근본적으로 존재하는 부자유스러움에 대한 저항으로, 뛰어난 언어는 있는 힘껏 복잡한 파문을 담으려 한다고 나는 생각한다.

3년가량 자주 샛길로 빠지면서 써온 이 원고는 이번 회로 끝내려 한다. 자주 샛길로 빠진 것은 내 사고에 휴식을 주려다 보니 그리된 것이지만, 그럼에도 여전히 나는 말하고 싶은 것을 다 말하지 못했다.

우리 외부의 세계는 무한히 복잡하게 확산되고 연관되어 있다. 언어는 그 어느 일점一點을 지적한다. 지적한 직후의 그 대상은 일점이겠지만, 일점은 반드시 주변으로 퍼지는 파문을 동반한다. 그리고 이렇게 파문을 낳는 지적을 하는 것은 인간의 의식, 우리 내부에 무한히 복잡하게 펼쳐지는 의식이다. 지적하는 행위는 의식을 일점에 응집함으로써 이루어지지만, 응집의 주변을 둘러싼 것은 또한 복잡한 파문이 일으키는 소용돌이다. 지적된 일점, 지적한 그 일점만을 다루는 일이 대개 역사학이나 기타 학문이 취하는 태도다. 학문은 각각

목적이 있고, 목적을 위해 필요한 자료를 획득하는 수단으로 언어를 이용한다. 그것은 그 자체로 존중받는다.

그러나 그런 태도를 취하면, 언어 자체가 인간의 중요한 행동이고 사실이라는 면을 소홀히하게 된다. 그러한 태도와 달리 하나하나의 책에 쓰인 하나하나의 언어표현 자체를 파고들고, 그 바깥으로 퍼지는 파문, 다시 안으로 소용돌이치는 파문, 즉 하나하나의 언어표현에 감겨 있는 무한히 복잡한 것을 조용히 추구하는 작업이 따로 존재하지 않으면 안 된다. 그 작업은 '언어'라는 인간의 의식에 가장 밀착된 인간의 사실을 자료로 삼는 인간 연구 학문이다. 이 사실을 말하려고 쓰기 시작한 이 원고는 좀처럼 내 뜻을 다 드러내지 못했다. 재주가 모자란 내게, 원고 첫머리에 인용한 『주역』의 언어, '언부진의(말은 뜻을 다 표현하지 못한다)'는 참으로 진실이다. 만약 불손不遜을 무릅쓰고 다시 또 하나의 언어를 인용하자면, 『대대례기』의 현존 제1편 「왕언王言」에서 공자는 말한다. "내가 왕언을 말하지 못하고 죽는가. 슬프구나." 어느 텍스트에는 '주언主言'이라 되어 있으나, '왕언' 쪽이 좋을 것이다. 어느 쪽이든 공자에게 '그 주장의 중심이 되는 언어'라는 의미라고 나는 해석한다. 나도 나 자신의 '독서의 학'을 실천하는 작업인 두보시 주석 속성續成에 초작焦灼하고 있다. 그 작업을 위해서라도 이 원고를 마쳐야만 한다.

최근 몇 회는 『논어』 공자의 천상지탄, '서자여사부, 불사주야'를 화제로 삼아 전인의 해석, 비관의 말로 읽은 것과 낙관의 말로 읽은 것을 각각 소개했다.

나 자신의 생각을 말한다면, 이렇게 해석이 정반대라고 해도 좋을 두 가지로 분열된 것은 그렇게 두 방향으로 분열되는 것을 가능케 하는 요소를 미분未分인 채로 감싸 안은包有 것이 이 언어의 본래本來이기 때문일 것이라 생각한다. 예전의 졸저 『중국의 지혜』 종장에서도 언급했듯이, 모든 것을 앗아가는 멸망의 원리로서의 물, 부단히 생장하는 원리로서의 물, 이 쌍방을 동시에 동류東流하는 냇가에서 보았던 것이 아닐까(『전집』 5권 97쪽 이하, 신초문고본 119쪽 이하).[124]

'서자여사부逝者如斯夫', 그 '서逝' 자에 비관의 울림이 있는 것은 게이추나 소라이가 역설한 대로일 것이다. 그러나 말이 거기에서 끝나지 않고 '불사주야'라고 이어지는 데는 늠름함에 대한 찬사의 울림이 있다. 그것이 과연 공자의 말인지, 다른 누군가의 말을 공자에게 가탁한 것인지는 역사가에게 맡기기로 한다. 화자 자신도 이 말을 뱉어낸 뒤의 반추反芻에서는 그때그때의 의식에 따라 중점을 달리하여, 어느 때는 '서자逝者'로, 어느 때는 '불사주야'로 중점을 움직였다, 주마등이 돌아가듯 그러했는지도 모른다. 이 원고에서도 수시로 말했던 것처럼 만약 의식의 직접적 반영이 우선 음성으로 표현된다면, 의식의 강조점의 변화는 두 구 아홉 자를 읽는 음성의 변화에서도, 현재화顯在化될 것이리라.

언어는 어째서 이렇게 늘 복잡함을 간직할까. 언어 그 자체는 의식을 표현하는 소재로서, 부자유스럽고 갑갑한 것이기 때문에 표면의 간단함 이면에 복잡함을 담지 않을 수 없다. 그리고 그 복잡함을 간직할 수 있다는 것이 또 하나의 내 생각인데, 이 책에서는 자세히 말

---

124 조영렬 옮김, 『요시카와 고지로의 공자와 논어』, 뿌리와이파리, 2006, 139-141쪽.

하지 못했다.

　언어를 부자유스러운 것, 갑갑한 것이라 내가 여기는 이유는 구성의 기초가 되는 단어의 유한함을 생각하기 때문이다. 조형예술이 표현의 소재로 삼는 것과 비교할 때, 사태는 명료하다. 화가는 자연의 어떠한 색깔이든 모방할 수 있다. 혹은 새로운 색을 창조한다. 언어는 빨강, 파랑, 노랑, 검정, 하양. 가령 색깔의 명부名簿에는 주홍, 자주, 다홍, 이하 수백 단어를 나열한다 해도, 요컨대 유한한 숫자에 불과하다. 어떠한 시인이라도 새로운 단어를 창조하는 일은 없다. 'yester-year', 이것도 이미 주어진 것을 복합한 데 불과하다.

　이렇게 유한한 것, 더구나 이미 주어진 유한한 것을 가지고 무한에 대응해야 하는 언어는 본래 운명적인 존재이기도 하다. 일본어 개량을 외치는 사람들이 모든 언어에 보편적인 이 부자유스러움을, 일본어만 그렇다고 착각하는 경향은 어리석다 하지 않을 수 없다. 가령 음성의 억양과 강약이 사태를 모사하는 것은 이 원고에서도 때때로 말한 대로라 하더라도, 보구補救에 불과하다. 근본적으로 존재하는 부자유스러움과 갑갑함에 대한 저항으로, 뛰어난 언어는 있는 힘껏 복잡한 파문을 담으려 한다고 나는 생각한다. 이러한 생각은 망우亡友 오야마 데이이치大山定一 군과의 왕복 서간 「낙중서문洛中書問」에서 얼마간 언급했고, 요사이 지쿠마 총서판으로 나온 그 책에 부록으로 실은 미완의 논문 「표현의 소재로서의 언어」에서도 회화를 비교의 매개로 삼아 말하려 했으나 목적을 달성하지 못했다. 또한 예전의 「시화절구詩話絶句」에서는 다음과 같이 말했다. "날로 문자의 공령空靈을 원하는 대로 하기를 탐하나, 곧 깨닫는다. 화사畵師의 기형器形에 얽매임을日耽文字恣空靈, 乃覺畫師拘器形(『전집』 2권 508쪽)." 내 재주 없음을 불쌍히 여기는 후현後賢이 나와, 내 생각을 정리해주었으면 싶다.

이러한 내 생각은 특수한 리듬에 집중한 문체로, 간단함 이면에 복잡함을 담는 형태로 특히 줄곧 존재해온 20세기까지의 중국 문장을 읽는 일을 직업으로 삼음으로써 배양되어왔다. 이 원고의 첫머리에서 중국 문체에 대해 몇 차례 쓴 것은 그 때문인데, 이 또한 다 말하지 못하고 중도에서 끝마치게 되었다.

그리고 그러한 문체를 지닌 나라임을 국부적인 원인으로 하여, 또한 더욱 근본적인 원인으로서는 추상보다 개체를 사랑하는 중국 문명의 소산으로서, 과거 중국에서 학문의 중심이었던 것은 경학이다. 이는 곧 유가의 고전 '경서'의 일자일구에 대해, 좀 더 타당한 표현으로는 각 구 각 문단에 대해, 바깥을 향해 퍼져가는 것, 안으로 향해 퍼져가는 것, 특히 후자 즉 그 구 그 문단을 낳은 작자의 의식에 대해 정세精細하게 분석하는 학문이다. 이른 시기의 실례는, 내가 번역한 『상서정의』다(『전집』 8권-10권). 그것은 보통 말하는 훈고주석이 아니다. 한 자 한 자의 자전적 의미를 제시한 것은 차라리 간단하나, 글자들이 모여 이루어진 문장 이면에 있는 심리분석이 매우 정세하다. 분석은 종종 과도하고 엉뚱하다. 그러나 그 방법 자체는 귀중하다. 옛 중국 마지막 왕조 청의 학자들이 그 방법을 계승한 데 이르러서는, 단옥재·왕염손을 중심으로 하여 더욱 정치하고 적확하다. 내 '독서의 학'은 이렇게 중국에서 경학이라는 이름으로, 오로지 유가 고전을 대상으로 삼아 생겨난 방법을, 다른 대상에 적용하려 한 것이다. 두보 시 주석 작업은 그러한 나의 실천이다.

나는 에도 시대 국학자의 방법도 중국 경학의 일본판이라고 관찰하고 있다. 게이추의 『다이쇼키』, 노리나가의 『고사기전』, 이전의 일본 학문에 연원을 둔 것은 물론이고, 저자 자신은 완전히 긍정하지 않겠지만 『다이쇼키』 『고사기전』과 내가 가장 유사하다 느끼는 책은 당인唐人의 '오경정의', 즉 『모시정의』 『상서정의』 등이다. 적어도 전혀 영향이 없지는 않다고 믿는다. 에도 국학자의 그러한 주석 업적이 학문적으로 지닌 가치와 의의를 올바르게 인식한 요즘 학자는 고 무라오카 노리쓰구 씨다. 그의 논문 「국문학의 주석적 연구」를 게으른 나는 요사이 이와나미가 복간한 『속 일본사상사 연구』에서 처음으로 읽었는데, 새삼 이 학자를 존경하게 되었다.

또한 극동에서 이 '독서의 학'은, 어쩌면 우리 동방의 특기로서 서방에는 드물지 않을까 생각해본다. 나와 주고받은 「낙중서문」에서 오야마는 말했다. "언젠가 저는 독일에 특히 뛰어난 주석이 없다는 생각이 든다고 말씀드렸습니다." "예를 들어 『파우스트』의 주석가가 가는 방향은, 자구의 문법적 해석 아니면 기껏해야 괴테의 생애나 전기에 대한 설명에서 무언가 관련을 찾든지, 괴테의 다른 작품과 유기적으로 연계된 해설로 만족하든지 하는 정도밖에 없습니다. 원전의 일자일구 속에서 움직이기 어려운 인간학의 정전正傳을 본다는 믿음은 어디에서도 찾아볼 수 없습니다. 그것이 『고사기전』 혹은 『만엽집 고의古義』와 『파우스트』 주석 사이에 있는 메울 수 없는 거리겠지요."

서방에서는 원전에 대해 억누를 길 없는 뜨거운 열정을 지닌 사람은 즉각 『파우스트』론 '괴테론'으로 달려갈 것이다. 그것과 반비례하여 이쪽에서는 주석에는 심혈을 기울여도, 평론 작업은 드물어 『겐지 이야기』 평론도, 노리나가를 제외하면 이렇다 할 만한 것이 없다, 이것이 극동과 서구의 정신적 전통의 차이에서 기인할 것이라고, 오야마 씨는 말하고 있다(지쿠마 총서판 89-90쪽). 그뒤 삼십몇 년, 서로 바빠서 모든 것을 다시 자세히 논하기를 게을리한 사이, 그는 저 세상에 가버렸다. 피차의 차이는 아마도 그의 예상처럼, 추상 혹은 개체, 어느 쪽을 존중하느냐에서 기인하리라.

일본과 중국의 선인들이 한 이러한 작업에 대해서도 차차 이야기할 거라고 나는 25고에서 약속했다. 이 또한 충분히 수행하지 못한 채, 원고는 끝난다. 에도 학자에 대해서는, 가까운 시일 안에 이와나미에서 간행될 『진사이·소라이·노리나가』에 세 사람이 이 방면에 남긴 업적을 꽤 언급했다. 특히 노리나가에 대해서는 그 책에 수록될 여러 글에서 서술한 내용에 그다지 덧붙일 것이 없다.

요즈음 내가 마음을 두는 것은 게이추다. 이 사람에 대한 공부는 그뒤로도 그다지 진척이 없지만, 초고본 『다이쇼키』의 권두 '총석惣釋'에 보이는 말에 나는 감동했다. 유불儒佛의 오의奧義, 노래의 오의, 모두 언어를 통해서만 현현하는 것이고, 언어를 떠난 곳에 오의는 있을 수 없다. 그렇지 않다고 보는 주장이 천축天竺이나 중국에 있는 것이야말로 곡설曲說이라 논변한 뒤, 그는 다음과 같이 썼다.

모든 오의는 누군가 궁구窮究할 이가 있으리라. 이 리理가 있다고 믿고, 거짓을 버리고, 마음이 미치는 곳 성실하게 다하면, 신명神明도 이것을 받아줄 것이다(이와나미판 『전집』 1권 216쪽).

모든 서물 깊숙한 곳에 숨어 있는 진실과 성심정의誠心正意한 독서라는 작업이 존재하는 한, 가령 내 손에서 이루어지지 않더라도 미래의 학자가 반드시 도달할 것이라고 말하는, 겸허하고도 적극적인 말로 읽을 수 있다. 특히 '이 리理가 있다고 믿고'라 한 것은, 인간의 이법理法에 대한 부단한 성찰이, 눈앞에 있는 문자에 대한 성실함을 생동生動하게 만드는 것으로서 '반드시 있어야 한다'는 조건, 이 또한 이 원고에서는 깊게 고려하지 못했으나, 그것이 '독서의 학'이 성립되는 데 가장 중요한 조건이라는 점을 지적하는 듯하다.

1975년 을묘 2월 25일 붓을 놓다.

(1971년 9월~1975년 4월『지쿠마』,

그해 10월 지쿠마『독서의 학』)

보주補注

○ 보주 1

15-16고에서 언어는 음악이 아니라고 자주 말한 것은, 예전 어느 시기에 내가 청유淸儒에게 어떤 영향을 받아 언어를 가능한 한 음성 면에서 보는 쪽으로 기울었던 것에 대한 반성을 포함한다.

앞서 그런 반성을 쓴 글은 1967년, 어느 책을 배포할 때 책갈피에 끼워넣는 월보月報를 위해 쓴 문장 「중용단편中庸斷片」에서였다. 그리고 '의미의 리듬'이라는 언어를 처음으로 썼다(『전집』 3권 518쪽 이하). 사람들의 주의를 끌기 어려운 글이었다는 생각이 들어 지금 그 요점을 적어둔다.

나는 『예기』 「중용」 편의 문장이 지닌 리듬의 아름다움이 외면의 음성에서 이미 그러하다고 말한 뒤 다음과 같이 썼다.

그러나 문장에서 단순한 음성의 아름다움이란 음악의 아름다움처럼 존재할 수는 없다. 그렇게 존재한다고 보는 것은 허망虛妄이다. 왜냐하면, 말할 나위도 없이 문장에서 음성은 모두 의미를 지니고 있어, 음악이 의미를 지니지 않는 것과는 다르기 때문이다. 문장의 리듬이라는 것은 모두 의미의 리듬이다. 의미의 리듬이 정돈되었기 때문에, 그 음성의 리듬마저도 아름답게 느껴지는 것이다. 음성만의 리듬이라는 것은 실은 착각이 낳은 허상인데, 착각이 낳은 허상마저도 아름답게 느껴지는 것이다.

그런데 이러한 '문장의 리듬'이 지닌 아름다움'은 어떻게 생겨날까. 의미를 전달하려 하는 주체가 '전달하려는 의사에 대해 취하는 성실함'이 좋은 '의미의 리듬', 음성의 허상마저 아름답게 느끼게 하는 '의미의 리듬'을 낳는다.

성실함만으로 반드시 좋은 리듬이 생겨난다고 말하는 것은 아니다. 문장의 '좋은 리듬', 혹은 넓게 보아 '좋은 문학'은 단순한 성실함만으로 생겨나지 않는다. 의미를 좋은 리듬에 정착시키려는 성실함이어야 비로소 좋은 리듬이 탄생한다.

○ 보주 2

26고 이하 몇 장에서는 게이추의 『만엽집 다이쇼키』를 통해 권3 히토마로의 노래, '모노노후노/ 야소 우지 강 속의/ 어살 말뚝에/ 멈칫한 물결 같이/ 앞길 알기 힘드네'를 설명했다. 여기서 게이추는 『논어』 「자한」 편의 '자재천상왈子在川上曰, 서자여사부逝者如斯夫, 불사주야不舍晝夜'를 비슷한 문학으로 들고, 『논어』 그 장의 뜻은 히토마로의 노래처럼 인세人世의 무상을 탄식하는 비관의 말이며, 송宋대 주자의 주가 그것을 '생생무궁生生無窮'을 말하는 낙관의 말로 본 것을 오류라고 여겼다. 이것은 훗날 같은 의견을 제시한 소라이·슌다이보다 선구적인 것으로서 에도 유학사에서 적지 않은 의미가 있다.

『맹자』「이루」편에도, 공자가 물에 대해 한 말이 보이는 것에 대해서 게이추가 언급했고, 그것은 과연 낙관의 말이지만, 만약 그것을 옮겨 『논어』이 장을 설명한다면 이 또한 오류여서, 성인의 마음이 다면 적임을 알지 못하는 것이 된다, 그리하여 그것은 그것이고 이것은 이것이라고, 차근차근 음미한다. 게이추의 그러한 음미는 이토 진사이의 『논어고의』가 송유와 마찬가지로 이 장을 낙관의 말로 읽고, 또한 『맹자』를 근거 삼은 것에 대한 반론이 아니었을까, 라고 나는 26고 끝에서 언급했다.

여기에는 고증이 필요할 것이다. 진사이의 『논어고의』를 장남 이토 도가이가 판본으로 간행한 것은 1712년으로, 게이추가 죽은 1701년보다 훗날의 일이기 때문이다.

그러나 나는 『논어고의』가 사본의 형태로는 일찍부터 유전流轉되었으리라 생각한다. 이와나미 『일본사상대계』의 진사이 연보에 따르면, 『논어고의』초고가 성립한 시기는 진사이가 36세 때인 1662년, 이어서 제2고가 사정寫定된 것이 진사이가 57세 때인 덴와 1683년이다. 마침 그때는 44세의 게이추가 『다이쇼키』의 기고起稿에 착수한 해다(이와나미 『게이추 전집』권1 히사마쓰 센이치久松潜一[125] 해설). 그때 진사이의 명성은 이미 세상에 널리 알려졌고, 『논어고의』사본도 게이

---

125 히사마쓰 센이치(1894~1976)는 국문학자로 일본문학의 연구사를 통사적으로 엮은 『증보신판 일본문학사增補新版日本文學史』 등의 저서를 냈다.

추가 볼 수 있는 형태로 유포되었을 거라고 나는 상상한다.

물론 이는 상상에 불과하다. 호학심사好學深思한 게이추이기에, 진 사이의 설은 읽지 않았더라도 진사이와 같은 설이 나오리라 예상하 고 미리 그것을 막았다고도 물론 생각할 수 있다.

그것은 에도 학술사에 정통한 사람의 판단에 양보하기로 하고, 34고에 인용한 진사이의 설이 충분하지 않으니 그 전문을 번역하여 인용하기로 한다. 원문은 물론 한문이다.

진사이의 『논어고의』는

자재천상왈子在川上曰, 서자여사부逝者如斯夫, 불사주야不舍晝夜

라고 『논어』 본문에 훈점을 붙인 뒤, 그것에 대한 주석에서 우선 말 한다.

이것은 '군자의 덕이 날로 새로워져 쉬지 않음이 마치 냇물이 혼혼 混混하여 그치지 않는 것과 같음'을 말한 것이다.

此言君子之德, 日新以不息, 猶川流之混混不已也.

즉 진사이는 일종의 생명철학, 운동만이 존재한다고 보는 철학의 관점에서 이 장을 설명한 것이다. 반주자·반송유反宋儒 입장에 선 그 는 주자의 주처럼 '도체'라는 개념을 들고 나오지는 않았지만, 낙관의 말로 본 것은 송유와 같다. 게이추·소라이·슌다이가 비관의 말로 본 것과 다르다.

그 뒤 진사이는 '논왈論曰', 하며 다시 논의를 펼치는데, 거기에 인용한 것이 『맹자』에 보이는 공자의 말이다.

맹자는 공자가 물을 일컬은 뜻을 풀이하여, "근원이 있는 샘은 콸콸 솟아나와 밤낮으로 멈추지 않아, 웅덩이를 채운 뒤에 바다에 이릅니다. 근본이 있는 것은 이와 같습니다"라고 말했다.

論曰, 孟子解夫子稱水之意曰, 原泉混混不舍晝夜. 盈科而後進, 放乎四海. 有本者如是.

이상 『맹자』 「이루」 편이다. 그것을 인용한 뒤 논하여 말하기를,

이른바 '본本'이란 무엇인가. 인의예지를 그 몸에 두어, 종신토록 씀에 다하지 않는다. 마치 냇물이 밤낮으로 그치지 않아, 날로 새로워 다함이 없는 것과 같다. 그러므로 '날로 새로워지는 이것'을 '성덕盛德'이라 이른다. 공자가 물에서 취한 뜻이 생각건대 이와 같다.

所謂本者何. 仁義禮智有於其身, 而終身用之不竭, 猶川流之不舍晝夜, 日新而無窮, 故曰, 日新之謂盛德, 夫子取水之意, 蓋如此.

즉, 공자가 냇물에 대해 말한 감상은 언제나 생성·발전하는 원리로서 말했다는 점, 『맹자』를 보면 분명히 드러나듯, 『논어』의 이 구절도 당연히 『맹자』에 근거해야 이해할 수 있다고 본 것이다. 진사이의 학설은 일반적으로 『맹자』야말로 『논어』에 대한 가장 좋은 주석임을 중요한 지주支柱로 삼는데, 여기서도 그러하다.

그런데 『논어』의 이 장에 대한 해석으로 이렇게 『맹자』를 인용한 예는 진사이에게는 있어도, 주자의 주에는 없다. 그래서 『맹자』를 근거 삼아 『논어』를 설명하면 안 된다는 게이추의 정중한 음미는 진사이에 대한 반론이 아닐까, 나는 의심한다. 진사이의 논의는 여기서 끝나지 않는다. 그 뒤에 이어지는 논의는 다른 생각을 불러일으킨다.

진사이는 이어서 말한다. 어쩌면 이러한 논의가 있을지도 모른다. 공자의 마음은 미묘하다. 냇물에 대한 감상도, 맹자가 조술祖述한 것과 같은 방향으로 일정하지 않았을 것이다. 맹자가 설명한 방식은 어떤 특별한 사정이 있어서 제자에게 교훈을 주려, 대중요법으로 한 말이고, 공자의 원의를 왜곡하고 있다고, 그렇게 말하는 사람이 있을지도 모른다.

어떤 이가 말했다. "공자가 물을 일컬은 그 뜻은 은미隱微합니다. 맹자가 특히 문인의 병통 때문에 그것을 고치려고 한 것입니다."

或曰. 孔子之稱水. 其旨微矣. 孟子特因門人之病而藥之.

그러나 진사이는 이 음미를 '틀렸다非也'고 보아 물리친다. 왜 틀렸느냐 하면,

맹자가 비유를 흐르는 물에서 취한 것은 한두 번이 아니다. 생각건대 늘 하는 말로 삼아 공자의 뜻을 조술하여 말함이 이와 같았다. 어찌 모두 문인의 병통 때문에 이 말을 했겠는가.

孟子取喻流水, 不一而足, 蓋其常言, 而迷夫子之旨云爾, 豈皆因門人之病而發之邪.

즉, 맹자가 물을 생성·발전의 비유로 삼은 것은 「이루」 편만이 아니다. 그 책 여기저기에 보이는 언급이 모두 같은 방향에 있고, 그들 모두 공자를 조술했다고 간주해도 좋은데, 모두가 문인에 대한 특수한 대증요법일 리는 없다. 그러므로 '혹인'의 설은 무용無用한 음미이고, 틀렸다고 본 것이다.

그런데 진사이가 여기에서 '혹왈或曰'이라는 형태로 제출하고 부인한 설은, 게이추가 『다이쇼키』에서 『논어』는 『논어』, 『맹자』는 『맹자』, 이자二者를 견혼牽混해서는 안 된다고 한 것과 같은 설이다. 진사이가 혹인의 말로 예상한 "공자지칭수孔子之稱水, 기지미의其旨微矣"는 곧 게이추가 "성인의 비유를 취하는 데 어찌 한 구석을 고집하겠는가"라고 한 그 태도다.

만약 진사이의 '혹왈'이 가상假想된 '혹인或人'이라면, 게이추 같은 설의 출현을 예상하여 미리 막았다는 말이 된다. 그리고 만약 실제로 가리키는 사람이 있었다면, 게이추 이전에 그와 같은 음미를 한 사람이 있고, 게이추는 이를 계승했을 가능성이 생긴다. 그러나 가령 그렇다 하더라도, 게이추의 음미가 갖는 성실함은 사라지지 않는다.

또한 이것은 완전한 여사餘事지만, 게이추가 주머니 속에서 꺼내듯 숙정熟精하여 가장 자주 인용한 한적이 『문선』이라는 점, 그리고 여기저기에서 언급했지만, 그가 인용한 『문선』은 그 훈점을 포함하여 에도 초기 화각본和刻本이라는 사실을 최근 나는 확인했다. 곧 현재 도쿄 급고서원이 복각하고 있는 『화각본경안판육신주문선和刻本慶安版六臣注文選』이 그러하다.

○ 보주 3

7-9고. 당나라 여제 측천무후와 재상 적인걸 사이에 장간지를 관료로 발탁하는 문제를 두고 나눈 대화를 최초로 기재한 『구당서』는 여제의 말투를 살려 "짐요일호한임사朕要一好漢任使"라고 '호한好漢(하오한)'이라는 말을 기록했다. 나는 이를 『신당서』는 '호한'이라는 말이 속어임을 꺼려, 문어文語답게 '기사奇士'라고 고쳤음을, 원나라 초기의 학자 이치李治의 잡저 『경재고금주敬齋古今黈』에 기대어 서술했다.

그런데 이치의 지적은 거기서 멈추지 않는다. 그는 『신당서』가 쓰인 11세기 북송의 책 사마광의 『자치통감』은, 또 다른 말을 사용하여 달리 기록했다는 사실도 언급했는데, 10고에서는 화제를 바꾸었기 때문에 이치의 설을 중동무이하게 소개한 꼴이 되었다. 그것을 보충하기로 한다.

사마광의 『자치통감』이 그것을 기록한 때는 권207, 당기唐紀 23, 측천순성황후하권則天順聖皇后下卷, 구시원년久視元年 추구월秋九月, 적인걸의 죽음을 기재한 뒤에 이 경골硬骨의 재상에 관한 일화를 몇 가지 추기追記한 가운데 하나다.

태후가 일찍이 적인걸에게 물었다. "짐이 일가사一佳士를 임용하고자 하는데, 누가 좋겠는가?" 적인걸이 대답했다. "폐하께서 어디에 그를 쓰려하시는지 잘 모르겠습니다." 태후가 말했다. "장상將相으로 삼으려 하오." 적인걸이 대답했다. "만약 문학에 정통하고 사람됨이 관화寬和한 이라면 소미도, 이교가 참으로 맞을 것입니다. 반드시 출중한 기재를 얻으려 하신다면 형주장사 장간지가 있습니다. 그 사람은 늙기는 했지만, 재상감입니다." 태후가 장간지를 발탁하여 낙주사마로 삼았다. 며칠 뒤 다시 물었다. 적인걸이 대답했다. "일전에 장간지를 천거했습니다만, 아직 기용하지 않으셨사옵니다." 태후가 말했다. "이미 승진시켰다." 적인걸이 대답했다. "신이 천거한 이는 재상감이지 사마 자리에 둘 사람이 아닙니다." 곧 추관시랑으로 옮겼고, 한참 지나 마침내 재상으로 삼았다.

太后嘗問仁傑, 朕欲得一佳士用之, 誰可者? 仁傑曰, 未審陛下欲何所用之? 太后曰, 欲用爲將相. 仁傑對曰, 文學蘊藉, 則蘇味道,李嶠固其選矣. 必欲取卓犖奇才, 則有荊州長史張柬之. 其人雖老, 宰相才也. 太后擢柬之爲洛州司馬. 數日又問, 仁傑對曰, 前薦柬之, 尙未用也. 太后曰, 已遷矣. 對曰, 臣所薦者可爲宰相, 非司馬也. 乃遷秋官侍郎. 久之, 卒用爲相.

즉 원재료『구당서』의 '일호한一好漢'이, 여기에서는 '일가사一佳士'로 되어 있다. 또한 문장 전체가 더더욱 문어화되어 있다. 보수 정치가 사마광은 문체에서도 보수파였고, 구어적 단어 또는 어법이 섞여드는 것을 결벽潔癖하게 싫어했다.

『구당서』『신당서』『자치통감』세 역사서의 기재 방법에 대한 13세기 학자 이치의 비평은 다음과 같다.

『구당서』에, 측천무후는 예전에 적인걸에게 물은 적이 있다. "짐은 호한好漢을 구하여 임무를 맡기려 하는데, 있느냐?" 인걸은 곧 장간지를 천거했다. 『신당서』는 말한다. "짐은 기사奇士를 구한다." 『자치통감』은 말한다. "짐은 가사佳士를 구한다."

이렇게 세 권의 책이 용어가 다른 점을 지적한 뒤,

가사佳士는 곧 풍류온자風流蘊藉한 자이다. 기사奇士는 곧 재주를 품고 예藝를 품은 자이다. 모두 호한好漢의 뜻을 다 담아내지 못했다.

여제의 기분을 가장 잘 표현한 것은 역시 '호한好漢'이라고 일단 본 것이다. 그러나 이치 또한 본래 문어파에 속하는 인물이다.

그렇지만 호한好漢이라는 단어는 세속에 치우친 감이 있다. 역사서에 어울리는 단어가 아니다.

그리고 자신의 해결책을 제시한다.

그저 기남자奇男子라 하면 충분하다.

'호한'을 역사서에 적합한 문어로 번역한다면 '기남자'라 하는 것이 좋다. 『신당서』의 '기사奇士', 『자치통감』의 '가사佳士' 모두 불충분하다고 본 것이다.

여사를 또 하나만 더 덧붙이자면, 『속수기문涑水記聞』이라는 책이 있다. 사마광의 저작이라는 설도 있고 아니라는 설도 있다. 북송의 자질구레瑣細한 역사적 사실을, 대립했던 자인 왕안석 패거리에 대한 험담을 포함하여 잡록한 것이다. 송나라에 있는 꽤 많은 동종의 책의 경우 대화 부분 등에 종종 구어가 섞여 있는데, 이 책은 결코 그것이 없어 보인다. 이 또한 사마광의 결벽일까.

○ 보주 4

이 책에서 말한 생각을 내가 처음으로 쓴 것은 1938년 무렵부터 번역하기 시작한 『상서정의』의 '역자 서문'에서다. 나는 『상서정의』 저자와 함께 '어떻게 사고하는가' '무엇을 사고하는가'를 동시에 중시하고 싶다고 말했다(『전집』 8권 12쪽). 또한 그 무렵 쓴 「모토오리 노리나가-세계적 일본인」에서는 노리나가를 조술하면서 '언어의 양태'에 대한 중시를 좀 더 분명하게 말했다(『전집』 17권, 지쿠마 총서 「고전에 대하여」). 태평양전쟁이 일어난 뒤로는, 오야마 데이이치 군과 주고받은 서간 「낙중서문」의 이곳저곳(『전집』 19권 또는 지쿠마 총서 단행본) 그리고 종전 직전에 쓴 「외국연구의 의의와 방법」(지쿠마, 『문화의 장래』)에서는, 노리나가의 설과 함께 청淸 단옥재의 '주서籀書' 설에 대해 말했다(『전집』 19권 90-93쪽). 전후에 쓴 것으로는 1962년 마이니치 신문에 쓴 「서재십화」(『전집』 20권) 그리고 1965년, 아사히 신문에 쓴 「고전에 대하여: 혹은 메이지에 대하여」(『전집』 17권 또는 지쿠마 총서 『고전에 대하여』)가 있는데 모두 이 책의 논지에 가깝다.

내 방법을 이끌어준 선인으로 진사이 부자 이래의 일본 학자들에 대한 생각은, 얼마 전 이와나미에서 묶어 간행한 『진사이·소라이·노리나가』에 집성된 여러 글, 특히 서문을 참고하기 바란다. 그 책에 실린 여러 문장과 중복을 피하다 보니 이 책의 서술이 더욱 중동무이해진 대목이 있다.

그러나 내 방법을 더욱 많이 이끌어준 것은 일본 학자들보다 역시 중국 학자, 특히 청조淸朝 시기의 사람들이다. 그리고 내게 가장 많이 영향을 준 일본인은 선사先師 가노 나오키狩野直喜다. 선생에 대한 내 감사는 언제까지고 새롭다.

또한 나는 원칙적으로 대담을 『전집』에 싣지 않았는데, 지쿠마 총서 『학문을 권함』에 보이는 고 다카하시 가즈미와의 대담 「인간이란 무엇인가: 문학 연구에서 내가 걸은 길」은, 대담 상대가 좋아 내 생각이 매우 잘 정리되어 있다.

○보주 5

마지막 보주로 졸시 한 수를 덧붙인다. 이 책에 담긴 대강의 내용을 오언고시五言古詩로 적은 것으로, 원래는 무라카미 데쓰미 군에게 줄 작품이었다.

내가 아직 교토대에 재직할 무렵 무라카미 군이 도호쿠대로 부임하게 되자 무언가 좌우명이 될 만한 것을 적어 달라고 졸랐다. 『문선』 최자옥崔子玉의 「좌우명」 같은 것은 쓸 수 없었지만, 책을 읽는 것에 대해 평소 내가 생각하던 바를 써보자 싶어 이 시를 지었다. 허나 그로부터 몇십 년이 지났는데도 실은 아직 무라카미 군에게 주지 않았다. 이유는 두 가지다.

첫 번째 이유는 말할 나위도 없이 불사不辭 때문이다. 나는 소라이가 말한 것을 하나부터 열까지 전부를 듣지는 못했다는 사실, 이는 『진사이·소라이·노리나가』 여기저기에서 언급한 대로인데, 소라이가 보면 이런 것은 '언言'에 불과하며, '사辭'가 아니라고 야단을 칠 것만 같아 때때로 퇴고를 했지만 잘 되지 않았다.

두 번째 이유는, 시 끄트머리에 "동원여부유東原興夫喩, 공미색후병恐未塞詬病"이라 한 대목 때문이다. 청조 건륭乾隆 시기 한학漢學의 거두 대진戴震(자字는 동원東原)은 말했다. 세인世人은 내 작업 가운데 훈고문자학訓詁文字學만을 칭찬하지만, 그것은 나의 본령을 모르는 것이다. 훈고문자 학문은 여부興夫, 즉 가마꾼, 교군에 불과한 것이고 나의 본령은 가마 안에 있는 나다. 즉 필로로기는 결국 필로소피의 종복이다, 라고 이 필로로기의 대가가 어디선가 말했다고 기억한다.

그러나 나는 그것에 찬성하지 않는다. 대진의 말대로라면 우리 학문에 대한 비난을 다 충색充塞할 수 없다. 그러한 의도에서 "동원여부유東原興夫喩, 공미색후병恐未塞詬病", 그 두 구를 지었다. 그러면 내가 가장 존경하는 이는 누구인가. 필로로기와 필로소피를 일치시킨 이는 누구인가. 그것은 대진의 제자 단옥재(호는 무당茂堂), 바로 그가 참으로 본령을 안 사람, "무당실가인茂堂實可人"이다. 그가 『설문해자』에서 '독주서야讀籒書也'에 주를 붙여, 주籒 자는 추抽 자와 동음동의同音同義, 고치에서 실을 뽑아내는 것처럼 언어의 내용을 이루는 것에 대해 "그 의온義蘊을 추역抽繹하여 무궁無窮에 이르는" 것이 바로 독서 작업이라고 한 설이 있다. 예전 전시戰時에 나는 그 설을 「외국 연구의 의의와 방법」에 소개했다. 또한 시부에 주사이澁江抽齋[126]가 추재抽齋를 호로 삼은 것은, 단옥재의 이 설에서 말미암지 않았나 싶다(『전집』

17권 「고전에 대하여」 626쪽). 단옥재의 '독서' 즉 '추서抽書'설이야말로 우리 방법의 성서다. "무당실가인茂堂實可人, 추서설내성抽書說乃聖." 만약 내 말을 거짓이라 생각하지 않는다면, 단옥재가 그 방법을 실천한 것이라 여겨 내가 사랑하는 그의 저서 『고문상서찬이古文尚書撰異』를 읽어보라. "약불하한아若不河漢我, 시독벽서증試讀壁書證." 그렇게 시를 맺은 것인데, 곤란한 점은 대진이 한 말이라 기억하는 것을 확인할 요량으로 『대동원집戴東原集』을 찾아보아도 나오지 않는다는 것이다. 누군가 다른 사람의 말이었는지도 모른다. 그렇다고 '모씨여부유某氏輿夫嗟'라 할 수는 없다. 서툰 시가 서투른 대로 갖는 '의미의 리듬'이 무너져버린다.

그런 사정 때문에 나로서는 모처럼 지은 이 시를 10년가량 상자 속篋底에 감추어둔 채 무라카미 군에게 아직 보내지 못했는데, 일본어를 읽을 수 없는 외국인에게 이 책에서 말하는 내 생각을 알 기회가 될지도 모른다 싶어, 눈을 질끈 감고 보주의 끝으로 삼는다.

도호쿠대에 부임하는 무라카미 데쓰미 군을 보내며

送村上哲見之任東北大學

두소릉이 시의를 말했다	少陵說詩義
정미함은 명행함을 꿰뚫는다고	精微穿溟涬
어찌 다만 시를 짓는 것만 그러하겠는가	豈惟作詩然

126 시부에 주사이(1805~1858)는 에도 시대 말기의 의사이자 고증가 그리고 서지학자다.

책을 읽는 것 또한 이것을 경徑으로 삼는다	讀書亦此徑
속인은 독서를 가볍게 보아	俗人易讀書
오랫동안 요령을 얻지 못했다	久不得要領
이제 자네는 장차 멀리 가려 한다	今子將之遠
내 설을 밝힐 만하다	可以我說逞
사람의 각각 무궁한 생각	人各無窮思
분연하다 문득 모인다	紛然聚俄頃
을을하여 혼돈을 감추고	乙乙藏混沌
언어는 다만 그 이삭이 될 뿐이네	言語只其穎
또한 그 다름은 사람마다 얼굴이 다른 듯	且其異如面
비 내리는 령嶺에 있음에 비유된다	喩雨之在嶺
산주散走하여 사해로 달려가	散走赴四海
가는 곳은 하나로 정해짐이 없다	所之一無定
원망스럽구나 창힐의 글자	可恨蒼頡字
그렇게 늘어나도 일만 자에서 곧 끝난다	孶乳萬乃竟
만이라는 수는 많아 보이지만	萬數雖似多
어찌 그 성을 다 드러내겠는가	安能盡其性
색이 어찌 다섯뿐이겠는가	色豈五而已
정은 일곱으로 다 드러내지 못한다	情不七而罄
유애를 가지고 무애를 좇으니	有涯逐無涯
위태롭구나 문사의 운명이여	殆哉文辭命
책을 짓는 데 뛰어난 이는	善於著書者
이것을 다루어 밝고 밝게 베껴낸다	操之寫耿耿

늘 쓰이는 뜻에서 발한다 하더라도	雖發於常訓
날아 움직이면 반드시 이형異迥이 된다	飛動必異迥
무엇을 좋은 독서라 이르는가	何謂善讀書
마땅히 그 미명微冥을 살펴야 한다	當察其微冥
힘써 작자의 뜻과	務與作者意
서로 어울려 형形과 그림자처럼 되라	相將如形影
그 도는 본래 무엇에서 시작되는가	其道固何始
훈고는 모름지기 따르고 돌아보아야 하나	雅詁宜循省
그렇지만 다만 한 가지 뜻을 고집한다면	然只一訓守
정금에서 도리어 쇳돌을 얻고	精金却得礦
그 소식消息하는 곳	彼之所消息
나 그것과 동정動靜한다	我與之動靜
이것은 곧 장부의 업	此乃丈夫業
어찌 그 위정을 하겠는가	奚其爲爲政
속유의 훈고를 비웃음은	俗儒笑訓詁
이것에 어두워 냉대한 것이다	暗此而齒冷
대동원의 교군 비유는	東原輿夫喩
아마도 아직 헐뜯음을 막지 못했고	恐未塞詬病
무당(단옥재)은 참으로 본령을 안 사람이니	茂堂實可人
추서의 설은 곧 성스러운 모범이다	抽書說乃聖
만약 내 말을 거짓이라 생각하지 않는다면	若不河漢我
시험 삼아 벽서의 증(단옥재의 『고문상서찬이』)을 읽어보게[127]	
	試讀壁書證

이왕 이렇게 된 김에 자작시에 주를 붙인다면, 첫머리의 "정미천명行精微穿溟滓"은 두보가 벗 허십일許十一에게 준 시에 나오는 구다. 정밀한 사색이야말로 시가 임무로 삼는 '무한정한 세계로 가는 통로'임을 말하는 구절이라 여겨, 내가 귀중히 여기는 구절이다(『전집』 12권 「두보의 시론과 시」 621-622쪽).[128]

"인각무궁사人各無窮思"라 하고, "언어지기영言語只其穎", 언어는 자루 속에 감춘 송곳이 바깥에 드러난 끄트머리에 불과하다는 것은, 예전에 종형從兄 고즈카 신이치로(1903~1977, 일본 철학자)에게 전해들은 독일 철학자 슈프랑거Eduard Spranger(1882~1963)의 말인데 언제나 마음에 담아두고 있다(『전집』 19권 「외국 연구의 의의와 방법」 93쪽). "인심人心이 같지 않음은 그 얼굴(이 제각각임)과 같은 것"은, 소라이가 사랑한 『좌전』의 말이다.

"가한창힐자可恨蒼頡字" 이하 "태재문사명殆哉文辭命"까지는, 유한유애有限有涯한 단어를 가지고 무한무애無限無涯하게 분열하는 현실에 대처해야만 하는, 문장 혹은 언어의 슬프고도 위태로운 운명을 말한다. 창힐이 금수의 발자국 형태를 보고 떠올려 창시했다는 한자는, 자유孳乳하여(증가하여) 일만一萬을 포화점으로 삼는다. 『설문해자』의 9353자는 2세기의 운명, 『신화자전新華字典』 역시 약 1만인 것은 현대 중국의 운명이다. '1만'이라는 수는 많은 것처럼 보인다. 판타스틱한 한자전漢字典이 그 배수를 자랑하는 것은 더욱 거대하게 보인다. 그러

---

127   저자의 주를 반영하여 번역하되 분명치 않은 대목은 음독으로 적어두었다.
128   조영렬·박종우 옮김, 『시절을 슬퍼하여 꽃도 눈물 흘리고: 요시카와 고지로의 두보 강의』, 뿌리와이파리, 2009, 40쪽.

나 가령 몇만이라 하더라도 요컨대 유한한 수에 불과하다. 그것을 가지고 현실의 무한을 좇아야만 한다. 현실의 색色은 백흑청적황白黑靑赤黃뿐일까. 인간의 감정은 희로애락애오욕喜怒哀樂愛惡欲 일곱 가지로 다 설명할 수 있을까. 이는 마지막 39고에서 한 지적이다.

좋은 저자는 이 유한한 것을 다루어 도달해야 할 현실의 도달해야 할 한 지점에 다다른다. 좋은 독서자는 저자와 심리를 합치시켜 형체와 그림자처럼 어우러져야 한다. 저자가 단어를 사용하는 것은 물론 사전의 '공약수公約數'에서 출발한다. 그러나 그 비약은 이상異常이다. 독서자가 사전적 의미 하나만을 고집하면, 순금처럼 좋은 언어, 좋은 문학도 설철屑鐵(쇠똥)에 지나지 않을 것이다. 독서의 이러한 작업은 남자가 일생 할 만한 작업이다. "이것 또한 위정이다. 어찌 그 위정을 하겠는가"[129] 『논어』에서 "협의의 정치만 정치가 아니다"라고, 공자가 어떤 이에게 대답한 말이다.

1975년 4월

---

129 『논어』 「위정爲政」 편에 나오는 말이다. "어떤 사람이 공자에게 말하기를 '선생은 어찌하여 정치를 하지 않습니까?' 하니, 공자는 대답하기를 『상서』에 '효도하고 효도하며 형제에게 우애하여, 이를 정사에 뻗쳐나간다'고 하였으니, 이것 또한 정치를 하는 것에 해당한다. 어찌 꼭 정치를 전담할 필요가 있겠는가?라고 하였다(정약용 저/ 이지형 역주, 『역주 논어고금주 1』, 사암, 2010, 229쪽)."

편자의 주

선생이 '대진이 한 말로 기억한다'고 말한 그 말은, 단옥재가 『대동원집』을 편정編訂하고 그 권수卷首에 건륭乾隆 57년(1792)에 쓴 서序에 "선생이 말씀하시기를"이라고 인용하며, "육서六書·구수九數 등의 일은 교부轎夫와 같은 것이다. 가마 안의 사람을 태우는 도구다. 육서·구수 등의 일을 가지고 나를 진盡하는 것은, 이것은 마치 교부를 오인하여 가마 안의 사람이라 여기는 일과 같다"는 것이 전문이다. 단옥재는 이 서문에서 "처음에 나는 선생의 서론을 들었다. 말씀하시기를", 의리·문장·고핵考覈의 학學 가운데, 의리야말로 문장·고핵의 근원이라 보았다, 라는 데서 논의를 시작하여, "식견이 얕은 자는 곧 선생을 일명일물일자일구一名一物一字一句 사이에서 찾는다. 혹惑한 것이다"라는 말에 이어, "여부輿夫의 비유"를 인용하고 있다. 단옥재의 문집 『경운루집經韻樓集』에는 어떤 이유에선지 이 서序가 실려 있지 않다.

전집 편자 곤도 미쓰오近藤光男

『독서의 학』은 중국문학자 요시카와 고지로(1904~1980)의 학문론이다. 요시카와는 20세기를 대표하는 중국문학연구자이고, 특히 전후戰後 중국문학연구의 선두에 서서 학계뿐만 아니라 문화계 전반에 큰 영향을 끼친 존재다.『독서의 학』은 요시카와가 교토대를 정년퇴임하고 4년 뒤인 1971년 9월부터 1975년 4월까지 지쿠마 서방에서 내는 잡지『지쿠마』에 자신의 연구생활을 돌아보며 "말하고 싶은 것을 힘 닿는 대로 말해두자는 마음"(서문)으로 매달 연재한 글을 묶은 것이다. 자신의 연구에 대한 자신감을 배면에 깔면서 다가올 세대에 대한 기대를 담은 글이라 보면 좋을 터이다.

요시카와는 이 책에서 이렇게 말하고 있다. "내가 말하고 싶은 것은 요컨대, 책을 읽으려면 '저자를 읽자'는 것이다(12고)." 같은 취지의 말을 그 뒤로도 되풀이한다. 그렇다면 우리는 저자 요시카와에 대해 혹은 요시카와의 학문에 대해, 예비지식을 조금 갖추어두는 게 좋을 터이다.

요시카와가 태어난 1904년은 러·일전쟁이 시작된 해다. 청조에서 마지막으로 과거가 시행된 것도 이 해였다. 요시카와는 이 사실에 평생 집착했고, 청조의 학문 방법을 몸에 익히려 노력했다. "저는 청조라는 시대에 대해 제 고향처럼 느끼기 때문에, 중국적 방법이라 말씀드려도, 대개 청조의 방법입니다(「사실의 학문과 언어의 학문: 교토대 인문연구소 동방부東方部의 장서에 대하여」, 『요시카와 고지로 강연집』, 1996년, 지쿠마 서방)."

　'청조의 학문'이란 곧 청조의 고전해석학, 전문적 술어로는 경학經學 혹은 한학漢學, 통속적 호칭으로는 청조고증학, 즉 유가의 고전을 대상으로 삼는 실증적 학문을 가리킨다. 고전의 언어에 대해 표층적으로 의미를 고찰하는 데 머무르지 않고 그 배후에 깔린 심리까지 깊게 분석하는 정치한 학풍으로, 특히 18세기 단옥재나 전대흔에 이르러 정점에 올랐다. 요시카와가 깊이 사모하고 제 학문의 목표로 삼은 것도 다름 아닌 18세기의 단옥재와 전대흔의 학문이다.

　그를 그러한 학문의 경지로 이끈 기연機緣은 스승 가노 나오키(1868~1947)의 가르침이다. 가노 나오키는 동양사학의 나이토 도라지로(나이토 고난)나 구와바라 지쓰조桑原隲藏 등과 나란히 교토대 초창기 중국 연구의 개조開祖로, 에도 시대부터 내려온 전통적인 주자학 학풍에 만족하지 않았으며 청초의 실증적 학문에 기초를 둔 '섬세하고 빈틈없는' 새로운 중국 연구를 교토지역에 확립하려 노력했다. 대학에 입학하기 전 젊은 요시카와에게 가노 나오키는 "중국문학연구란, 책을 섬세하게 읽는 것, 오직 그것뿐(『요시카와 고지로 전집』 17권 「가노 선생과 중국문학」)"이라 했고, 또한 "지금까지 내려온 일본인의 한학은 몽땅 가짜다, 일체 읽지 말라(『전집』 1권 「자발自跋」)"고 했다. 가노 나오키가 가르친 '학문의 기본적 존재방식'을 요시카와는 부단히 노력하고 실천하여, 자신의 독자적 방법론으로 심화시켰다고 말할 수 있다.

교토대를 졸업한 요시카와는 대학원에 들어가자마자 베이징에 건너가, 베이징대를 중심으로 3년간 유학생활을 보냈다. 특히 이 시기를 계기로 요시카와가 힘써 마음에 새긴 것은, '중국학문을 하기로 한 이상, 모든 생활을 중국인처럼' 하는 일이었다. 귀국한 뒤 교토의 동방문화연구소에 들어가고 나서도 그는 양복을 입지 않고 중국옷을 입은 채로 대학 주변을 거닐어, 중국인으로 오해받는 일도 심심찮게 있었다. 외적인 조건도 있어서 그런 행위는 오래 이어지지는 않았지만, 중국 고전은 일본식 훈독이 아니라 중국어로 직독하는 것, 논문은 중국어로 쓰는 것 두 가지는 철저하게 실행했다.

요시카와의 본래 흥미는 물론 중국문학에 있었지만, 그것을 잠시 억누른 채 한동안 독서 대상을 오로지 청조 경학에 두었다. 동방문화연구소에서 그가 처음으로 종사한 일은 『상서정의』의 정본을 만들기 위한 공동 연구다. 『상서정의』는 오경의 하나인 『상서』(『서경』)를 한나라 학자들의 고주古注에 의거하여 당唐대에 다시 주석한 것으로, 번쇄하다고 느껴질 만큼 상세한 논리로써 중국인의 사고방식을 보여주는 책이다. 요시카와는 이 공동 연구에 힘쓰는 한편, 『상서정의』 전편의 번역을 기획했다. 그를 강하게 끌어당긴 것은 『상서』가 아니라 당인唐人의 주석이고, 거기에 드러난 "7세기 사람의 언어와 사고, 또한 언어표현 방법, 사고 방법(『전집』 8권 「자발」)"이었다.

일본어역 『상서정의』 전4권(『전집』 8-10권)은, 1940년부터 1943년에 걸쳐 이와나미 서점에서 간행되었다. 이것은 요시카와가 세상에 내놓은 첫 번째 책이라는 점에서도 기념할 만한 것이었다. 『상서』와 같은 경서 주석이 완역된 사례는 그 이전에는 없었는데, 그것과 함께 이 번역에는 또 하나의 큰 의의가 있었다. 이전의 중국 고전 번역은 다이쇼 연간(1912~1925)에 나온 『국역한문대성國譯漢文大成』이 그 대표적인 사례인데, 모두 일본식 훈독문이었다. 반면 『상서정의』는 소화된 현대일본어역이었다. 역자 스스로 회고하듯, 이는 "중국어의 리듬 그대로 읽고, 거기에서 일본어로 옮긴 것으로", 먼저 훈독하고 나서 다시 그것을 구어로 옮긴 것이 아니다(『전집』 8권 「자발」). 이것은 일본의 중국 고전 번역사에서 실로 획기적인 일이었다. 최근 중국 고전 번역에서는 반드시 현대어가 사용되지만, 그 출발점은 여기에 있다 해도 과언이 아닐 터이다.

요시카와는 이윽고 『상서정의』 작업을 통해 체득한 방법을 문학 영역에서 사용하게 된다. 그 시작은 원나라의 연극 '원곡元曲' 연구다. 원대의 속어로 쓰인 아직 해명되지 않은 텍스트를 대상으로 새로운 공동 연구를 시작했고, 요시카와 개인적 작업으로도 『원곡금전기元曲金錢記』(1943년, 지쿠마 서방, 『전집』 14권), 『원곡혹한정元曲酷寒亭』(1948, 지쿠마 서방, 『전집』 15권) 같은 원곡을 구어로 평석評釋한 책을 세상에 내놓았다. 그리고 원곡 연구의 성과를 집성한 요시카와의 『원잡극연구元雜劇研究』(1948년, 이와나미 서점, 『전집』 14권)는 원곡 연구의 기념비라 해도 좋을 업적이다.

그러나 요시카와의 적극적인 관심은, 그가 젊은 시절부터 가장 마음을 기울이고 있던 두보 시로 수렴되어 있다. 두보에 관한 최초의 저서는 1950년의 『두보사기』(『전집』 12권)인데,[130] 그후 부득이한 중단

---

130 『요시카와 고지로 전집 12권』에 실린 「두보사기」 「속 두보사기」 「두보의 시론과 시: 교토

시기를 두면서 정년퇴임하여 자유를 얻은 뒤로는 두보시 전부에 주해를 다는 장대한 작업을 시작했다. 그는 청조 경학연구를 통해 제 것으로 삼은 방법론을, 1400여 수에 이르는 두시 역주에 구사하려 한 것이다. 전20책으로 예정된 『두보시주』 제1책이 지쿠마 서방에서 간행된 것은 1977년 8월의 일이었다.

그때까지 국내외에서 나온 어떠한 주석에도 만족하지 못한 요시카와는, '크고 작은, 넓고 좁은大小廣狹' 모든 대상을 향해 활발하게 작동하는 숙시熟視의 눈과 무한정한 세계에 대한 지향을 보이는 명수冥搜를 담은 주석을 쓰려 했다. 이러한 그의 뜻이 담긴 주석을 엿보기 위해, 예를 하나 들어보자. 널리 사람들의 입에 오르내린 두보의 오언율시 「춘망春望」의 함련頷聯 '감시화천루感時花濺淚, 한별조경심恨別鳥驚心'은 보통 '시절에 느껴 꽃을 보고도 눈물을 쏟고, 이별을 한탄하여 새 때문에도 놀란다'고 뜻을 새긴다. 그러나 요시카와는 베스트셀러 『신당시선』(미요시 다쓰지와의 공저, 1952년, 이와나미 서점, 『전집』 11권) 이래, 일관되게 '시절에 느껴 꽃도 눈물을 쏟고, 이별을 한하여 새도 놀란다'라는 해석을 줄곧 주장하고 있다.[131] 그가 그렇게 읽는 것은 어떠한 근거에서인가. 지금 그것을 『두보시주』 제3책(1979년)에서 보기로 하자. 요시카와는 통설에 "불안을 느껴 찬성하지 않는 이유는 주로 리듬의 문제 때문"이라 말하고, 다음과 같이 지론을 편다.

대학 문학부 최종강의 「자발自跋」은 『시절을 슬퍼하여 꽃도 눈물 흘리고: 요시카와 고지로의 두보 강의』로 출간되었다.

131 『신당시선』의 한국어역본은 『당시 읽기』(심경호 역, 창비, 1998)로 나와 있다. 두보시 번역은 『당시 읽기』 28쪽을 따랐다.

이 열 자의 대체적인 끊어 읽기가 '感時// 花/ 濺淚, 恨別// 鳥/ 驚心'인 점은 의문의 여지가 없다. 만약 '천루'와 '경심'의 주격이 두보라고 본다면, '꽃을 보아도 나는, 새 소리를 들어도 나는' 하는 식으로 일본어로 옮길 때 언어를 보충해야 한다. 그러한 보족補足이 원문의 음성에서는 화花의 뒤, 조鳥의 뒤에 /로 표시된 휴지休止의 시간을 과대하게 만들고, 리듬을 최선의 상태로 두지 않는다고 느껴진다. 그에 반해, '눈물을 뿌리는' 주격을 꽃, '놀라는' 주격을 새로 보면, 리듬이 좀 더 자연스러워진다. 또한 거슬러올라가, '시절을 느끼는' 주격도 꽃, '이별을 한하는' 주격도 새로 보는 것이다. 내 독법을 주장하려는 가장 큰 근거는 그러한, 주관적이라 한다면 주관적인 이유에서다.

그리고 다시 '나와 같은 방법으로 읽는 방식이 과거에도 있다'며, 남송의 나대경羅大經『학림옥로鶴林玉露』등 여러 설을 상세하게 인용하면서 자신의 설을 뒷받침한다. 이렇게 '언어를 정세精細하게 분석하면서 두보의 시구를 통해 작자의 심리에 깊게 파고들려는' 자세는 『두보시주』에 늘 일관되어 있다. 요시카와 고전학의 면목을 유감없이 보여주는 지점이고, 그가 젊은 시절부터 한결같이 경도되어 있었던 '청조 학문'의 방법론이, 경학과는 영역을 달리하는 두시 분석에서 활용되는 광경을 목격하는구나 싶다.

『독서의 학』을 관통하는 키워드를 든다면, '언어'와 '사실'일 것이다. 학문에서 사실은 언어를 통해 획득되고, 언어를 통해 전달된다. 그 경우, 사실에 대한 언어의 역할은 도대체 얼마만큼의 크기와 의미를 지닐까. 이것이 본서 전체에 걸쳐 저자가 거듭해 던지는 물음이다. 이 문제 제기는 앞에서 보아온 저자 요시카와가 오랫동안 실천을 통해 길러온 학문 방법과, 현대의 학문 일반에 널리 공통되는 방법 사이에서 생겨난 일종의 '삐걱거림'이라 할 만하지 않을까.

모든 학문의 대극에 있는 존재로 저자가 늘 의식하는 것은 역사학이다. 그것은 현대학문의 중심에 있는 것이 역사학이라는 인식에 바탕을 두고 있다. "역사학은 책에 의지한다 하더라도, 책의 언어를 통해 획득·도달한 사실을 소재로 삼는 것이지, 언어 그 자체를 소재로 삼지 않는다. 무슨 말이냐 하면, 책의 언어는 사실을 전달하는 수단이자 방법이고 과정에 불과하다는 인식이다(1고)."

그리고 그러한 학문의 존재방식에 다음과 같은 의문을 던진다. "그렇지만 역사학이 범람하면서 학문의 방법에 또 다른 맹점이 생기고, 결함이 생기지 않았을까. (…) 책의 언어는 언어가 전달하려는 사실을 획득하는 수단이자 과정이라고만 의식되고, 사실의 획득이 달성되었다고 의식되는 동시에 언어 그 자체는 망각되고 버려지기 십상이다. 그래도 좋은 것일까(10고)." 이 물음은 마치 음악에서의 주선율처럼, 혹은 파도의 너울처럼 책 전체를 통해 여러 차례 반복되어 독자의 주의를 불러일으킨다.

역사학에 비해 요시카와는 자신의 방법을 어떻게 개괄하고 있을까. "이렇게 책에 반드시 저자가 존재한다는 것은, 언어가 사실을 전달하는 과정에 저자의 태도가 반드시 참여하고 작용함을 말해준다. 저자의 태도 또한 인간의 사실이다. 저자가 전달하려는 사실과 함께, 인간의 커다란 사실인 것이다. 책을 읽으려면 그것에도 예민하게 주의해야 한다. 적어도 인간을 알기 위한 자료로 책을 읽으려면, 이 커다란 사실에 냉담해서는 안 된다. 무엇을 말하고 있는지를 읽을 뿐만 아니라, 저자가 '전하려는 무엇'을 '어떻게 말하고 있는지'를 읽어내야 한다(23고)."

중국이나 일본에서의 학문 전통은 서양의 전통보다 '저자의 태도'나 '언어의 양상'에 대해 민감했다고 요시카와는 말하고, 지금은 그 전통이 희미해진 것을 복권하고 싶다고 주장한다.

그러나 또한 요시카와는 논의가 추상적 실체가 없는 말로 헛도는 것을 싫어한다. 논의는 어디까지나 '책의 언어'라는 실체에 입각하여 펼쳐지는 것이어야 한다. 그 방법을 그럴싸하고도 적확하게 기술한 고전의 말이 있다. 『사기』 「태사공자서」에 인용된 공자의 말이다. "나는 공언空言(포폄褒貶과 시비是非)을 제시하고자 하는데 그것을 구체적인 사실을 통하여 보이는 것만큼 깊이 있고 적절하고도 분명한 방법은 없는 것 같다我欲載之空言, 不如見之於行事之深切著明也(29고, 281쪽)." 제 학문의 방법을 책의 언어를 통해 실증하기 위해 저자가 고른 것은, 하나의 '사실'을 서로 다른 양태로 기술한 『구당서』와 『신당서』의 한 구절, 『사기』 「고조본기」가 한漢 고조高祖의 인상을 묘사한 '隆準而龍顏'이라는 구, 『논어』 '천상지탄川上之嘆'을 둘러싼 두 가지 해석(낙관과 비관)이다. 독자는 책의 언어에 대응하여 전개되는 이러한 저자의 사고와 그것을 포함한 언어의 존재방식을 통해, 독서의 학이란 무엇인지 실감나게 인식하게 될 것이다.

저자 자신이 일러두고 있듯, 논의의 전개에는 '샛길로 빠진' 데가 많고, 어떤 결론에 도달하기 위해 논문이라면 좀 더 곧장 직진했을 지점에서, 앞으로 나아가는 듯 나아가지 않는 듯, 빙빙 돌며 말하는 태도에서 답답함을 느꼈을지 모르겠다. 하지만 저자의 필치에는 '샛길' 자체를 즐기는 듯한 데가 있고, 독자 또한 박학의 산물인 이 샛길에서 목적 없이 산보하는 사이에 무언가 뜻하지 않은 것과 맞닥뜨릴 때와 같은 어떤 기쁨을 맛볼 것이다.

또한 보족補足으로 두 가지를 말하고 싶다. 하나는, 『논어』 '천상지탄'에 대해서다. 저자의 『논어』에 관한 저서에는 세 종류가 있다. 그 하나는 공자의 전기를 중심으로 한 『중국의 지혜: 공자에 대하여』(1953년, 신초샤, 『전집』 5권). 그다음은 『중국고전선』에 들어 있는 『논어』(1959~1963년, 아사히 신문사, 『전집』 4권)로, 이것은 『논어』 전체를 주석한 책이다. 그리고 NHK 〈고전강좌〉에서 연속 강연한 것을 책으로 만든 『논어를 위하여』(1971년, 지쿠마 서방, 『전집』 5권).[132] 이 책들에서 「자한」 편의 '자재천상왈子在川上曰, 서자여사부逝者如斯夫, 불사주야不舍晝夜' 대목에는 각각 상세한 해설이 있고, 비관·낙관 두 설이 있다는 것도 언급하고 있다. 다만 게이추 『만엽 다이쇼키』에 대해서는 아직 언급하지 않았으며, 또한 온통 비관설이 행세하던 당 이전 시대에도 낙관설이 있었고, 낙관설이 지배하던 송대에도 비관설이 아울러 존재했던 사실에 대해 온축蘊蓄을 기울여 고증한 부분은 아직 보이지 않는다. 그러므로 감히 말하자면 본서에는 『논어』에 관한 요시카와식 '독서의 학'이 좀 더 발전된 형태로 제시되어 있다.

---

132 『전집』 5권에 실린 「중국의 지혜: 공자에 대하여」와 「NHK 고전강좌」는 『요시카와 고지로의 공자와 논어』(조영렬 역, 뿌리와이파리, 2006)로 출간되었다.

두 번째는, 본서에 인용된 시사에 관한 좀 더 영세零細한 보족 설명이다. 한 고조의 면상面相을 사마천이 형용한 '隆準而龍顔'에 대해 고증하는 과정에서 저자는 서진西晉의 주석가 진작晉灼이『사기』「진시황본기」가 시황제의 용모에 관해 기록한 '봉목장준蜂目長準'을 인용한 것을 예증으로 삼고 있다. 그런데 현재『사기』를 보면 이 대목은 '봉목장준蜂目長準'이 아니라 '봉준장목蜂準長目'으로 되어 있다. 즉, '벌의 눈, 긴 코'가 아니라, '벌의 코, 긴 눈'이다.

　그런데『한서』「고제기高帝紀」의 주에 인용된 진작의 설에서는, 바로 저자와 마찬가지로 '봉목장준'으로 되어 있다. 즉 진작이 본『사기』텍스트는 현행『사기』와 달랐다는 말이다. 이는 또한 '봉목장준'이든, '봉준장목'이든, 평범하지 않은 면모의 형용으로는 어느 쪽이든 통용될 수 있다, 라는 사정을 말해주는 것이기도 하다. 이것은 예기치 않게 저자의 논거를 보강하는 것이 될 터이다.

　『독서의 학』은 1975년 지쿠마 서방에서 단행본으로 간행된 뒤, 저자 사후 1988년 지쿠마 총서에 들어갔고(해설 나카가와 히사야스中川久定), 이번에 세 번째로 옷을 갈아입고 나오게 되었다. 황천에 있는 저자는 본서가 미래의 학문을 위해 공헌하기를 바라고 있으리라.

2006년 12월

고젠 히로시興膳宏 교토대 명예교수

- 저자의 학문적 업적과 이 책의 내용에 대해서는 고젠 히로시의 해설을 참조하기 바란다.
- 번역하면서 선학先學의 도움을 받았고, 각주에 적어두었다.
- 일본 시가詩歌를 번역하는 데 이현정, 일본 인명人名을 읽는 데 류정훈, 영어 인용문을 번역하는 데 배동근의 도움을 받았다.
- 인터넷 포털 사이트에 여러 정보를 제공한 이들에게 감사한다. 또 중국 포털 사이트 바이두(http://www.baidu.com/), 야후 재팬(http://www.yahoo.co.jp/)에서 많은 도움을 받았다. 일일이 각주에 적지 못했다. 해량海諒을 빈다.

2014년 4월

역자 조영렬

독서의 학

1판 1쇄 2014년 4월 28일
1판 2쇄 2015년 7월 10일

지은이 요시카와 고지로
옮긴이 조영렬

펴낸이 강성민
편집 이은혜 박민수 이두루 곽우정
편집보조 이정미 차소영 백설희
독자모니터링 황치영
마케팅 정민호 이연실 정현민 지문희
홍보 김희숙 김상만 한수진 이천희

펴낸곳 (주)글항아리 | 출판등록 2009년 1월 19일 제406-2009-000002호

주소 413-120 경기도 파주시 회동길 210
전자우편 bookpot@hanmail.net
전화번호 031-955-8891(마케팅) 031-955-1934(편집부)
팩스 031-955-2557

ISBN 978-89-6735-107-6 93150

글항아리는 (주)문학동네의 계열사입니다.

이 도서의 국립중앙도서관 출판시도서목록(CIP)은 e-CIP홈페이지(http://www.nl.go.kr/ecip)와
국가자료공동목록시스템(http://www.nl.go.kr/kolisnet)에서 이용하실 수 있습니다.(CIP제어번호:
CIP2014011986)